5-7, rue de l'École-Polytechnique, 75005 Paris

www.harmattan.fr

ISBN : 978-2-343-20215-0
EAN : 9782343202150

La coopération énergétique euro-méditerranéenne

Enjeux et perspectives

Abdenour KERAMANE

La coopération énergétique euro-méditerranéenne

Enjeux et perspectives

L'Harmattan

DU MÊME AUTEUR

L'ENERGIA E LA SUA DISTRIBUZIONE
Petrolio, Gas naturale, Elettricità –
Un'enciclopedia del Mediterraneo Jaca Book, Milan, 1996
Édition en français Edisud, Aix-en-Provence, 1996 –
Édition en arabe Alif, Tunis, 1996

L'ÉLECTRIFICATION DE L'ALGÉRIE
De la lumière dans les ksour
Éditions L'Harmattan - Paris, 2020

SOMMAIRE

Préface 9

Introduction 13

1. La coopération Maghreb – Europe dans le domaine énergétique 31
2. La coopération énergétique en Méditerranée, dix ans après Barcelone 47
3. Politique européenne et dimension énergétique méditerranéenne 79
4. Les relations énergétiques algéro-espagnoles – Quelques difficultés à surmonter 91
5. Quel avenir énergétique pour la Méditerranée ? 101
6. Le gazoduc Transméditerranéen – Un quart de siècle de fonctionnement continu 121
7. La boucle électrique et le marché euro-méditerranéen de l'électricité 147
8. Les défis de la coopération gazière Europe – Afrique du Nord 191
9. La transition énergétique, un levier pour l'intégration du Maghreb ? 205
10. La régulation des industries électriques et gazières au Maghreb 237
11. L'Énergie en Afrique - Enjeux et perspectives 251
12. La formation en Méditerranée dans le domaine de l'Énergie et du Développement Durable 287

Bibliographie 319

PRÉFACE

Abdenour Keramane nous propose dans cet ouvrage une analyse très fouillée des enjeux et perspectives de la coopération énergétique entre les pays de la Méditerranée, en insistant plus particulièrement sur le Maghreb dans ses dimensions Sud-Sud et Sud-Nord. L'auteur nous montre que cette problématique est en fait une longue histoire, où alternent des moments dynamiques d'enthousiasme et des moments d'inertie et de découragement.

Abdenour Keramane est ingénieur des Ponts et Chaussées, ancien élève de l'Ecole Nationale des Ponts et Chaussées (Paris). Il a vécu de très près toute cette histoire de la coopération en Méditerranée. Il a été Directeur Général de la Sonelgaz (Société Nationale de l'Electricité et du Gaz, monopole historique en charge des services publics de l'énergie en Algérie), l'équivalent algérien de l'ancien monopole français EDF-GDF. Cet éminent dirigeant était considéré alors comme le prototype des « grands commis de l'État » qui combinent l'intérêt de l'entreprise avec une vision de l'intérêt collectif de la Nation.

Il a occupé ensuite, à Alger, de hautes responsabilités au sein de l'administration centrale, ensuite il a été nommé, d'abord Ministre délégué à la Formation professionnelle, puis Ministre de l'Industrie et des Mines. Il a donc été un acteur essentiel de cette formidable aventure, puis un expert reconnu, fondateur de la revue MEDénergie, une publication qui a apporté des contributions majeures à la réflexion sur la coopération Sud-Sud et Sud-Nord.

Dans cet ouvrage, il illustre cette aventure dans une douzaine de contributions qui nous amènent à réfléchir sur les points forts, les obstacles et les perspectives de cette coopération.

La coopération entre les pays du Nord, du Sud et de l'Est de la Méditerranée a été lancée du point de vue institutionnel par le sommet de Barcelone qui a réuni, en novembre 1995, 27 pays du pourtour méditerranéen, point de départ du processus Euromed, avec ensuite la mise en place de l'Union pour la Méditerranée dont le secrétariat général est installé à Barcelone.

Abdenour Keramane insiste, à juste titre, sur les interconnexions physiques qui ont été construites entre les systèmes gaziers et électriques du Nord et du Sud: les trois gazoducs qui amènent le gaz algérien en Europe, à l'Est en passant par la Tunisie et l'Italie, à l'Ouest par le Maroc et l'Espagne. La consommation européenne de gaz naturel est ainsi davantage alimentée par le gaz algérien.

Toutefois, l'auteur souligne que ces routes d'approvisionnement « *traduisent une conjonction d'intérêts plutôt qu'une véritable vision stratégique et répondent à deux préoccupations convergentes : d'une part, celle de l'Europe, d'assurer la couverture de ses besoins en énergie au moindre coût, d'autre part, celle des pays producteurs, de valoriser leurs ressources pour financer leur développement* ».

En électricité, la liaison la plus forte est l'interconnexion construite entre le Maroc et l'Espagne. Certes, comme le rappelle l'auteur, il reste fort à faire : le fonctionnement d'une boucle électrique qui entoure la Méditerranée (MedRing), l'intégration des marchés électriques et gaziers du Nord et du Sud, l'harmonisation des systèmes de régulation.

Le contexte économique et politique a dramatiquement changé depuis Barcelone. L'énumération est sans fin : les printemps arabes, la déstabilisation de la Libye et du Moyen-Orient, la souffrance des populations du fait de la mondialisation et de la corruption, le drame des flux migratoires vers l'Europe, la soudaine réorientation des politiques européennes vers l'Afrique subsaharienne, la prise de conscience progressive de la gravité du réchauffement climatique et de l'urgence à agir, les « tempêtes » énergétiques qui font entrer le gaz de schiste américain dans l'espace européen et qui atteignent un comble avec la pandémie du coronavirus en 2020.

L'image peut être considérée comme sombre par rapport aux valeurs qui inspiraient au départ les actions de coopération. Toutefois, de nombreuses initiatives de coopération ont été initiées d'une façon irréversible. En dehors des réalisations matérielles, citons de fortes dynamiques institutionnelles, suite à Euromed : la coopération active qui s'est développée entre les entreprises d'électricité (Medelec) et la coopération entre les TSO (*Transmission Systems Operators)* du Nord, du Sud et de l'Est , le dialogue étroit qui se développe entre les autorités de régulation (MedReg), les nombreux échanges dans la domaine de la formation et de la recherche, la création de l'Observatoire Méditerranéen de l'Energie (OME).

Il faut revenir toutefois aux transformations du monde. Le réchauffement climatique est maintenant la menace la plus forte qui pèse sur tous les pays, au Nord comme au Sud, en Europe comme au Maghreb et en Afrique. Les pays du Sud sont particulièrement touchés : déforestation, désertification, dégradation des sols, pollutions, stress hydrique. L'objectif essentiel c'est de mettre en marche et de gérer, dans tous les pays, une transition énergétique qui assure la survie de la planète.

La problématique dépasse le cadre méditerranéen ; elle concerne l'Europe, le Maghreb, l'Afrique subsaharienne et l'ensemble de la planète. C'est à ce niveau que nous devrons gérer de façon responsable l'interface entre mondialisation et espaces régionaux

On dépasse très nécessairement la perspective initiale de cet ouvrage qui a le mérite de poser concrètement les bonnes questions et de suggérer les réponses appropriées. L'une de ces questions, particulièrement grave et omniprésente, c'est celle de la gouvernance : gouvernance des réseaux et des systèmes énergétiques mais surtout gouvernance des États pour que soit affirmée la prévalence de l'intérêt général et du bien public.

L'ouvrage s'adresse aux experts, aux chercheurs, aux historiens, aux politologues, à toutes celles et tous ceux qui pensent que l'économie mondiale doit être repensée et qu'elle devrait intégrer les vertus initiales de la coopération : générosité et solidarité.

Jean-Marie CHEVALIER
Professeur émérite
à l'Université Paris-Dauphine
Paris, avril 2020

INTRODUCTION

Créée au Sud de la Méditerranée, *La Revue Méditerranéenne de l'Énergie*, s'est fixée « *pour ambition de combler un vide, d'occuper un espace dont l'évocation est somme toute récente dans la géostratégie mondiale contemporaine, puisque consacrée officiellement il y a à peine 6 ans à Barcelone, sous le vocable Euromed, même si certains pionniers comme Fernand Braudel et, dans le secteur de l'énergie, Enrico Mattei, Pedro Duran Farell ou Michel Grenon s'étaient efforcés, bien avant, d'éveiller les consciences sur une réalité devenue aujourd'hui évidente* », pouvait-on lire en octobre 2001 dans l'éditorial du premier numéro du magazine, qui poursuit : *« ...Elle se veut un espace d'expression, de dialogue, d'échange d'idées et d'expériences entre les deux rives avec pour objectif de renforcer la coopération énergétique dans la Région. »*

Publier aujourd'hui des articles rédigés dans ce contexte, même si certains d'entre eux datent déjà, c'est, en quelque sorte, tenter de mesurer le chemin parcouru depuis. C'est aussi tirer les conclusions provisoires de l'expérience vécue durant les vingt dernières années, identifier les difficultés et obstacles rencontrés puis mettre en perspective les évolutions possibles, les voies et moyens à mettre en œuvre pour poursuivre cette action volontariste de rapprochement entre les deux rives de la Méditerranée.

On sait qu'une simple courbe représentant la marche d'un train sur un circuit donné ou bien l'évolution du PIB d'un pays sur une certaine période permet de délimiter et de suivre les phases d'accélération (de croissance), de repos (stagnation) ou de décélération (de récession). Par analogie, on peut penser qu'une suite d'articles décrivant à chaque étape la situation de la coopération sur deux décennies permet de tirer des conclusions intéressantes sur son évolution et de mettre en relief les périodes fastes par rapport à celles jugées moins brillantes. C'est cette démonstration à laquelle je voudrais m'astreindre, sans préjugé, ni idée préconçue.

D'autant plus que ces articles citent de nombreuses sources et références empruntées à la littérature spécialisée et abondante durant les deux dernières décennies, tellement l'espace euro-méditerranéen, adoubé alors, passionnait les experts du secteur énergétique, les industriels et même les responsables politiques des deux côtés de la Méditerranée.

Effectivement, comment ne pas reconnaitre que la coopération énergétique entre les pays de l'Europe occidentale et ceux du Sud et de l'Est méditerranéen, en particulier le Maghreb, avait pris un bon départ et connu une période particulièrement brillante et prolifique, jalonnée par des rencontres enthousiastes, des think tanks studieux, des projets grandioses, la création d'institutions communes qui se sont révélées particulièrement utiles et efficaces. Est-il nécessaire de rappeler les espoirs immenses suscités sur les deux rives de la Méditerranée par la conférence de Barcelone ?

Réunissant les 27 et 28 novembre 1995 les pays d'Europe et ceux du Sud méditerranéen dans l'acception la plus large dans la capitale catalane, érigée pour la circonstance en centre de gravité de l'espace euro-méditerranéen, elle venait combler un vide abyssal. Mieux encore, elle inscrivait en lettres d'or une vision stratégique méditerranéenne dans les préoccupations de chacun des 27 pays signataires, avec une place de choix pour le secteur énergétique.

En effet, dans la déclaration commune adoptée à l'issue de la rencontre historique, ces participants « *reconnaissent le rôle structurant du secteur de l'énergie dans le partenariat économique euro-méditerranéen et décident de renforcer la coopération et d'approfondir le dialogue dans le domaine des politiques énergétiques. Ils décident aussi de créer les conditions-cadres adéquates pour les investissements et les activités des compagnies d'énergie, en coopérant pour créer les conditions permettant à ces compagnies d'étendre les réseaux énergétiques et de promouvoir les interconnexions.*»

C'est ainsi que le premier article du présent ouvrage, reproduisant le texte d'une conférence prononcée à l'université d'hiver de Marrakech en septembre 1996, placée sous le thème général « *La coopération Maghreb – Europe dans le domaine énergétique* », énumérait les premières réalisations à l'actif du grand ensemble en ces termes plutôt encourageants, mettant en exergue notamment: « *les gazoducs Transmed et GME qui constituent une belle œuvre de coopération entre le Maghreb et l'Europe ; l'intensité des relations entretenues entre électriciens qui ont constitué des éléments déterminants dans la réflexion en cours sur la réalisation d'une grande ceinture électrique autour du Bassin Méditerranéen, interconnectée au réseau européen* ; *la liaison électrique entre le Maghreb et l'Europe qui sera effective dès 1997 au moyen d'un câble sous-marin à courant continu Maroc -Espagne à travers le Détroit de Gibraltar.* ».

Ces ouvrages, impressionnants par leur haut degré technologique, l'ampleur des investissements et leur impact au plan géostratégique, n'avaient pas leur pareil dans la région depuis le percement du canal de Suez au XIXe siècle !

Commencé en 1979, le Transmed transporte le gaz naturel de Hassi R'mel (Algérie) jusqu'à Minerbio, au nord de l'Italie à travers l'Algérie, la Tunisie, le Canal de Sicile, la Sicile, le Détroit de Messine et la péninsule Italienne. La première phase s'est achevée en 1983 et le doublement au début de l'année 1995. La profondeur des fonds marins jamais atteinte alors, la morphologie accidentée des terrains avec par endroits des rochers affleurant à forte pente, la présence de forts courants marins à des profondeurs de 400 m, sont autant de conditions difficiles qui ont nécessité la mise au point de technologies nouvelles et de solutions originales, témoignant d'une grande maîtrise de la pose des canalisations en mer.

Sur le côté ouest, le gazoduc Maghreb-Europe (G.M.E.) relie depuis 1997 le gisement de Hassi R'mel à Cordoba (Espagne) et à Rio Mayor au Portugal, à travers l'Algérie, le Maroc, le Détroit de Gibraltar de la côte atlantique marocaine près de Tanger à la côte espagnole à proximité de Tarifa, l'Espagne jusqu'à Cordoba

On ne saurait assez souligner le caractère exemplaire de ces réalisations qui créent des liens organiques et une dépendance totale entre les pays du Maghreb d'une part, entre l'Union du Maghreb arabe (UMA) et l'Europe d'autre part. Car si le tracé du Transmed devait obligatoirement emprunter la voie choisie à travers le territoire tunisien, celui du G.M.E traversant le Maroc (au lieu du tracé direct

Algérie-Espagne que devait emprunter plus tard le gazoduc Medgaz) procédait d'un choix éminemment politique, tout à fait judicieux.

Néanmoins, le caractère résolument positif de cette présentation ne masquait pas des critiques de taille et, déjà, à ce stade, les questionnements fusent : ces réalisations, aussi grandioses soient-elles, ont-elles donné naissance à un véritable partenariat industriel lorsque l'on sait qu'au sud de la Méditerranée, il n'existe pas une seule usine de fabrication d'équipements électriques à haute tension (transformateurs, disjoncteurs, accessoires) ? Pourtant, les besoins pour l'édification de la boucle sont immenses ! Sur un autre registre, pourquoi l'interconnexion électrique sous-marine Maroc-Espagne sert-elle exclusivement à des importations d'énergie électrique vers le sud alors qu'à tout le moins elle devrait privilégier des échanges équilibrés ?

En outre, on est en droit de s'interroger si ces imposants ouvrages ont donné lieu à un réel transfert de technologie lorsque l'on constate qu'au terme de plusieurs décennies de travail en commun pour la construction de nombreux gazoducs sous-marins, il n'a pas été créé une seule société mixte d'ingénierie des canalisations sous-marines digne de ce nom entre les pays du Nord et du Sud. Pourtant, celle-ci aurait pu jouer le rôle de lieu d'accumulation de connaissance et de méthodes pour intervenir ensuite, ensemble, dans des pays tiers.

Dès lors, on comprendra que l'évaluation rapide esquissée dans les trois articles suivants, intitulés « *La coopération énergétique en Méditerranée, dix ans après Barcelone* », « *Politique européenne et dimension énergétique méditerranéenne* » et celui traitant des relations énergétiques algéro-espagnoles, établisse un constat en demi-teinte.

Certes, des acquis majeurs émergent de l'analyse : « *En apparence, les liens énergétiques entre le Sud et le Nord de la Méditerranée sont très forts, les flux commerciaux constituent une composante essentielle de ces relations. L'Union Européenne dépend des pays producteurs méditerranéens pour 36% de ses importations en gaz naturel et pour 20% de ses importations en pétrole. Vue du côté de ces derniers, la dépendance est encore plus forte: leurs exportations sont dirigées dans la proportion de 86% pour le gaz naturel et de 49% pour le pétrole vers les pays de l'Europe et de l'Europe méditerranéenne principalement et à la fin du siècle, 96% des quantités exportées seront destinées à l'Europe.* »

Il faut rappeler que des facteurs structurels, de nature historique et/ou géostratégique, ont contribué tout naturellement à créer une telle situation et concourent à la renforcer : plus précisément, il se trouve que, autour de la Méditerranée, les ressources énergétiques sont concentrées dans la partie méridionale alors que les pays de la partie septentrionale qui ont de grands besoins et la plus forte consommation disposent, pour leur part, des compétences humaines, de la technologie, de l'expérience du développement et des moyens financiers. « *Ce partage, cette distribution des richesses, suggèrent l'idée que la nature a fait les choses de manière telle que s'imposent naturellement aux pays des deux rives la complémentarité, le travail en commun, la coopération, la solidarité* ».

Néanmoins, l'intensité des échanges de produits énergétiques ne saurait être une fin en soi. On ne peut s'empêcher de s'interroger sur leur contenu et surtout sur leur finalité : l'accroissement constant des échanges s'accompagne t-il d'une réelle coopération et d'un véritable « *partage de la prospérité* » ? « *Contribue t-il à constituer un espace économique solidaire, plus équilibré, plus juste, plus humain alors qu'aujourd'hui le P.N.B. par habitant est 14 fois supérieur en Espagne qu'au Maroc et en Italie qu'en Tunisie?* », s'interrogeait l'auteur de ce papier, écrit en octobre 2005.

En d'autres termes, les chiffres ne doivent pas nous leurrer. Force est de constater qu'« *ils traduisent une conjonction d'intérêts plutôt qu'une véritable vision stratégique et répondent à deux préoccupations convergentes: d'une part, celle de l'Europe, d'assurer la couverture de ses besoins en énergie au moindre coût ; d'autre part, celle des pays producteurs, de valoriser leurs ressources pour financer leur développement.* »

Pour l'instant, c'est donc la recherche de l'intérêt mutuel qui a prévalu. D'ailleurs, l'absence d'une politique méditerranéenne globale et coordonnée explique, en grande partie, le manque d'engagement de l'Europe dans les pays méditerranéens et au Maghreb en particulier qui s'est manifesté, en particulier, par: l'insuffisance des investissements dont le montant est ridicule par rapport à ceux effectués en Europe de l'Est, par exemple; une moindre disponibilité pour le partenariat industriel et le transfert de technologie; la non prise en charge des problèmes spécifiques aux pays du Sud comme celui de l'eau ou le développement de l'énergie solaire.

Et de conclure : *« L'énergie peut-elle être un élément d'intégration au sein d'un tel espace alors que la consommation d'énergie par habitant, indicateur du développement par excellence, est 10 fois plus importante sur la rive nord qu'au sud de la Méditerranée? »*. Pourtant, malgré les inégalités criardes et la profondeur du fossé, les chances d'un rééquilibrage paraissaient encore intactes, dans la mesure où, de toute évidence, la volonté existe.

L'élargissement progressif de l'Europe amorcé au début des années 2000, notamment celui de l'année 2003, le plus ample et le plus significatif, a détourné l'attention quelque temps des préoccupations méditerranéennes. Il a engendré, incontestablement, un basculement naturel du centre d'intérêt vers l'Est au détriment du Sud.

Qu'il s'agisse des responsables politiques, des entreprises, des universitaires ou leaders de la société civile, tous ont nettement ressenti une désaffection certaine du côté méditerranéen. Quand ils n'y ont pas contribué, certainement de bonne foi puisque c'était la tendance générale.

L'histoire dira si c'était le bon choix pour l'Europe. En tout cas, l'espace Euromed en a pris un bon coup. Dommage ! J'ai bien remarqué personnellement que les nombreux think tanks, constitués autour des problématiques euro-méditerranéennes et très actifs jusque-là, se sont peu à peu effilochés pour se concentrer sur l'espace purement européen.

Quelques années après, l'Europe prend pleinement conscience, à partir de 2007 notamment, de la nécessité d'agir pour la sauvegarde de la Planète. Les Directives européennes intègrent la problématique des changements climatiques à la politique énergétique. Elles adoptent en 2009 des mesures draconiennes, sous le triptyque 20/20/20, tendant à réduire l'appel aux énergies fossiles génératrices d'émissions de gaz à effet de serre et à promouvoir, au contraire, les énergies renouvelables.

On voit alors ressortir ce que j'appelle le «serpent de mer» du nécessaire renforcement de la coopération euro-méditerranéenne, qu'on convoque chaque fois que l'Europe connaît des difficultés. Comme au temps du différend Russie-Ukraine au cours duquel l'Afrique du Nord était sollicitée pour «*jouer un rôle essentiel dans le plan global de la Commission européene pour diversifier ses approvisionnements en gaz naturel*», en insistant sur le fait qu'elle recèle des réserves non exploitées, à la fois conventionnelles et non conventionnelles (essentiellement du gaz de schiste).

Cette fois, le discours est affiné et adapté au goût du jour: «*pourquoi ne pas profiter des ressources considérables du Sud en sources renouvelables, en particulier d'énergie solaire*», entendait-on déclarer dans les milieux concernés à Bruxelles ? D'autant plus que l'article 9 de la directive Energie-Climat intervient opportunément pour autoriser les importations d'énergies renouvelables en les insérant dans les données propres du pays européen, ce qui devrait ouvrir largement le champ à de telles opportunités.

Et l'article suivant de notre ouvrage ayant pour titre, « *Quel avenir énergétique pour la Méditerranée ?* », affirme sans ambages, en tenant compte des nouvelles données stratégiques : « *Si le projet de boucle électrique méditerranéenne a été conçu au début des années 1990, alors que la production électrique dans les pays méditerranéens, et notamment dans le Sud, provient essentiellement des sources fossiles et plus particulièrement du gaz naturel en pleine expansion, il est évident que la place importante faite récemment aux énergies renouvelables dans la coopération méditerranéenne à travers de nouveaux projets ne peut que donner un coup de fouet supplémentaire à MedRing.* »

Ce texte, rédigé en janvier 2011, milite ardemment en faveur d'une nouvelle stratégie pour de multiples raisons. En premier lieu, les énergies fossiles sont épuisables et, de fait, celles de la région méditerranéenne sont en train de s'épuiser, alors qu'elles présentent déjà l'inconvénient d'être inégalement réparties. En second lieu, le schéma appliqué depuis des décennies n'a même pas profité aux pays producteurs qui n'affichent pas des performances économiques reluisantes, malgré un prix du pétrole respectable et des recettes substantielles du fait de l'augmentation de la production.

Par contre, cette démarche les rend de plus en plus dépendants d'une ressource épuisable et donc économiquement vulnérables. Précisément, les révoltes populaires nombreuses dans les pays du Sud méditerranéen qualifiées trop vite de « *printemps arabes* » contestent, notamment, l'accaparement des recettes pétrolières par le pouvoir et les oligarchies dominantes, au détriment de l'avenir des jeunes générations. En troisième lieu, sur le plan environnemental, les sources fossiles sont en grande partie responsables de l'augmentation des émissions de CO^2 et des effets néfastes sur l'environnement déjà perceptibles dans les pays du Sud : changement climatique, déforestation, désertification, dégradation des sols, pollution marine.

Dans ce contexte, l'Union pour la Méditerranée (UpM) est fondée le 13 juillet 2008, lors du Sommet de Paris pour la Méditerranée comme pour remédier à cette déviation et pour relancer la coopération euro-méditerranéenne. Elle regroupe 43 pays d'Europe et du bassin méditerranéen : les 28 États membres de l'Union européenne et 15 pays méditerranéens partenaires d'Afrique du Nord, du Moyen-Orient et d'Europe du Sud-est. « *L'organisation est destinée à renforcer le Partenariat euro-méditerranéen (Euromed) mis en place en 1995 sous le nom de Processus de Barcelone, avec pour objectif de promouvoir la stabilité et l'intégration à travers la région méditerranéenne* ».

Il s'agit de renforcer l'intégration Nord-Sud et Sud-Sud dans la région méditerranéenne afin de soutenir le développement socio-économique des pays et d'assurer la stabilité dans la région. Par le biais de ses actions, l'institution se concentre sur deux piliers fondamentaux : favoriser le développement humain et promouvoir le développement durable. Pour cela, elle identifie et accompagne des projets d'intérêt régional à géométries variables, auxquels elle attribue son label par décision.

Des projets importants ont été lancés récemment, d'origines diverses, mais qui concourent à un même objectif : promouvoir l'exploitation du potentiel d'énergie solaire et éolienne existant en Afrique du Nord, voire en Afrique et dans la zone MENA et prévoir l'exportation vers l'Europe d'une partie de l'électricité produite, ce qui conforte l'intérêt de la boucle méditerranéenne. Il en est ainsi du plan solaire méditerranéen (PSM) et de l'initiative Desertec.

Le PSM constitue l'une des initiatives prioritaires de l'UpM. Il s'agit de produire 20 000 mégawatts de capacités nouvelles de production d'électricité renouvelable à l'horizon 2020 dans les pays du Sud et de l'Est de la Méditerranée (équivalente à la capacité de production électrique installée actuellement dans les trois pays réunis, Algérie, Maroc et Tunisie). Une partie serait destinée à la consommation locale et l'autre à l'exportation vers l'Europe, via des câbles sous-marins. Les investissements requis sont estimés à € 38-46 milliards sur la période 2009-2020, avec des investissements estimés pour la première phase à 44 milliards d'euros.

De son côté, le projet Desertec est une initiative privée, inspirée par les universités et l'industrie allemandes, regroupant des compagnies diverses des deux rives de la Méditerranée. Selon le même principe, il s'agit de construire une cinquantaine de grands centrales thermiques solaires dans la région MENA. Le montant des investissements annoncés est colossal : 400 milliards d'euros pour satisfaire 15 à 17% de la demande européenne en électricité à l'horion 2050. La réalisation est conditionnée par *« la mise en place d'un cadre législatif, réglementaire et institutionnel, adéquat dans les pays du Maghreb».*

De tels projets nécessitent des moyens de transport de l'électricité produite particulièrement solides entre le Sud et le Nord de la Méditerranée. On estime à 6 GW la capacité de transfert générée par MedRing lorsque le bouclage complet et les nouvelles liaisons sous-marines envisagées auront été achevés, au moyen des solutions exposées plus haut.

Prenant conscience de l'importance de ce problème, la France a travaillé, dans le cadre du projet baptisé Transgreen puis Medgrid, à la constitution d'un consortium d'entreprises chargé de développer un vaste réseau de lignes électriques sous la mer Méditerranée, afin d'acheminer l'électricité renouvelable (solaire et éolien notamment) produite en Afrique vers l'Europe.

Si ces projets (PSM, Desertec, Transgreen ou Medgrid) apparaissent comme intéressants et utiles pour l'avenir de l'ensemble de la région, ils ne peuvent réellement avancer que dans le cadre d'un ensemble global et cohérent et non comme des projets concurrents, leur objectif étant le même : exploiter l'important potentiel d'énergies renouvelables du Sud pour produire de l'électricité et en transporter une partie vers le Nord. Ces projets ont malheureusement pâti d'une concurrence effrénée des compagnies occidentales, en particulier entre l'industrie allemande et française.

Quelles que soient les insuffisances et les critiques que l'on doit formuler en toute objectivité, on ne peut contester que la coopération euro-méditerranéenne en matière énergétique dispose d'acquis majeurs. Il suffit d'observer attentivement les cartes établies périodiquement pour les besoins du Plan Bleu en Méditerranée intitulées « *Gas Infrastructures in the Mediterranean* ». Elle regorge d'infrastructures gazières de toutes sortes, des gazoducs à travers la Méditerranée, des usines de liquéfaction au Sud en Algérie, en Libye et en Egypte, des installations de regazéification en Espagne, en France, en Italie, en Grèce, en Turquie.

Les détails mentionnés dans les articles qui suivent, ayant successivement pour titre *Le gazoduc Transméditerranéen : Un quart de siècle de fonctionnement continu* puis *La boucle électrique et le marché euro-méditerranéen de l'électricité,* entre autres, en constituent de remarquables illustrations.

Au registre des acquis, il faut mentionner aussi de nombreuses structures, institutions et associations de coordination et de réflexion. L'Observatoire méditerranéen de l'énergie (OME), fondé en 1989 par Michel Grenon à Sofia Antipolis, bien avant la mise en place du Processus de Barcelone, constitue un cadre permanent de dialogue, de concertation et d'études entre les compagnies énergétiques.

Par ailleurs, les gestionnaires des réseaux électriques ont instauré Medelec qui coordonne notamment les études relatives à la réalisation de la boucle électrique méditerranéenne. Il faut rappeler les enjeux déterminants des interconnexions entre les réseaux électriques : intérêt et conditions d'un fonctionnement coordonné des systèmes électriques nationaux ; définition d'un cadre de cohérence au sein duquel chaque opérateur, tout en respectant les règles communes, préserve la liberté de ses choix pour le développement de son propre système. Les agences nationales de maîtrise d'énergie et d'énergies renouvelables ont, elles aussi, constitué l'association Medener.

Au niveau gouvernemental, les ministres concernés se concertent périodiquement au sein du Forum euro-méditerranéen de l'énergie. C'est ainsi qu'à l'occasion de la 3ème Conférence de l'Euro-Mediterranean Energy Forum qui s'est tenue à Athènes en avril 2003, l'Algérie, le Maroc et la Tunisie ont signé une déclaration d'intention pour la création d'un marché de l'électricité au Maghreb ouvert, transparent et compétitif qui pourrait être intégré au marché européen à l'avenir.

Cette déclaration a été suivie par un Memorandum of understanding signé à Rome à l'occasion du Sommet Euro-méditerranéen de l'industrie énergétique (REMEP - Rome Euro-Mediterranean Energy Platform) le 1er Décembre 2003 qui a recommandé « *la création d'un marché régional de l'électricité adapté aux spécificités des pays concernés, encouragé par l'industrie du Maghreb et tenant compte des spécificités des différents secteurs dans les pays du Maghreb ainsi qu'un renforcement de la coopération dans le cadre du groupe Eurelectric/Comelec* ».

De leur côté, les ministres maghrébins en charge de l'énergie, réunis début juillet 2008 à Alger, ont abordé les questions liées à la coopération énergétique et notamment le renforcement des échanges d'électricité pour faire émerger un véritable marché régional de l'électricité. Ils ont déclaré que « *L'objectif d'un Maghreb interconnecté est de dépasser le stade actuel des secours mutuels instantanés pour créer un véritable marché maghrébin et développer des accords commerciaux à plus long terme vers l'Europe* ».

Les défis de la coopération gazière, pierre angulaire de l'édifice érigé à Barcelone, sont abordés en détail dans l'article *Problématique du gaz naturel dans la région Euromed : Les défis de la coopération gazière Europe – Afrique du Nord.* Il apparaît que le problème de la sécurité des approvisionnements gaziers dans la Région Euromed ne se pose pas en termes de ressources et de capacités.

Il s'agit plutôt: d'une part pour les pays producteurs d'Afrique du Nord, d'adopter des politiques appropriées de valorisation de la production gazière (par une maîtrise substantielle de la consommation interne et le développement des énergies renouvelables) ; et d'autre part pour les pays du Nord, il faut cesser de considérer les pays exportateurs comme des pourvoyeurs de ressources naturelles auxquels on fait appel en cas de difficulté ou de crise, mais comme de véritables partenaires stratégiques en prenant en compte leurs préoccupations.

En même temps, il faut souligner que le manque de dialogue et de concertation au niveau politique entre les pays du Maghreb constitue un handicap sérieux, voire rédhibitoire. Car, je suis persuadé, pour ma part, qu'on ne peut tirer un profit maximum de la coopération avec l'Europe si on n'a pas exploité, à fond et au préalable, toutes les possibilités offertes par la coopération entre Maghrébins. En d'autres termes, non seulement la coopération Sud-Sud doit être développée autant que la collaboration Nord-Sud, mais elle devrait la précéder.

Ce thème, qui me paraît particulièrement fondamental, est abondamment développé dans l'article suivant intitulé « *La transition énergétique, un levier pour l'intégration du Maghreb?* ». Lequel rappelle que, *malgré de sérieux et innombrables atouts, les Etats du Maghreb n'arrivent pas à décoller sur le plan économique et peinent à dépasser un taux de croissance du PIB de 4%, inférieur à la moyenne de l'Afrique, ce qui ne suffit pas pour faire face aux problèmes de développement d'une population très jeune en pleine croissance, encore moins pour prétendre passer au rang de puissance émergente.*

Pourtant, à l'heure de la mondialisation et des grands ensembles, la solution est dans l'intégration et, en particulier, autour de l'énergie en raison des traditions de coopération solides dans ce domaine et, surtout, de l'impressionnant enchevêtrement de réseaux électriques et gaziers, très denses entre les trois pays.

L'avenir énergétique du Maghreb ne peut se concevoir raisonnablement sans une véritable intégration régionale et sans une stratégie alternative, devant conduire en 2030 à un mix énergétique plus diversifié, et orientée vers la maîtrise de la demande en énergie et amélioration de l'efficacité énergétique et par un développement intensif des énergies renouvelables (Solaire et éolien principalement).

Une stratégie qui nécessite un climat de confiance - qui fait cruellement défaut aujourd'hui – se lamente l'auteur de l'article qui poursuit : « *Il appartient aux dirigeants des pays du Maghreb de créer un tel climat, de transcender leurs divergences, de promouvoir les réformes politiques, économiques, institutionnelles et de bonne gouvernance indispensables. Il s'agit là d'une aspiration profonde et sincère des peuples des trois pays.* ». La coopération avec l'Europe sera tout naturellement plus féconde si le partenaire est constitué de tout l'ensemble maghrébin, au lieu de s'en tenir à des relations bilatérales avec chacun des trois pays, séparément. On gagne aussi bien en cohérence qu'en efficacité.

Pour élargir le débat au-delà du Maghreb, on observe que, depuis une quinzaine d'années, l'Afrique tout entière revient à la mode en Europe et certaines institutions spécialisées, à l'image de l'Institut de Prospective Économique du Monde Méditerranéen (Ipemed), proposent de prolonger le champ de la coopération à l'Afrique Sub-saharienne. Elles intègrent volontiers l'ensemble du continent et œuvrent au rapprochement des continents européen et africain, à travers la vision d'une Méditerranée pivot du développement économique autour de ses deux rives.

L'idée d'une grande région verticale Europe -Méditerranée-Afrique fait son chemin, dit-on dans ces milieux, signant le retour de la géographie et la prévalence de la proximité. *La complémentarité dans les chaînes de valeur et la solidarité face aux défis communs – les migrations, le réchauffement climatique, le terrorisme…sont des tendances lourdes*, affirme l'Ipemed.

L'initiative est sans aucun doute intéressante si l'on se départit complètement et définitivement de l'état d'esprit qui a longtemps prévalu dans les rapports entre l'Europe et l'Afrique. Notre étude consacrée au thème « *L'énergie en Afrique : enjeux et perspectives* » suggère, au préalable que « *Les pays européens concernés, dont la responsabilité historique est engagée vis-à-vis de l'Afrique, doivent prendre le taureau par les cornes, assumer pleinement leur passé colonial et reconnaître avec courage et dans la dignité les erreurs, les méfaits et les excès de la colonisation et de l'exploitation de l'homme et des richesses de l'Afrique.* »

En outre, « *Une fois que ce passé aura été pleinement assumé, ils pourront se libérer de tout complexe et se montrer exigeants vis-à-vis des Etats africains, pour exiger le respect des valeurs universelles telles que la dignité et les droits humains, de la justice, le droit au développement et à l'épanouissement de tous, pas seulement d'une poignée de privilégiés dans l'entourage ou proches des dirigeants.* »

Il est vrai que l'Afrique recèle des potentialités considérables sur le plan énergétique. L'Afrique, en tant que Continent, dispose des ressources d'énergie adéquates non seulement pour son propre développement mais aussi pour contribuer au développement d'autres régions dans le monde. Leur répartition inégale incite précisément à une exploitation commune et suggère fortement la nécessité d'un développement de l'intégration au plan régional et, à plus long terme, au plan continental.

Des progrès importants ont été accomplis depuis une vingtaine d'années et particulièrement depuis le début du siècle, sur le plan de la stabilité même si quelques turbulences demeurent, sur le plan Institutionnel avec le NEPAD et, pour un nombre limité de Pays, sur la plan de la gouvernance.

Dans le domaine énergétique, des interconnections électriques et gazières se dessinent progressivement dont certaines sont reliées à l'Europe. Aujourd'hui, la Mauritanie, un pays de l'Afrique de l'Ouest, a des liens énergétiques avec le Mali et une liaison électrique à l'étude avec le Maroc, lui-même relié à l'Europe.

Le grand défi qui attend l'Afrique est celui de l'accès généralisé à l'électricité à l'horizon 2050 et de la construction de grandes infrastructures énergétiques, aussi bien électriques que gazières accentuant l'intégration et la solidarité entre les sous-régions du Continent. Défi qui peut être relevé au moyen d'une stabilité durable, d'un effort soutenu, d'une intégration politique régionale accrue.

Néanmoins, aucun progrès n'est possible sans des réformes institutionnelles profondes sur les plans politique, économique et social, consacrant la démocratie et l'Etat de droit, le respect des libertés dans tous les domaines et des droits de l'homme, l'indépendance de la justice, la transparence dans la gestion des ressources, seules conditions à même de garantir une gouvernance de qualité et un contrôle des Institutions démocratiquement élues sur immenses les richesses du Continent , conclut notre article « *L'énergie en Afrique : Enjeux et perspectives* »

L'Afrique est le continent le moins électrifié de la Planète. Dire que les représentants des compagnies électriques africaines, dont la plupart des directeurs généraux, ont débattu dès octobre 1963 à Addis-Abeba de cette question et fait des recommandations pertinentes, notamment : la création d'une Agence africaine de l'Energie (C'était 10 ans avant l'Agence Internationale de l'Energie d'Henry Kissinger !) ; la nécessité de développer les réseaux électriques et en particulier les interconnexions électriques entre Etats africains ; le lancement d'un vaste programme de formation des cadres dans ce secteur.

Force est de constater que la mise en œuvre de ces recommandations a été plutôt lente et bien tardive. Elle est effective seulement à partir des années 1990 et plus précisément, depuis le début du second Millénaire. On observe une prise de conscience précoce et combien lucide de l'importance de l'énergie dans le processus de développement économique et social, l'identification rapide des maux et des obstacles à surmonter et, malheureusement, une incapacité chronique à résoudre ces problèmes dans des délais courts

Last but not least, pour clore notre livre consacré à la coopération entre l'Europe et les pays situés au sud de la Méditerranée, une contribution spécifique aborde les problématiques relatives aux ressources humaines, à la formation, au développement de la connaissance dans le secteur de l'énergie et du développement durable et nous amène à formuler quelques recommandations. Un thème d'une importance cruciale s'il en est !

Il existe un potentiel formidable d'universités, d'instituts spécialisés, de centres de recherche, y compris au sein des entreprises qui assurent la formation des cadres dans le domaine technique et économique (Ingénieurs et techniciens, géologues, géophysiciens, économistes, etc.), et les institutions de formation des PSEM arrivent à satisfaire une bonne part des besoins en cadres de base, il n'en est pas de même pour les formations supérieures spécialisées, les masters, les doctorats, nettement insuffisants et souvent effectués à l'étranger. Il y a un problème pour la qualité et le niveau de la formation, notamment en termes de planification stratégique et de vision globale.

Il existe de nombreux accords de coopération entre pays du Nord et du Sud mais il s'agit d'accords bilatéraux et sectoriels. La coopération sud-sud est très faible au regard des possibilités. Le Sud reste complètement dépendant pour ses équipements énergétiques et industriels d'une manière plus générale. Le transfert et l'appropriation technologiques ne sont pas au centre des préoccupations des décideurs ni des méthodes de travail des réalisateurs, même s'ils font régulièrement l'objet de discours nationalistes enflammés qui restent sans lendemain.

Le projet de création de l'Institut méditerranéen des sciences et techniques de l'énergie et de l'eau (Imestene), initié par l'Ipemed, a une ambition régionale et se propose d'associer formation, recherche et transfert de technologie dans le cadre du développement de technopoles dans les pays du sud et de l'est méditerranéen. Il s'agirait de la formation d'enseignants-chercheurs, susceptibles de démultiplier leur action dans tous les pays de la région.

Le projet, selon ses promoteurs, « *vise à compléter dans une organisation transversale large, les coopérations bilatérales et sectorielles (gaz, pétrole, eau) qui existent déjà et à développer de nouvelles compétences scientifiques et technologiques.* ». Il serait inséré dans le tissu des technopoles opérationnelles ou en projet dans les pays méditerranéens. Il est urgent de développer des pôles de compétitivité autour de la Méditerranée

Au terme de cette longue revue, on constate que les recommandations principales que nous avons formulées dès 1996, quelques mois à peine après la Conférence de Barcelone, restent valables aujourd'hui : la nécessité d'u*ne volonté politique et d'une vision stratégique euro-méditerranéenne claire ; l'obligation d'un transfert de technologie véritable, une politique audacieuse de partenariat industriel* L'exploitation des ressources naturelles dans un pays comme l'Algérie, par exemple doit absolument se traduire par un développement industriel qui rende le pays moins dépendant de la rente des hydrocarbures.

Un tel objectif ne pourrait être atteint qu'au prix de mesures salutaires telles que : un échange technologique avec les compagnies, auquel les sociétés occidentales sont très réticentes; la définition de programmes de recherche-développement communs orientés vers les préoccupations spécifiques des pays du Sud ; la mise en œuvre de programmes sociaux de développement de l'utilisation de l'énergie et de ses applications, notamment en zones rurales, et dans les zones déshéritées (électrification, distribution publique gaz naturel et G.P.L.) doivent être réalisés pour combattre la pauvreté énergétique qui affecte 2 milliards d'êtres humains. D'autant plus que ces populations déshéritées et isolées habitent souvent sur le parcours d'un gazoduc ou le long d'une ligne électrique sud-nord.

Il n'y a aucun doute que l'énergie peut et doit être un facteur d'intégration et de stabilité. Elle offre des perspectives particulièrement intéressantes de nature à rapprocher les deux rives de la Méditerranée en réduisant les inégalités pour autant que:

- l'Europe ne se contente pas de l'ambition, légitime certes mais limitée, d'assurer la sécurité de ses approvisionnements énergétiques en puisant dans les ressources découvertes au sud mais profite de cette ressource commune méditerranéenne pour en faire un facteur de co-développement et de coopération mutuellement et surtout durablement bénéfique ;

- les Pays du Sud et ceux du Maghreb, en particulier, décident de donner un coup d'accélérateur aux réformes engagées, selon la voie propre à chacun, de dépasser leurs divergences pour se lancer dans de véritables programmes de coopération sud-sud et de négocier leurs atouts et leurs potentialités dans le cadre d'un ensemble susceptible de faire le poids à l'ère de la mondialisation ;

- tous ensemble, on substitue aux discussions commerciales un véritable dialogue entre partenaires sur les grands débats énergétiques, sur les politiques et sur les technologies.

En fin de compte, les problèmes pour l'ensemble de la zone euro-méditerranéenne participent essentiellement d'une vision stratégique claire bâtie sur la complémentarité et l'intérêt mutuel à long terme, d'un climat de confiance et d'un partenariat permanent, pas seulement en période de crise, plus solidaire aussi.

Pour l'instant, en termes d'évaluation provisoire, on observe que la coopération énergétique dans la zone Euromed a fait un bond gigantesque à la fin des années 1970 et durant la décennie 1980, en surfant sur les réflexions philosophiques enthousiastes de Fernand

Braudel et en mettant en œuvre les lumineuses idées de projets des Enrico Mattei, Pedro Duran Farell, Michel Grenon et autres pionniers des années 1960. Ensuite, plus rien ou presque ; plus de grand projet en tout cas, aucune vision d'envergure, mais des actions ponctuelles et des projets de circonstance pour faire face aux vicissitudes du moment.

Pourtant, autour de l'exploitation de l'incommensurable gisement solaire du Sahara, de la problématique énergie-climat-développement dans les régions arides, des infrastructures de toute nature à créer ou à consolider entre l'Europe et l'Afrique, de la mise en place d'un grand marché euro-méditerranéen voire euro-africain de l'énergie, de la formation des cadres de haut niveau et du transfert vers ces élites des nouvelles avancées technologiques, que de grands desseins à bâtir !

A.K.
Paris, mars 2020

La coopération Maghreb – Europe dans le domaine énergétique

Qu'il me soit permis de commencer en évoquant la coopération maghrébine dans le domaine de l'énergie électrique et ce pour deux raisons[1]:

* d'abord, c'est à la fois une expérience vécue et un sujet de satisfaction dont l'exemple peut être étendu aux autres secteurs du vaste champ énergétique ;

* ensuite, je suis persuadé, pour ma part, qu'on ne peut tirer un profit maximum de la coopération avec l'Europe si on n'a pas exploité à fond et au préalable les possibilités offertes par la coopération entre Maghrébins.

La coopération électrique maghrébine

Bien avant la constitution de l'Union du Maghreb Arabe (UMA)[2] les dirigeants des entreprises publiques d'électricité de trois pays, l'office national de l'électricité (ONE, Maroc), la société nationale de l'électricité et du gaz (Sonelgaz, Algérie), la société tunisienne de l'électricité et du gaz (STEG, Tunisie) ont décidé, en juin 1973, la création du Comité maghrébin de l'Electricité Comelec.

Les deux autres compagnies n'ont pas tardé à les rejoindre (Sonelec - Mauritanie et Gecol - Libye), formant ainsi le groupe spécialisé le plus ancien de l'U.M.A., dont les missions consistent à promouvoir et coordonner, à l'échelle maghrébine et vis à vis des institutions internationales, les relations sur les plan technique, économique, commercial, industriel, du management, de la formation et des relations sociales.

[1] Contribution à l'Université d'hiver de Marrakech, 12 -16 mars 1996 sur le thème « *Les relations des pays de l'UMA avec l'Europe* »

[2] L'U.M.A., créée le 17 Février 1989, comprend l'Algérie, la Libye, le Maroc, la Mauritanie et la Tunisie

Dès le début, des actions concrètes et efficaces ont été conduites selon les axes suivants:

- renforcement des lignes d'interconnexion et développement des échanges électriques avec pour finalité d'assurer une solidarité des réseaux tout en évitant les risques de propagation d'incidents graves. Aujourd'hui, l'interconnexion existe et fonctionne entre le Maroc, l'Algérie, la Tunisie. La liaison Tunisie - Libye traîne malheureusement au stade de l'étude.

Les liaisons électriques au Maghreb

Ligne électrique	Longueur (KM)	Tension (KV)	Capacité (MW)	Date
Maroc - Algérie				
Oujda-Ghazaouet	46	220	200	Achevée en 1975 Mise en service 1988
Oujda-Tlemcen	63	220	200	1992
Algérie - Tunisie				
El Aouinet - Tadjerouine	62	220	200	1980
El Aouinet - Tadjerouine	59	90	60	Mise en service 1969
El Kala-Fernana	42	90	60	Mise en service 1969
Djebel Onk-Metlaoui	59	220 (150)	80	1984
Espagne - Maroc				
Pinardel del Rey-Melloussa (sous-marine)	25	400	300 puis 660	1997
En projet				
Passage du réseau Maghrébin en 400 KV	500	400		
Tunisie - Libye				
Medenine-Abou Kamache	220	220	400	

- coordination des programmes d'équipement, étude de projets communs, diffusion d'un schéma directeur à long terme du réseau maghrébin;

- élaboration et mise à jour permanente d'une carte du réseau électrique maghrébin, y compris le réseau de distribution impliquant l'alimentation des villages frontaliers à partir du réseau le plus proche et dans les conditions technico - économiques les plus favorables; la première action et probablement la plus symbolique a été l'alimentation du village tunisien martyre de Sakiet Sidi Youcef à partir du réseau algérien;

– utilisation commune des structures de formation électriques et gazières;

– développement des relations humaines, sociales, sportives, etc.

– promotion de l'intégration industrielle maghrébine, de l'intervention des bureaux d'études et entreprises de travaux et de fabrication de matériel électrique du Maghreb, à travers notamment le renforcement de la fonction engineering.

L'échange constant d'informations et l'harmonisation des politiques au sein du Comelec ont crée une dynamique de la généralisation de l'électrification en zone rurale mais aussi urbaine qui a impliqué les Etats et les Entreprises dans la mise en œuvre de mesures vigoureuses et l'allocation de moyens considérables. Il est vrai que, au lendemain de leur indépendance, les pays du Maghreb avaient à rattraper un retard colossal auquel il faut ajouter les effets de la croissance démographique.

Dès le début des années 70, l'Etat Algérien a financé, en totalité, un plan national d'électrification de 12.000 villages et 1.200.000 foyers, réalisant ainsi l'objectif d'électrification totale du pays (94% de taux d'électrification actuellement)

En Tunisie, la STEG a entamé en 1977 un programme d'électrification rurale qui a permis de faire évoluer le taux d'électrification de 37% à 83% actuellement.

Au Maroc, où le monde rural représente plus de 60% de la population totale, un programme national d'électrification rurale en 2 phases a été mis au point en 1980 avec pour objectif d'atteindre l'électrification totale de la campagne marocaine à l'horizon 2015 (le taux actuel est seulement de 30%). Un gros effort est en train d'être fourni en Mauritanie avec priorité à la dimension sociale et pour l'électrification des nouveaux quartiers de Nouakchott et de 13 nouvelles villes importantes.

Ces programmes dont le caractère social est indéniable devraient bénéficier de financements suffisants et de concours technologiques de la Communauté européenne, notamment par la mise au point de technologies adaptées à la région, comme l'énergie solaire. Ce secteur pourrait constituer un axe privilégié de collaboration Nord-Sud, tellement le gisement solaire de la région est incommensurable.

En termes d'évaluation, on peut dire que l'interconnexion maghrébine a procuré des avantages significatifs tels que le secours instantané de puissance à chacun des réseaux, la réduction du coût de production par la mise en commun de la réserve tournante, les économies d'investissement comme le passage direct au palier[1] 150 MW (Mégawatts) sur le réseau tunisien par exemple. Il reste que les échanges d'énergie se situent à un niveau limité, malgré la progression et que, globalement, l'interconnexion fonctionne bien en deçà de ses possibilités et des espérances

Il est probable que la prochaine étape avec l'introduction d'une production indépendante et la mise en place graduelle d'un marché de l'électricité, tenant compte de la situation particulière de chacun des pays et évitant de transposer des modèles importés, permettra d'optimiser les ressources et le potentiel considérables capitalisés au Maghreb.

Plus de vingt ans après sa création, le Comelec continue à fonctionner- il a tenu en novembre 1995 son Assemblée Générale à Tunis - et à œuvrer dans le sens d'une plus grande intégration maghrébine tout en jouant un rôle essentiel au sein des institutions homologues du bassin Méditerranéen. Il a contribué à la constitution de l'Union Arabe des Producteurs, Transporteurs et Distributeurs d'Electricité (UAPTDE), organisme au sein duquel il a une influence notable. Dans l'étude du système électrique méditerranéen Systmed, il a résolument pris en charge la partie occidentale tout en suivant activement l'ensemble du projet.

En effet, l'expérience de la coopération maghrébine dans le domaine électrique et l'intensité des relations entretenues de longue date avec les institutions spécialisées homologues européennes comme l'Unipede (Union internationale des producteurs et distributeurs d'électricité) ou le Cigre (Comité international des grands réseaux électriques) ont constitué des éléments déterminants

---

[1] Le palier est la taille du groupe le plus puissant sur le réseau

dans la réflexion en cours sur la réalisation d'une grande ceinture électrique autour du Bassin Méditerranéen, interconnectée au réseau européen.

Déjà, la liaison électrique entre le Maghreb et l'Europe sera effective dès 1997 au moyen d'un câble sous-marin à courant continu Maroc -Espagne à travers le Détroit de Gibraltar.

Nous reviendrons sur les enjeux de cette liaison après avoir élargi le débat aux hydrocarbures et évoqué les richesses et potentialités du sous-sol maghrébin.

Les ressources énergétiques du Maghreb

Les pays de l'UMA disposent d'un atout de premier ordre: des ressources énergétiques relativement abondantes et nettement supérieures à leurs besoins. En effet, les réserves en hydrocarbures, quoique inégalement réparties, constituent un potentiel important susceptible de satisfaire non seulement l'ensemble des besoins des pays de l'Union mais aussi une bonne partie de ceux des pays européens, plus gros consommateurs d'énergie en raison de leur niveau élevé de développement économique et social.

Ainsi, les réserves prouvées de pétrole brut et de condensats s'élèvent à 4.600 millions de tonnes, soit 3,5% des réserves mondiales, situées en Libye (66%), en Algérie (29%) et en Tunisie (5%).

Réserves prouvées de pétrole		
	(Millions de tonnes)	R/P (années de production)
Mauritanie	_	_
Maroc	0,2	_
Algérie	1.252	22
Tunisie	231	44
Libye	3.102	43
Total	4.585	

Les réserves prouvées en gaz naturel, concentrées dans les mêmes pays, sont supérieures à 5.000 Milliards de m^3, soit 3,4% des réserves mondiales, situées en Algérie (73%), en Libye (25%) et en Tunisie (2%).

Réserves prouvées de gaz naturel		
	(Milliards de m^3)	R/P (années de production)
Mauritanie	_	_
Maroc	3	_
Algérie	3.720	28
Tunisie	92	230
Libye	1.296	148
Total	5.108	

En réalité, ces estimations sont plutôt pessimistes. Tous les experts s'accordent à dire que le sous-sol de la région maghrébine est très nettement sous-exploré et que les ressources restant à découvrir permettraient d'accroître le potentiel actuel d'au moins 50%, notamment dans les zones où aucune découverte n'a été faite jusqu'à présent, comme au Maroc. Cela nécessite un effort plus grand et des investissements plus importants en matière d'études, de recherche et d'exploration.

A cette fin, tous les Etats de la région ont modifié sensiblement leur législation et pratiquent une politique active d'encouragement à la recherche et à l'exploration sous forme de partenariat qui semble d'ailleurs commencer à porter ses fruits.

Les infrastructures - Les échanges pétroliers et gaziers Euromaghrébins

Des investissements de quelques centaines de milliards de US $ ont été consentis par les pays producteurs en s'endettant et des infrastructures considérables mises en place pour mettre en valeur et développer les ressources énergétiques selon les axes suivants:

* Intensification de l'effort de recherche et d'exploration en vue de préserver, voir d'augmenter le niveau des réserves ;

* Valorisation optimale des ressources par la mise en place concomitante de capacités de production et de transport adéquates ;

* Construction de raffineries et d'usines de liquéfaction de gaz naturel, puissantes et sophistiquées ;

* Réalisation de réseaux de distribution pour les produits pétroliers et le gaz naturel afin de développer la consommation domestique et faire bénéficier la population des bienfaits de l'énergie ;

* Pose de 2 gazoducs transcontinentaux à travers le Maghreb et la Méditerranée destinés à l'exportation vers l'Europe du gaz naturel algérien: le Transméditerranéen (Transmed) et le GME (Gazoduc Maghreb Europe).

Les capacités de production en place aujourd'hui dégagent, si l'on tient compte de la consommation intérieure, une capacité d'exportation de l'ordre de 100 millions de tonnes (Mt) de pétrole et 36 Gm^3 (Gm^3 = giga m^3 = milliard de m^3) de gaz pour l'année 1993.

Production d'hydrocarbures		
	Pétrole et autres Hydrocarbures liquides (en millions de tonnes/an)	Gaz (en milliards de m^3/an)
Mauritanie	_	_
Maroc	0,01	0,03
Algérie	54	57
Tunisie	5,5	0,4
Libye	70,6	6,4
Total	130,1	63,8

A l'avenir, on peut prévoir que, malgré la diminution de la production de certains pays et malgré l'augmentation de la consommation domestique des pays producteurs, le Maghreb sera en mesure d'exporter vers l'Europe du pétrole au niveau actuel et du gaz naturel à un niveau nettement supérieur. (Le niveau des exportations algériennes de gaz sera de 60 milliards de mètres cubes par an à la fin du siècle et pourra être porté à 75 voire 100 au début du prochain siècle.)

Consommation d'hydrocarbures		
	Produits pétroliers (en millions de tonnes/an)	Gaz (en milliards de m^3/an)
Mauritanie	_	_
Maroc	6,50	_
Algérie	11,5	22,3
Tunisie	3,75	0,9
Libye	6,7	4,8
Total	28,5	28

Incontestablement, les gazoducs Transmed et GME constituent une belle œuvre de coopération entre le Maghreb et l'Europe. Le Transmed transporte le gaz naturel de Hassi Rmel (Algérie) jusqu'au nord de l'Italie (Minerbio) à travers l'Algérie (550 km), la Tunisie (370 km), le Canal de Sicile (155 km), la Sicile (350 km), le Détroit de Messine (15 km) et la péninsule Italienne (915 km), soit une longueur totale de 2.355 km. Les tronçons terrestres ont un diamètre de 48" pouces.

La première phase s'est achevée en 1983. La partie sous-marine comprend 3 canalisations de 20" pouces de diamètre reliant la station de compression d'El Haouaria, au Cap Bon (Tunisie) au terminal arrivée de Mazara del Vallo (Sicile), avec des fonds marins atteignant 610 mètres. La profondeur des fonds marins jamais atteinte ailleurs à ce jour, la morphologie accidentée des terrains avec par endroits des rochers affleurant à forte pente, la présence de forts courants marins à des profondeurs de 400 m. sont autant de conditions difficiles qui ont nécessité la mise au point de technologies nouvelles et de solutions originales, témoignant d'une grande maîtrise de la pose des canalisations en mer.

La seconde phase a été achevée début 1995. La partie sous-marine comprend 2 canalisations de 26" pouces de diamètre suivant le même tracé. A la fin de l'année 1995, le Transmed aura permis de transporter plus de 135 Gm^3 après 12 années de fonctionnement, sans incident, ni interruption grave, dans des conditions de fiabilité remarquables, au profit de la Snam (Italie) essentiellement et de la compagnie Slovène Petrol, depuis Février 1992 et pour une part marginale. La capacité du Transmed passera à 25 Gm^3/an avec 23,5 pour l'Italie dont 4 à la société productrice d'électricité Enel. Elle pourra passer ultérieurement à 30 Gm^3 avec l'adjonction de 2 stations de compression en Algérie et en Tunisie.

Sur le côté ouest, le gazoduc Maghreb-Europe (G.M.E.) reliera en 1996 le gisement de Hassi Rmel à Cordoba (Espagne) et à Rio Mayor au Portugal. D'une longueur totale de 1.395 km, il traverse d'Algérie (540 km), le Maroc (540 km), le Détroit de Gibraltar (45) de la côte Atlantique Marocaine près de Tanger à la côte espagnole à proximité de Tarifa, l'Espagne jusqu'à Cordoba (270 km) où il est raccordé au réseau de distribution.

Les réseaux espagnol et portugais seront interconnectés par une canalisation qui reliera Cordoba à Rio Mayor, près de Setubal, A terre, le tube aura un diamètre de 48". Le tronçon marin se compose de 2 canalisations de 45 km de longueur et de 22 pouces de diamètre; sa réalisation a été confiée à l'entreprise italienne Saipem du groupe ENI qui a déjà posé la partie marine du Transmed.

Le système G.M.E. permettra de livrer dès 1996, 6 milliards de mètres cubes par an à l'Espagne et 2,5 milliards de mètres cubes par an au Portugal. Sa capacité pourrait être portée ultérieurement à 18 milliards de mètres cubes par an par l'adjonction de stations de compressions pour desservir d'autres pays européens, notamment la France et l'Allemagne.

Il faut souligner le caractère exemplaire de ces réalisations qui créent des liens organiques et une dépendance totale entre les pays du Maghreb d'une part, entre l'UMA et l'Europe d'autre part. Car si le tracé du Transmed devait obligatoirement emprunter la voie choisie, le tracé du G.M.E. procède d'un choix éminemment politique, tout à fait judicieux.

La coopération entre les pays du Maghreb et l'Europe

Assurément, l'énergie joue un rôle essentiel dans les relations Euromaghrébines. Il suffit de rappeler qu'aujourd'hui l'Union Européenne dépend du Maghreb pour 32% de ses importations en gaz naturel et pour 23% de ses importations en pétrole. Vue du coté des pays producteurs, la dépendance est encore plus forte: 85% de leurs exportations en gaz naturel et 46% de leurs exportations en pétrole sont dirigées vers les pays de l'Europe, principalement de l'Europe

Méditerranéenne. On notera qu'à la fin du siècle, 96% des quantités exportées seront destinées à l'Europe.

Prévisions d'exportations de gaz naturel algérien (en Milliards de m^3/an)			
	Gazoduc	GNL	TOTAL
Italie	23,50	1,8	25,30
France		10,2	10,2
Espagne	6	3,8	9,8
USA		2,3	2,3
Belgique		4,5	4,5
Portugal	2,5		2,5
Turquie		3,0	3,0
Tunisie	0,7		0,7
Maroc	1		1
Grèce		0,7	0,7
Slovénie	0,35		0,35
Total	34,05	26,30	60,35

Source : Sonatrach

Il est évident qu'il s'est créé un courant d'échanges particulièrement important, simplement par le libre jeu de la concurrence et des lois du marché, grâce aux contrats commerciaux et aux accords de partenariat, par la recherche des intérêts mutuels, par les nécessités d'une coopération mutuellement bénéfique.

Mais ces chiffres ne doivent pas nous leurrer. Ils traduisent une conjonction d'intérêts plutôt qu'une véritable vision stratégique et répondent à deux préoccupations convergentes: celle de l'Europe, d'assurer la couverture de ses besoins en énergie au moindre coût ; celle des pays producteurs, de valoriser leurs ressources pour financer leur développement.

Pour l'instant, c'est donc la recherche de l'intérêt mutuel qui a prévalu. D'ailleurs, l'absence d'une politique méditerranéenne globale et coordonnée explique, en grande partie, le manque d'engagement de l'Europe dans les pays Méditerranéens et au Maghreb en particulier qui s'est manifesté, en particulier, par: l'insuffisance des investissements dont le montant est ridicule par rapport à ceux effectués en Europe de l'Est; une moindre disponibilité pour le partenariat industriel et le transfert de technologie; la non prise en charge des problèmes spécifiques aux pays du Sud comme celui de l'eau ou le développement de l'énergie solaire.

La conférence de Barcelone des 27 et 28 novembre 1995[1] comble une grande lacune dans la mesure où elle inscrit cette vision stratégique méditerranéenne dans les préoccupations de chacun des 27 pays signataires.

Ces derniers, dans la déclaration commune adoptée, « *reconnaissent le rôle structurant du secteur de l'énergie dans le partenariat économique euro-méditerranéen et décident de renforcer la coopération et d'approfondir le dialogue dans le domaine des politiques énergétiques. Ils décident aussi de créer les conditions-cadres adéquates pour les investissements et les activités des compagnies d'énergie, en coopérant pour créer les conditions permettant à ces compagnies d'étendre les réseaux énergétiques et de promouvoir les interconnexions*».

D'autre part, le programme de travail annexé à la déclaration prévoit une liste de thèmes sur lesquels se concentrera notamment la coopération:

* les moyens de favoriser l'association des pays méditerranéens au traité sur la Charte européenne de l'énergie;
* la planification énergétique;
* l'encouragement du dialogue entre producteurs et consommateurs;
* en ce qui concerne le pétrole et le gaz, la prospection, le raffinage, le transport, la distribution, ainsi que le commerce régional et transrégional;
* la production et la manutention du charbon;
* la production et le transport d'électricité, l'interconnexion des réseaux et la construction de réseaux;
* l'efficacité énergétique;
* les sources d'énergie nouvelles et renouvelables;
* les questions environnementales liées à l'énergie;
* le développement de programmes communs de recherche;

---

[1] L'U.M.A a été conviée à participer à cette conférence en tant qu'entité régionale reconnue.

* les activités de formation et information dans le secteur de l'énergie

Dans ce contexte, l'énergie peut et doit devenir un facteur d'intégration encore plus important qu'il ne l'est aujourd'hui grâce à ses nombreux atouts.

Une vision globale et stratégique incluant le transfert de technologie

A ce stade, il convient de définir des objectifs clairs et des politiques rationnelles d'utilisation de telle ou telle source d'énergie, au moment où des infrastructures imposantes sont mises en place pour alimenter l'Europe à partir des gisements gaziers maghrébins.

L'une des questions qui se pose est de savoir s'il est préférable de transporter sur de longues distances du gaz naturel (par gazoduc ou par méthanier) ou de l'électricité, ce qui est possible grâce au développement des lignes électriques à très haute tension. Les études diffusées jusqu'à présent montrent que pour des quantités importantes dépassant quelques milliards de mètres cubes par an, le gazoduc est plus économique. Cela est logique, les pertes électriques étant supérieures aux pertes par transport gaz. Néanmoins, jusqu'à des distances de l'ordre du millier de km, l'électricité peut soutenir la compétition.

Dans ce contexte, on peut penser à une solution régionale pour satisfaire les besoins à long terme du Maghreb en électricité (5.000 MW), à moindre coût: une production à grande échelle sur site, en turbines à gaz, à Hassi R'Mel à partir du gaz naturel, à Hassi Messaoud à partir du G.P.L. et transport par lignes très haute tension (400 kilovolts au moins) allant vers le Maroc, le Nord de l'Algérie et la Tunisie sur des distances de 600/700 km.

Un tel projet, dont la rentabilité est assurée, coûterait plusieurs milliards de $ et pourrait se prêter à des formules de partenariat international auxquelles seraient intéressées non seulement les entreprises d'électricité du Maghreb mais aussi les exploitants et constructeurs européens. Bien entendu cela nécessite des changements institutionnels importants auxquels les pays du Maghreb se préparent activement.

Un tel projet serait- il compatible avec l'interconnexion Europe - Maghreb, à travers le Détroit de Gibraltar? Certainement! Bien plus, il la valoriserait. Car si l'interconnexion Europe-Maghreb fonctionne uniquement dans le Nord-Sud, comme cela est le cas de la liaison Espagne-Maroc, à son début, on retrouvera au Maghreb sous forme d'électricité une partie des quantités de gaz algérien importées par l'Espagne. Cela contribuera à situer la valeur ajoutée en Europe et à accentuer encore le déséquilibre qui existe entre les deux rives de la Méditerranée alors que toute action de coopération devrait précisément, non seulement rechercher l'intérêt mutuel, mais aussi tendre à atténuer le déséquilibre ou, tout au moins, à ne pas l'accentuer.

Car, pour alimenter le nord du Maroc, le moyen le plus sûr et certainement le plus économique consiste à réaliser une centrale à cycle combiné dans les environs de Tanger où le gaz naturel sera disponible sous peu.

Par ailleurs, il y a un intérêt certain à interconnecter les réseaux maghrébins et européens. Dans ce cadre, pour qu'elle soit réellement efficace et porteuse à long terme, il faudra que l'interconnexion fonctionne dans les deux sens, qu'elle exploite toutes les possibilités d'échanges offertes par les 2 sous-ensembles, celui de l'Europe auquel est relié l'Espagne et celui du Maghreb dont fait partie le Maroc.

Cette notion d'équilibre devrait également prendre toute sa signification dans les technologies utilisées pour développer le secteur énergétique. Au cours des décennies écoulées, des centaines de milliards de dollars ont été investis dans ce domaine, sans retombée significative sur le plan technologique.

Par exemple, il n'existe pas une usine de fabrication de transformateurs en haute tension au Maghreb, même pas dans le cadre d'une délocalisation, alors que les besoins de la région justifient amplement un tel transfert.

Au moment où émerge pour la génération de l'électricité l'option cycle combiné (turbine à vapeur + turbine à gaz) considérée comme la plus intéressante sur le plan des performances techniques, économiques et environnementales, les pays du Maghreb, qui se sont engagés timidement dans cette voie, ne peuvent l'adopter franchement que s'il y a un transfert de technologie loyal et généreux.

Il existe au Maghreb une base industrielle conséquente qui peut servir de base à ce transfert : Usines de chaudronnerie, ateliers de maintenance, de fabrication de pièces de rechanges pour turbines, compresseurs et autres équipements énergétiques. Les installations existantes et l'expérience accumulée peuvent servir de points d'appuis déterminants pour le développement d'une industrie des biens d'équipements et matériels dans le secteur énergétique.

Ainsi pourra être instaurée une coopération qui ne se fonde pas simplement sur des ventes/achats d'énergie mais un véritable projet global et intégré de co-développement incluant l'ensemble des volets, y compris le transfert de technologie dans les méthodes, programmes et équipements énergétiques.

Conclusion

En conclusion, un programme de renforcement de la coopération énergétique entre les pays du Maghreb et l'Europe peut être articulé notamment autour des thèmes suivants:

* Définition d'un cadre officiel de concertation et de coordination pour la hiérarchisation des programmes identifiés ;

* Mise en place d'un cadre spécifique pour financer et garantir les projets énergétiques, ce qui doit se traduire par des investissements plus importants. Parmi les projets prioritaires on peut citer: études détaillées sur les ressources énergétiques, tout particulièrement le gaz naturel, leur évaluation, leur localisation précises; investissements dans l'exploration et la production des hydrocarbures - développement des forages horizontaux; production indépendante d'électricité notamment en cycle combiné; dessalement eau de mer;

* Transformation du cadre institutionnel pour autoriser le partenariat et faciliter la prise d'intérêts croisés dans les installations énergétiques, renforçant ainsi la coopération et la solidarité;

* une politique audacieuse de partenariat industriel dans le domaine de la construction et de la fabrication des biens d'équipement énergétique, domaine qui se prête particulièrement bien au transfert de technologie (compresseurs, turbines à gaz, transformateurs H.T.);

* des programmes de recherche - développement communs intégrant les différents aspects relatifs à la réalisation et à l'exploitation des installations, ainsi qu'aux préoccupations spécifiques des pays du Sud telles que l'énergie solaire et les problèmes de l'eau qui seront de plus en plus liés à ceux de l'énergie;

* des programmes sociaux de développement de l'utilisation de l'énergie et de ses applications, notamment en zones rurales. et dans les zones déshéritées (électrification, distribution publique gaz naturel et G.P.L.);

* promotion de l'efficacité énergétique et de la protection de l'environnement.

Un grand programme en perspective de nature à rapprocher les deux rives de la Méditerranée en réduisant les inégalités pour autant que l'Europe ne se contente pas de l'ambition, légitime certes mais limitée, de satisfaire ses besoins en énergie en puisant dans les ressources découvertes au Sud mais profite de cette ressource commune pour en faire un facteur de co - développement et de coopération mutuellement et surtout durablement bénéfique.

Il va de soi que les pays du Maghreb, pour ce qui les concerne, ont le devoir et l'obligation de renforcer leur propre solidarité, de dépasser leurs querelles et de prévoir de véritables réformes politiques et démocratiques répondant aux aspirations de leurs peuples, selon la voie correspondant à la tradition et à l'histoire propre à chacun d'eux.

La coopération énergétique en Méditerranée, dix ans après Barcelone

Problématique

Les liens énergétiques entre le Sud et le Nord de la Méditerranée sont, en apparence, très forts. Effectivement, les échanges énergétiques sont importants dans les relations euro- méditerranéennes et les flux commerciaux en matière d'énergie constituent une composante essentielle de ces relations. Pour s'en convaincre, il suffit de rappeler que l'Union Européenne dépend des pays producteurs méditerranéens pour 36% de ses importations en gaz naturel et pour 20% de ses importations en pétrole.

Vue du côté de ces derniers, la dépendance est encore plus forte: leurs exportations sont dirigées dans la proportion de 86% pour le gaz naturel et de 49% pour le pétrole vers les pays de l'Europe et de l'Europe méditerranéenne principalement (92% et 53% respectivement pour ces derniers)[1].

Il faut dire que des facteurs structurels, de nature historique et/ou géostratégique, ont contribué tout naturellement à créer une telle situation et concourent à la renforcer : plus précisément, il se trouve que, autour de la Méditerranée, les ressources énergétiques sont concentrées dans la partie méridionale alors que les pays de la partie septentrionale qui ont de grands besoins et la plus forte consommation disposent, pour leur part, des compétences humaines, de la technologie[2], de l'expérience du développement et des moyens financiers. « *Ce partage, cette distribution des richesses, suggèrent l'idée que la nature a fait les choses de manière telle que s'imposent naturellement aux pays des deux rives la complémentarité, le travail en commun, la coopération, la solidarité* »[3].

---

[1] Contribution pour *Medenergie* - Alger, octobre 2005

[2] Rappelons- nous le fameux slogan très en vogue en France après la première crise pétrolière de 1973 : « *Nous n'avons pas de pétrole mais nous avons des idées* » !

[3] Keramane A, « *L'Energie et sa distribution: pétrole, gaz naturel, électricité* » Collection: Encyclopédie de la Méditerranée - Editions Jaca Book (Italie) - Edisud (France) et Alif (Tunisie), 1996.

Et c'est ainsi que des relations se sont établies puis renforcées au fil du temps et en fonction des circonstances, entre les compagnies énergétiques et les Etats producteurs, sur la base des accords et des contrats commerciaux. Chacune des deux parties y trouvait son compte, l'une en garantissant la sécurité des approvisionnements énergétiques, l'autre en valorisant ses ressources naturelles pour assurer son développement.

Il faut souligner, de manière particulière, l'initiative heureuse prise, dès le début de la décennie 90, par des personnalités imprégnées de l'esprit méditerranéen, au premier rang desquels il faut citer Michel Grenon, qui ont engagé certains acteurs énergétiques de la région à institutionnaliser un cadre de concertation et de dialogue, l'Observatoire méditerranéen de l'énergie (OME)[1]. Cette Institution, malgré son rôle limité et ses moyens réduits, joue un rôle éminent dans le renforcement des relations.

La Conférence de Barcelone en 1995 a pris acte de cette situation et appelé au renforcement du dialogue et de la coopération dans le domaine stratégique de l'énergie entre l'Europe et les Pays du Sud et de l'Est de la Méditerranée (PSEM). Des accords de libre échange ont été conclus ou sont en voie de l'être, avec pour objectif de faire du Bassin méditerranéen une zone de « prospérité partagée ».

Dix ans après ce rendez-vous qui avait suscité tant d'espoir, force est de constater que les inégalités demeurent fortes, pour ne pas dire qu'elles se sont accentuées ; le fossé est immense, sur le plan économique et social. Et malgré l'intensité des échanges, on ne peut s'empêcher de s'interroger sur leur contenu et surtout sur leur finalité : l'accroissement constant des échanges s'accompagne t-il d'une réelle coopération et d'un véritable « partage de la prospérité » ?

Peut-on imaginer que l'énergie puisse être réellement un élément d'intégration au sein d'un tel espace alors que la consommation d'énergie par habitant, indicateur traditionnel du développement, est aujourd'hui entre 5 et 10 fois plus importante sur la rive nord qu'au sud de la Méditerranée?

---

[1] Ben Jannet- Allal H, « *OME : promouvoir la coopération énergétique et le développement durable* », *Medenergie* N°2 – Janvier 2002.

Le présent article se propose de rappeler les potentialités des pays du Bassin méditerranéen dans le domaine énergétique, de mettre l'accent sur les atouts, sur les importantes réalisations et les avancées certaines enregistrées au cours des 15 dernières années. Pour autant et malgré les progrès accomplis, la coopération est qualifiée de partielle et déséquilibrée, d'autant plus que la mondialisation et la libéralisation du secteur en Europe servent souvent de prétextes pour des mesures qui risquent d'accentuer les inégalités.

Aussi, la contribution tente de suggérer quelques pistes de réflexion pour alimenter un débat sur la manière de contribuer à promouvoir une coopération plus équitable dont les infrastructures et les échanges énergétiques seraient les éléments moteurs - non la finalité - et qui inclurait une coopération industrielle et technologique véritable, basée sur un transfert de méthodes et de technologie, effectif et constant.

Les ressources énergétiques du Bassin méditerranéen

Les pays situés autour du Bassin méditerranéen [1] disposent de ressources énergétiques relativement abondantes (environ 5% des réserves mondiales en pétrole et en gaz), mais somme toute limitées par rapport aux autres régions du monde plus favorisées comme le Moyen - Orient dont le sous-sol renferme les 65% des réserves prouvées [2] en pétrole ou même les pays de l'Europe Orientale qui disposent de ressources en gaz naturel bien plus importantes.

Néanmoins, comme elles sont localisées presque exclusivement dans les pays du sud, dont la consommation énergétique reste encore faible malgré une croissance constante, elles constituent un potentiel suffisant pour satisfaire non seulement les besoins locaux mais aussi une bonne partie des besoins des pays du nord, plus gros consommateurs d'énergie en raison de leur niveau élevé de développement économique et social.

---

[1] Par convention, on les définit ainsi : Pays du Sud et de l'est méditerranéen (PSEM) : Maroc, Algérie, Tunisie, Libye, Egypte, Jordanie, Palestine, Israël, Liban, Syrie, Turquie, Chypre, Malte ; Pays du Nord méditerranéen : Portugal, Espagne, France, Italie, Grèce, Ex-Yougoslavie.

[2] Les réserves prouvées sont situées dans des gisements bien identifiés, dont l'exploitation est certaine dans les conditions techniques et économiques actuelles. Les réserves probables ont une bonne probabilité d'être produites dans des conditions voisines des précédentes.

Figure 1 : Réserves en gaz & pétrole en Méditerranée

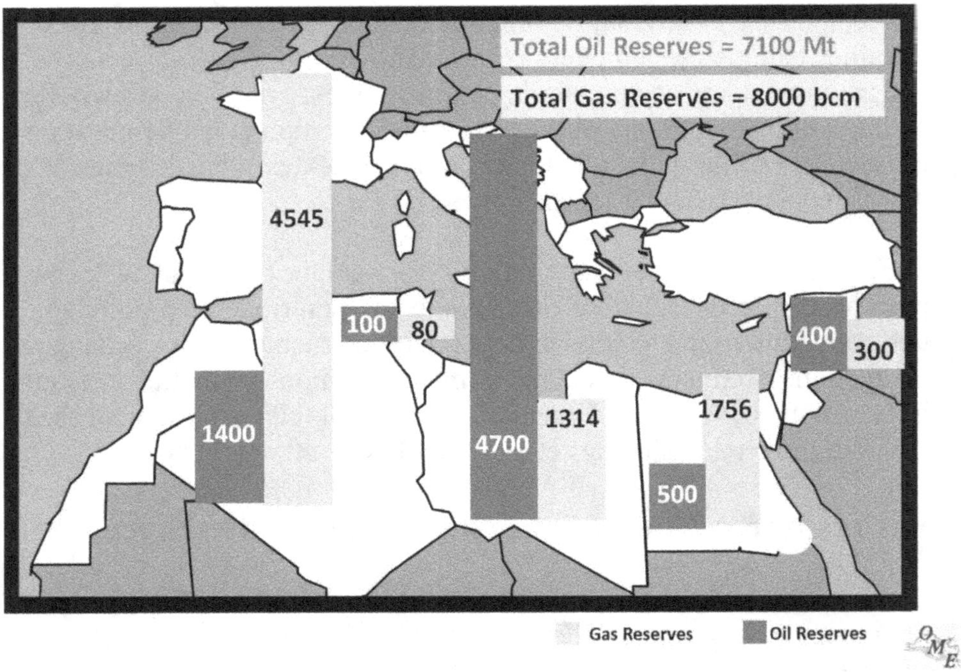

Source OME: données BP pour le pétrole et Cedigaz pour le gaz, Juin 2004)

En termes quantitatifs, les réserves prouvées de pétrole brut et de condensats s'élèvent à 7100 millions de tonnes (Mt). La Libye détient les 2/3 de ces réserves (67%), suivie, dans l'ordre, par l'Algérie (20%), l'Egypte, la Syrie et la Tunisie (Figure1). Les ressources restant à découvrir, notamment dans l'offshore peu exploré au Maghreb, se situeraient entre 3000 et 6000 Mt, ce qui accroîtrait le potentiel actuel dans la proportion de 42% à 85%. Il faut noter qu'au cours des 10 dernières années seulement, les réserves ont été réévaluées à la hausse de 11%.

Les réserves prouvées en gaz naturel, concentrées dans les mêmes pays sont de 8 000 milliards de mètres cubes (Gm^3=Giga m^3 = milliard de mètres cubes). L'Algérie en détient les 57% suivie, dans l'ordre, par l'Egypte (22%) - dont les réserves en offshore ont été fortement réévaluées ces dernières années - la Libye (16%), la Syrie et la Tunisie. Les ressources restant à découvrir dépasseraient les 4 000 Gm^3 et pourraient égaler les volumes déjà connus, ce qui aurait pour effet d'accroître le potentiel actuel dans la proportion de 50% à 100%. Les ressources en charbon/lignite sont plutôt faibles et concentrées dans l'ex-Yougoslavie, en Turquie et, à un degré moindre, en Grèce et en Espagne[1].

Les PSEM sont dotés de ressources exceptionnelles en énergies renouvelables : l'ensoleillement est parmi les plus élevés dans le monde ; il existe un fort potentiel éolien, notamment au Maroc, en Tunisie, en Egypte et en Turquie ; les ressources géothermiques sont également importantes en Turquie.

Malheureusement, il faut souligner que l'eau fait cruellement défaut sur la rive sud et que l'énergie de source hydraulique intéresse essentiellement la rive nord et la Turquie. Le problème de l'eau est tellement crucial dans la région qu'il justifie des développements et une étude spécifiques.

La consommation en énergie des pays méditerranéens

Elle se caractérise par la diversité des sources selon les ressources naturelles du pays et les politiques énergétiques suivies, notamment après la crise pétrolière de 1973 : nucléaire en France ; gaz en Algérie, en Egypte et en Tunisie ; charbon dans l'ex-Yougoslavie, en Turquie, en Grèce, en Espagne et au Maroc.

Les illustrations présentées (Figure 2) confirment la prédominance du pétrole dans la consommation actuelle d'énergie primaire (49%) ; ensuite viennent successivement le gaz naturel (22%), le charbon et le nucléaire à parts presque égales, et enfin l'hydraulique (2%).

Néanmoins, dans les prévisions à l'horizon 2020, on constate la progression nette du gaz naturel et la diminution de la part du pétrole et du nucléaire.

[1] AIE, « World Energy Outlook, 2004 »

Figure 2 -Demande en énergie primaire du Bassin méditerranéen

Année 2002

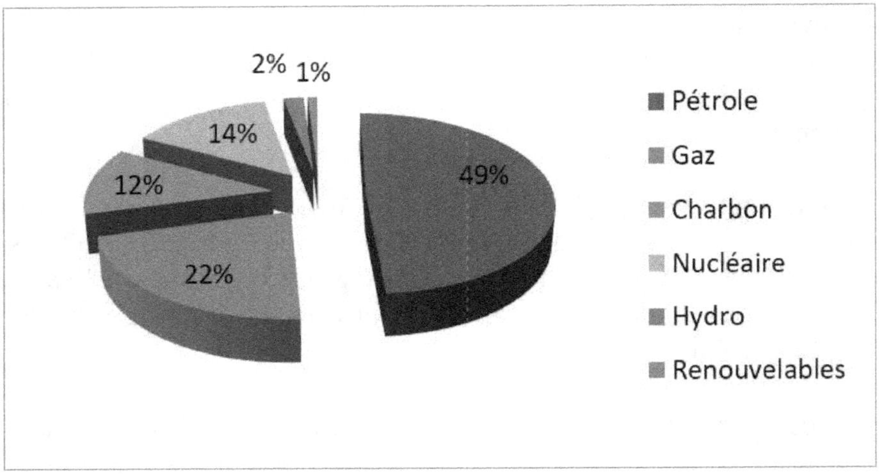

Prévisions 2020

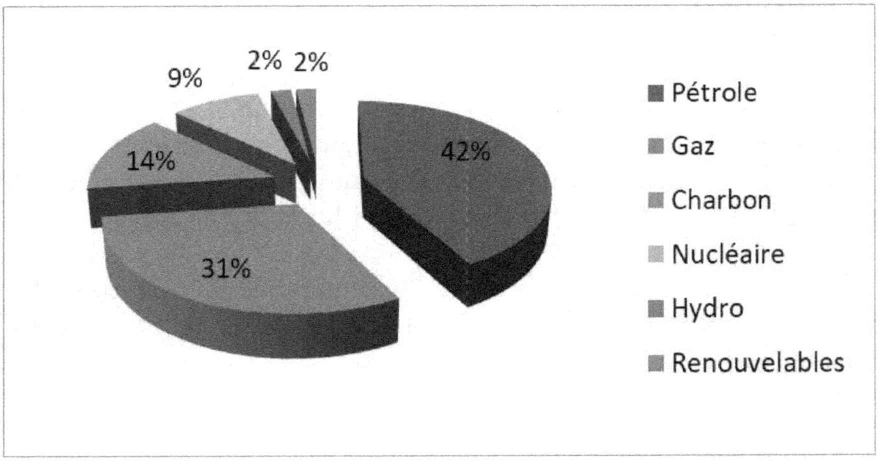

En effet, pour l'ensemble de la région méditerranéenne, les prévisions montrent que la consommation de pétrole serait en légère croissance au taux annuel moyen de 1,8% sur la période 2002-2020 alors que la consommation de gaz naturel progresserait fortement au taux moyen de 6% par an, en particulier pour la production électrique. Les pays les plus gros consommateurs de gaz naturel seront l'Italie (92 Gm^3), suivie de la France (59 Gm^3), la Turquie (56 Gm^3), l'Algérie

(47 Gm^3), l'Egypte (46 Gm^3) et l'Espagne (43 Gm^3). La demande de charbon progresserait assez fortement au taux moyen de 4,3% par an

Ainsi, les stratégies des différents pays se dessinent clairement: pour la France poursuite du programme nucléaire ; pour les autres pays de la rive nord et la Turquie utilisation du charbon et du gaz naturel importé ; pour les pays de la rive sud, développement de l'utilisation du gaz naturel avec des projets de centrales électriques au charbon uniquement en Israël et au Maroc.

Les infrastructures et les échanges pétroliers et gaziers

Le pourtour du Bassin méditerranéen tout entier regorge d'infrastructures portuaires et d'installations industrielles destinées à l'exploitation, la transformation et/ou l'exportation de produits énergétiques. Les pays producteurs du sud, tout particulièrement, ont consenti des investissements colossaux, de plusieurs centaines de milliards de US $ au prix d'un endettement très lourd, pour mettre en valeur, développer les ressources énergétiques avec comme double objectif de satisfaire les besoins propres de leur développement et de garantir la sécurité des approvisionnements au nord comme au sud selon les axes suivants:

- Intensification de l'effort de recherche et d'exploration en vue de préserver, voire d'augmenter le niveau des réserves
- Valorisation optimale des ressources par la mise en place concomitante de capacités de production et de transport adéquates
- Construction de raffineries et d'usines de liquéfaction de gaz naturel, puissantes et sophistiquées
- Réalisation de réseaux de distribution pour les produits pétroliers et le gaz naturel afin de développer la consommation domestique et faire bénéficier la population des bienfaits de l'énergie
- Construction de 3 gazoducs à travers le Maghreb et la Méditerranée (Figure 3) destinés à l'exportation vers l'Europe du gaz naturel algérien et libyen:

1. le Transméditerranéen (Transmed) baptisé du nom de celui qui en a eu l'idée Enrico Mattei, le fondateur et premier président de l'ENI. D'une capacité totale de 25 milliards de mètres cubes par an, extensible à 32 par l'adjonction de stations de

compression, il a été mis en service en 1983 et a transporté depuis jusqu'à la fin de l'année 2004 plus de 326 milliards de mètres cubes par an, vers l'Italie, la Tunisie, et la Slovénie ;

2. le Gazoduc Maghreb Europe (GME) baptisé du nom de celui qui y a cru très tôt, le président de Catalana del Gas, Pedro Duran Farell. D'une capacité de 9 milliards de mètres cubes par an, extensible à 18 par l'adjonction de stations de compression, il livre du gaz depuis novembre 1996 au Maroc, à l'Espagne et au Portugal ;

3. et le Greenstream, gazoduc sous-marin Libye-Italie, inauguré le 7 octobre 2004 : d'une longueur de 520 km entre la Libye (Mellitah) et la Sicile (Gela), par des profondeurs d'eau dépassant les 1100 m, il est destiné à l'exportation de 8 milliards de m^3 par an de gaz provenant des gisements de Bahr Essalam (off-shore) et Wafa (on-shore).

Ces gazoducs constituent, incontestablement, une belle œuvre commune entre pays méditerranéens et ont établi des liens solides, fixes et même organiques entre les deux rives de la Méditerranée et, plus précisément, entre le Maghreb et l'Europe.

En ce qui concerne les capacités de production mises en place, tout en assurant les approvisionnements pour leurs besoins domestiques, les principaux pays producteurs de la région exportent environ 150 millions de tonnes (Mt) d'hydrocarbures liquides, dont 60 respectivement pour l'Algérie et la Libye, 16 pour la Syrie, et 12 pour l'Egypte. Les 2/3 de ces exportations sont destinées aux marchés de l'Union européenne et représentent 18% de leurs importations.

Figure 3 : Carte des projets d'exportation de gaz du Maghreb

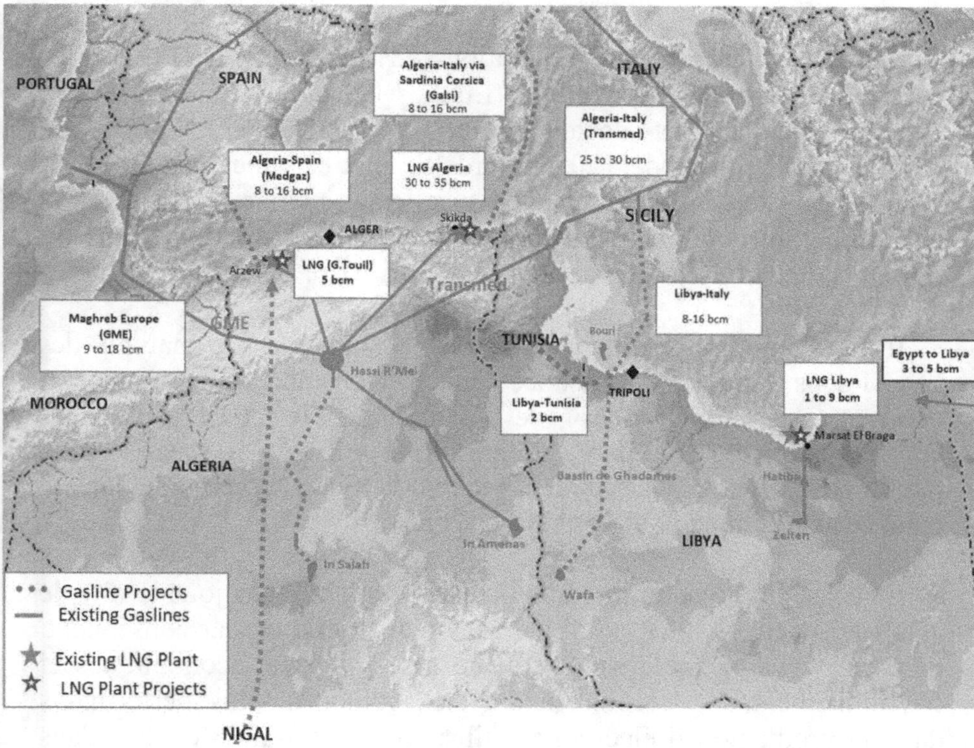

Source OME, Janvier 2005

Il est prévu une augmentation sensible des exportations d'hydrocarbures liquides qui passeraient de 150 millions de tonnes en 2002 à environ 280 en 2020 [1]. La situation sera néanmoins différente d'un pays à un autre: La Libye et l'Algérie pourraient doubler leurs exportations alors que l'Egypte et la Syrie deviendront des importateurs nets de pétrole en raison de la forte croissance de la demande interne en pétrole et de la non reconstitution des réserves.

En ce qui concerne le gaz naturel, les exportations de gaz passeraient de 60 milliards de mètres cubes par an en 2002 à 175 à l'horizon 2020. La Libye et l'Egypte rejoindront l'Algérie en tant qu'exportateurs importants de gaz et la capacité d'exportation serait

[1] Hafner M, "*Development of Energy Supplies from Southern and Eastern Mediterranean Countries to Europe*", in *Medenergie* N°9 – Octobre 2003.

alors de 120 millions de tonnes pour l'Algérie, 30 pour l'Egypte et 25 pour la Libye.

Ces quantités pour l'exportation de gaz, retenues dans les perspectives tracées par l'OME (Etude Medsupply citée ci-dessus) méritent réflexion et débat. En ce qui concerne l'Algérie, en particulier, le chiffre de 120 milliards de mètres cubes par an paraît surévalué au regard des données officielles en matière de réserves et de l'importance de la consommation intérieure qui atteindrait 47 milliards de mètres cubes par an à l'horizon 2020.

Il faut tenir compte, en effet, des besoins en gaz naturel des PSEM dans lesquels la croissance annuelle moyenne pour les années à venir atteindra environ 6%, ce qui aura pour effet de tripler leur consommation de gaz, pour atteindre 220 milliards de mètres cubes par an en 2020. Le gaz naturel deviendra la source dominante dans la balance énergétique pour la plupart des PSEM.

En effet, il faut souligner que la disponibilité du gaz joue le rôle de catalyseur dans la création d'une base industrielle et, par conséquent, dans le développement, en raison de ses avantages économiques et environnementaux : recours aux cycles combinés plus performants dans la production d'électricité, utilisation plus grande du gaz dans l'industrie chimique et pétrochimique, développement de réseaux de distribution de gaz dans les villes, programmes pilotes pour son utilisation par les véhicules en villes (Alger, Ankara, Le Caire).

De nouvelles infrastructures d'exportations entre l'Afrique du Nord et l'Europe

En plus des installations existantes, de nouveaux projets sont prévus à l'effet de renforcer l'infrastructure et d'augmenter les capacités d'exportation pour satisfaire la demande croissante de l'Europe. Il est prévu, en effet, un doublement des importations européennes de gaz naturel entre 2002 et 2020, pour passer de 250 milliards de mètres cubes par an à environ 550.

Citons, en particulier:

En Algérie, l'extension des gazoducs Enrico Mattei (de 25 à 32 milliards de mètres cubes par an) et Pedro Duran Farell (de 11,5 à 15 milliards de mètres cubes par an), la construction de deux nouvelles lignes à travers la Méditerranée, l'une vers l'Espagne (Medgaz) et l'autre vers l'Italie (Galsi), les extensions et constructions de nouvelles usines de GNL ;

En ce qui concerne Medgaz, le projet de gazoduc Algérie-Europe via l'Espagne: cinq (5) importants groupes gaziers européens, BP, Endesa, Iberdrola, Gaz de France et Total se sont associés à Sonatrach et Cepsa pour créer Medgaz, la société chargée des études et de la promotion du futur gazoduc sous-marin de 24 " et d'une capacité de 8 à 10 milliards de mètres cubes par an devant relier l'Algérie aux marchés européens via l'Espagne. Partant de Beni Saf, près d'Arzew, le gazoduc devra traverser la Méditerranée sur une longueur d'environ 200 km et à une profondeur maximale de 2160 m, pour aboutir près d'Almeria, sur la côte espagnole.

Pour ce qui est de Galsi, le projet de gazoduc Algérie-Italie de 1470 km de long (dont 630 km sous-marin à des profondeurs atteignant 2000m) relierait El Kala (Algérie) et Castiglione della Pescaia (Italie)via la Sardaigne et la Corse. Sa capacité initiale sera de 8 milliards de mètres cubes par an. Sonatrach (Algérie) s'est associée à six compagnies européennes (Edison, Enel Power, Wintershall, EOS Energia, Progemisa et SFIRS) pour créer une société d'études chargée de la promotion et de l'étude de faisabilité du projet. En mars 2005, elle a signé 12 intentions de vente de gaz naturel.

En Egypte, deux nouvelles usines de GNL à émissions propres, et une extension du gazoduc régional vers la méditerranée orientale, connu sous l'appellation « gazoducs arabes » ; il s'agit de projets d'exportation du gaz égyptien vers les pays voisins de l'Est méditerranéen pour l'approvisionnement de la Jordanie, de la Palestine, d'Israël, du Liban et aussi de la Turquie, mais également vers l'Espagne.

D'autres projets concernent quatre usines d'exportation de GNL (Damietta, Idku-East of Alexandria) avec les compagnies européennes Union Fenosa, BPAmoco avec ENI, British Gas avec Edison International, et Shell.

Figure 4 : Projets d'exportation de gaz égyptien

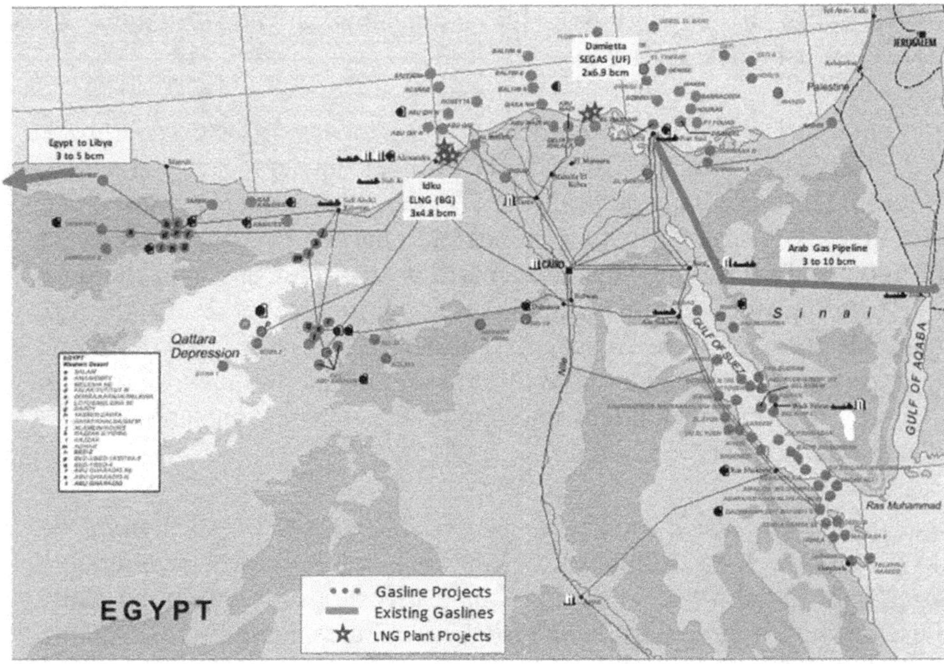

En Libye, le développement du gaz on shore et offshore devant être évacué vers l'Italie par la canalisation sous-marine Greenstream, et les extensions et constructions de nouvelles usines de GNL ;

En Syrie, plusieurs projets ont été proposés pour l'approvisionnement en gaz naturel du Liban. Un des projets consiste en l'approvisionnement des deux nouvelles centrales à cycle combiné avec du gaz syrien.

Ces projets sont considérés comme prioritaires et d'intérêt commun et régional. Ils ont reçu l'aval de la Conférence des ministres euro-méditerranéens de l'énergie, au cours de leur réunion d'Athènes de Mai 2003. Ils doivent néanmoins faire l'objet d'une analyse économique et commerciale au cas par cas, en tenant compte de l'évolution du marché, des besoins et des conditions particulières liées à la sécurité des approvisionnements énergétiques.

En effet, il est prudent de tenir compte des limites objectives à la croissance continue pour les échanges. En premier lieu, il faut prendre en considération les besoins croissants des pays producteurs et s'assurer de la sécurité des approvisionnements énergétiques pour les générations futures, dans le cadre d'un développement durable qui préserve l'avenir.

En second lieu, l'autre limite provient de la volonté des pays européens de ne pas dépendre à plus de 30% environ d'un pays du sud. Cette règle n'est pas écrite mais, dans les faits, elle s'impose à tous. A cet effet, on peut rappeler le cas de l'ENI qui, au milieu de la décennie 90, importait près de 50% de son gaz de l'Algérie et qui avait été rappelée à l'ordre publiquement par les Autorités italiennes.

La Méditerranée, zone de transit

Si l'on élargit le concept de Méditerranée à l'arrière-pays, son rôle et son importance paraissent encore plus forts, grâce sa situation géostratégique remarquable, à son avantage de proximité appréciable, à ses infrastructures énergétiques existantes ou en cours d'installation qui lui confèrent un rôle de transit de produits énergétiques en provenance des Pays du Moyen – Orient et de l'Afrique en direction de l'Europe, de l'Afrique et de l'Amérique du Nord et du Sud.

La Méditerranée a également vocation pour servir de relais entre l'Europe et le Moyen Orient dont elle dépend déjà, dans une très large proportion, pour ses approvisionnements pétroliers. Il suffit de rappeler l'importance du Canal de Suez dont la nationalisation, en 1956, a failli déclencher la troisième guerre mondiale.

Cette vocation comme zone de passage, de confluence dans toutes les directions du Monde, ce rôle de transit ne manqueront pas de s'intensifier : la Méditerranée orientale contribuera davantage à diversifier et à augmenter les approvisionnements futurs en gaz, la Turquie se trouvant en bonne place pour devenir un point de convergence majeur de gaz naturel en provenance de Russie, d'Iran, d'Azerbaïdjan et d'Irak par canalisations et par GNL en provenance d'Algérie et du Nigeria.

Des volumes importants seraient exportés vers l'Europe, soit par la voie sud à travers la Grèce et l'Italie, soit par une voie nord qui traverserait les Balkans à travers la Hongrie et l'Autriche.

Au cours des prochaines années, la région de la Méditerranée orientale développera encore plus son rôle de transit pour le pétrole des régions Caspienne et du Golfe vers l'Europe. En effet, l'oléoduc Bakou-Tbilissi-Ceyhan (BTC), long de 1.765 km, a été inauguré en mai 2005. S'inscrivant dans la stratégie américaine visant à la création d'un "corridor énergétique est-ouest", le BTC traverse l'Azerbaïdjan à partir du terminal pétrolier de Sangachal, au sud de Bakou, la Géorgie et la Turquie, où il arrive dans le port pétrolier de Ceyhan. Il est destiné à transporter le pétrole de la mer Caspienne vers les marchés occidentaux en évitant les détroits turcs surchargés et surtout la Russie et l'Iran.

Au chapitre des possibilités de transit par la Méditerranée, on pourrait évoquer également le gaz du Nigeria dont 25 Gm^3 sont brûlés à la torche annuellement. L'Algérie et le Nigeria ont engagé l'étude d'un projet de gazoduc Nigeria-Algérie de 4 000 km de long à travers les pays de l'Afrique subsaharienne qui rapprocherait les importantes réserves de gaz du Nord du Nigeria du marché européen tout en assurant l'approvisionnement de la côte ouest de l'Afrique. Il s'agit assurément d'un projet procédant d'une volonté politique exprimée dans le cadre du NEPAD, particulièrement ambitieux, dont l'intérêt économique devra être étudié sérieusement.

De l'interconnexion maghrébine aux liaisons entre réseaux électriques méditerranéens

La situation du secteur de l'électricité

En ce qui concerne l'électricité, la situation dans le Bassin méditerranéen est différente : les pays du nord ont une situation relativement confortable avec une croissance modeste ; par contre, dans les pays du sud, la consommation per capita est faible et la demande d'électricité devrait croître à un rythme soutenu (6% par an en moyenne). Une telle évolution implique un triplement de la production d'ici 2020, des besoins importants en nouvelles capacités de production (150 000 MW sur la période), en nouveaux réseaux de transport et de distribution, en programmes conséquents d'électrification rurale.

Sur la base des estimations de l'OME, les besoins en investissements pour le secteur de l'électricité des PSEM seraient de

200 à 250 milliards d'euros d'ici 2020 dont 60% seraient alloués à la production, 25% au transport et 15% à la distribution.

Leurs ressources financières internes étant limitées, les PSEM ont engagé, pour la plupart, d'importants changements dans l'organisation du secteur électrique au cours des dernières années à l'effet d'attirer l'investissement étranger. En fait, les nouvelles lois relatives à l'électricité dans la plupart des PSEM visent à promouvoir le développement de projets de production d'électricité par des intervenants internationaux et/ou locaux.

En réalité, il n'y a pas véritablement de potentialités locales et les projets IPP (Independant Power Production) n'ont pas produit les effets escomptés, en raison de difficultés de financement. La conséquence est que, pour l'instant et malgré l'adaptation de la législation, le secteur étatique reste le plus important investisseur dans le secteur de l'électricité, en particulier au Maghreb.

La coopération électrique maghrébine

Bien avant la constitution de l'UMA, les dirigeants des entreprises publiques d'électricité de trois pays, l'office national de l'électricité (ONE, Maroc), la société nationale de l'électricité et du gaz (Sonelgaz, Algérie), la société tunisienne de l'électricité et du gaz (STEG, Tunisie) ont décidé, en juin 197 », la création du Comité maghrébin de l'Electricité (Comelec). Sa création a répondu, au départ, aux aspirations et à la volonté des dirigeants des trois compagnies.

Les deux autres compagnies n'ont pas tardé à les rejoindre (Sonelec - Mauritanie et Gecol - Libye), formant ainsi le groupe spécialisé le plus ancien de l'U.M.A., dont les missions consistent « *à promouvoir et coordonner, à l'échelle maghrébine et vis à vis des institutions internationales, les relations sur les plan technique, économique, commercial, industriel, du management, de la formation et des relations sociales* »[1].

---

[1] Bendaace M, présentation du Comelec, *Medenergie* N°17 – Octobre 2005.

Les liaisons entre réseaux électriques méditerranéens

L'expérience ancienne et, dans une certaine mesure réussie, de la coopération maghrébine dans le domaine électrique, l'intensité des relations entretenues de longue date entre les entreprises publiques électriques et les institutions spécialisées des deux côtés du Bassin méditerranéen constituent certainement des éléments déterminants dans la réflexion et les réalisations en cours sur les échanges d'électricité dans l'ensemble de la Région.

Aujourd'hui, il existe trois sous-ensembles électriques autour de la Méditerranée dans un état de liaison et/ou d'intégration plus ou moins avancé:

1. Dans les pays de l'Europe méditerranéenne, entre l'Espagne et la Grèce, l'interconnexion entre les réseaux électriques existe et les échanges sont réalisés dans le cadre de l'UCPTE (Union pour la Coordination de la Production et du Transport de l'Electricité). Un projet est envisagé pour réaliser la liaison de la Turquie à la Grèce c'est à dire l'intégration de la Turquie au réseau européen.

2. Au sud de la Méditerranée, au Maghreb, l'interconnexion existe entre le Maroc, l'Algérie et la Tunisie. La liaison Tunisie - Libye devrait être mise en service cette année alors que le réseau libyen est relié au réseau égyptien depuis 1998.

   La liaison électrique entre le Maghreb et l'Europe existe depuis 1997 au moyen d'une ligne Espagne-Maroc, à travers le Détroit de Gibraltar.

3. Sur le flanc est de la Méditerranée et du Machrek, un groupe Egypte-Jordanie-Liban-Syrie-Irak-Turquie coordonne les études et réalisations des liaisons électriques dont certaines sont déjà en service entre la Syrie d'une part, la Jordanie, le Liban et la Turquie d'autre part. Ces liaisons sont insuffisantes et il n'y a pas un encore un ensemble électrique cohérent dans cette zone.

D'autres réalisations sont en cours ou en projets, qui ont pour objet de renforcer les liaisons existantes : une ligne 400 kV qui traverserait l'Afrique du Nord, l'interconnexion des différents sous-ensembles sud-sud et sud nord, notamment entre la Turquie et la Grèce, le doublement de la liaison Espagne-Maroc, ainsi que des idées de projet de liaison directe entre l'Algérie d'une part, l'Espagne et l'Italie, d'autre part.

De fait, avec l'achèvement des projets en cours, les pays du sud seront reliés dans le cadre d'une boucle électrique appelée Medring autour du Bassin méditerranéen, elle-même reliée au réseau européen

On pourrait penser que ces nouveaux projets permettraient aux PSEM de renforcer leurs interconnections, aussi bien entre eux qu'avec les systèmes électriques européens augmentant les échanges d'électricité en Méditerranée, et générant des économies importantes tout en renforçant la sécurité d'alimentation.

En réalité, le problème est bien plus complexe et les conditions de fonctionnement des différents sous-ensembles sont aussi importantes que leurs existences physiques : il ne suffit pas de raccorder bout à bout des réseaux pour avoir une véritable interconnexion avec un fonctionnement stable, efficace et solidaire.

Mettre en place une boucle de réseaux nationaux pose des problèmes d'ordre opérationnel fondamentalement différents de ceux rencontrés en Europe où les quadrillages des réseaux sont extrêmement maillés. Même si l'étude Medring a confirmé la faisabilité future d'un système euro-méditerranéen synchronisé, il faudrait bien étudier son fonctionnement et son opérationnalité afin d'éviter de nuire à la qualité de l'alimentation sur l'ensemble du réseau.

Les pays concernés ont créé en effet le cadre de concertation adéquat, en l'occurrence le comité méditerranéen de l'électricité (Medelec) qui a confié à un groupe de spécialistes des grands réseaux électriques le soin de déterminer l'enjeu des interconnexions entre les réseaux électriques, c'est à dire l'intérêt et les conditions d'un fonctionnement coordonné des systèmes électriques nationaux et de définir un cadre de cohérence au sein duquel chaque opérateur, tout en respectant les règles communes, préserve la liberté de ses choix pour le développement de son propre système. Autant de conditions à réunir pour un fonctionnement continu des interconnections et pour la mise en place de marchés régionaux d'électricité.

En réalité, la réflexion doit être plus large et dépasser la mission des seuls spécialistes des grands réseaux électriques. Elle doit intégrer les autres sources d'énergie, notamment le gaz naturel qui va jouer un rôle déterminant à l'avenir dans la région.

L'une des questions qui se pose est de savoir s'il est préférable d'exporter du gaz naturel (par gazoduc ou par méthanier) ou de l'électricité, ce qui est possible grâce au développement des lignes électriques à très haute tension. Les études diffusées jusqu'à présent montrent que pour des quantités importantes dépassant quelques milliards de mètres cubes par an, le gazoduc est plus économique.

Pour autant, l'exportation d'électricité n'est pas à négliger : elle a pour effet de promouvoir la valorisation des ressources naturelles et de situer une certaine valeur ajoutée dans le pays producteur. Elle doit alors faire l'objet d'une stratégie clairement affichée, avec les mesures adéquates, notamment des tarifs de combustibles préférentiels.

Par ailleurs, il faut souligner que, malheureusement, les nombreuses réalisations d'infrastructures électriques ne sont pas accompagnées généralement d'un réel transfert de technologie, sur le plan industriel. Pourtant, il existe au Maghreb et en Egypte une base industrielle conséquente qui peut servir au développement d'une telle collaboration. En particulier, des ateliers de maintenance fabriquent déjà des pièces de rechange pour turbines et compresseurs.

Figure 5 : La boucle électrique méditerranéenne

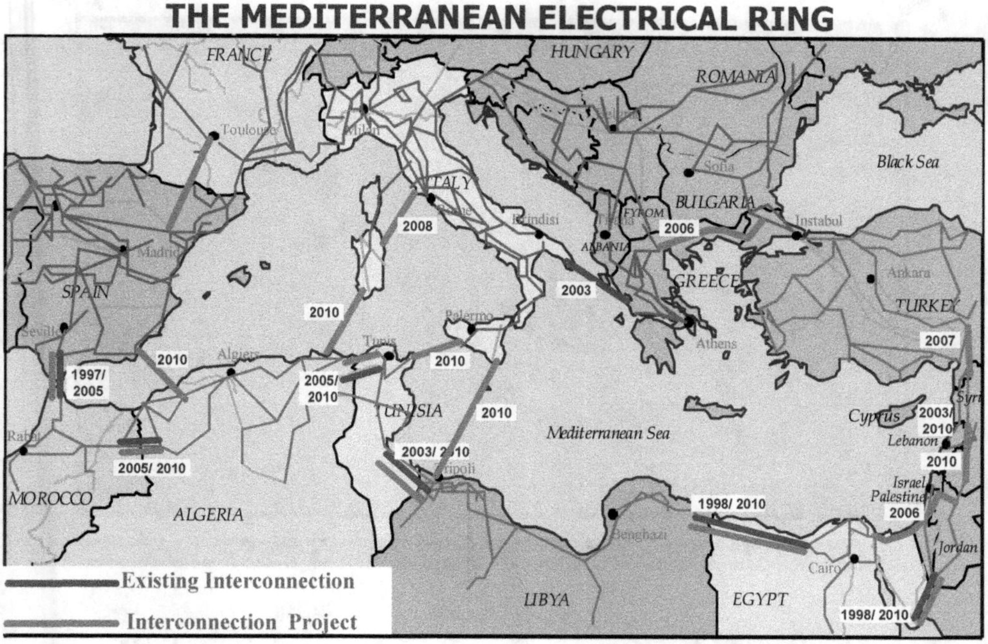

Source: OME, Januray 2005

Les installations existantes et l'expérience accumulée dans les pays du sud peuvent servir de points d'appuis déterminants pour le développement d'une industrie des biens d'équipement et matériels dans le secteur énergétique, avec pour objectif de soutenir et accompagner l'autre volet important de cette coopération qui intéresse plus particulièrement les pays du nord c'est à dire les exportations d'énergie.

Est-il possible de concevoir une coopération énergétique qui s'appuierait essentiellement sur des exportations de plus en plus importantes d'énergie du sud vers le nord sans une coopération industrielle forte et un transfert conséquent de technologie dans le sens opposé? Force est de constater que, pour l'instant, la plupart des ouvrages et installations réalisés au sud sont le fait d'importations pures de produits industriels du nord. Evidemment, de telles tendances ne peuvent qu'accentuer les inégalités.

Le projet Algérie 2000 MW et les nouveaux projets d'interconnexions électriques Maghreb - Europe

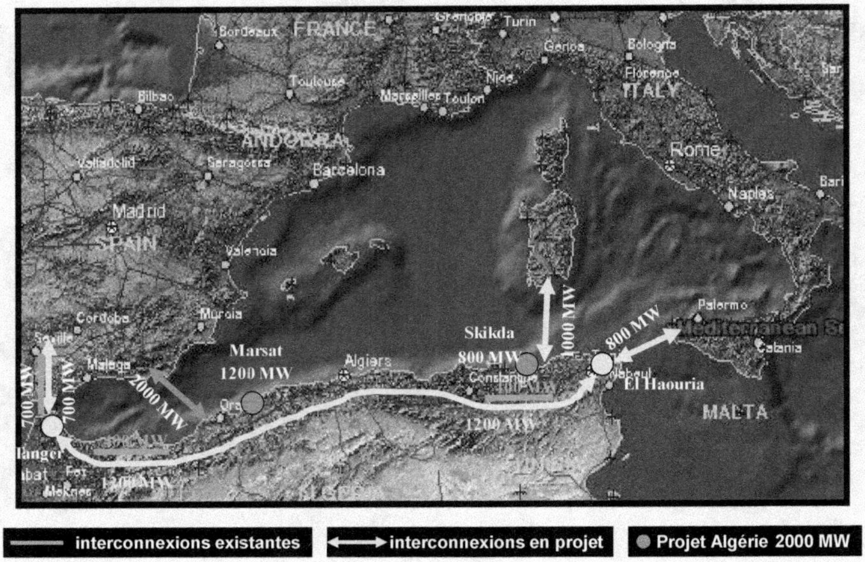

L'évolution de la coopération énergétique dans le Bassin méditerranéen

Coopération ou échanges commerciaux ?

Ces échanges importants, ces infrastructures imposantes, ces liens multiformes tissés entre les pays du Bassin méditerranéen, sont-ils le fruit d'une coopération véritable ou constituent-il simplement un courant d'échanges qui s'est créé dans l'intérêt mutuel ? Peut-on considérer l'intensification des échanges commerciaux (plus précisément exportations d'hydrocarbures et importations de biens d'équipement et d'expertise) comme un élément déterminant de la coopération énergétique au sens où elle a été définie à la Conférence de Barcelone ?

Pour répondre à ces questions, il faut remonter à l'histoire de la région et suivre son évolution récente.

Des traditions de travail en commun et… de confrontations

De fait, dès les années 50 émerge la prise de conscience de l'existence de ressources énergétiques abondantes dans le Bassin méditerranéen, tout particulièrement en Algérie, en Egypte et en Libye. Très vite, a commencé l'exploitation intensive des ressources pétrolières et leur exportation pour répondre aux besoins des pays d'Europe à forte consommation, principalement la France et l'Italie avec lesquels les relations politiques étaient privilégiées.

Dans les années 60 et avant l'indépendance de l'Algérie, est conçue la première usine de liquéfaction de gaz naturel érigée dans le monde, à Arzew, qui exporte les premières quantités de GNL en direction de la Grande Bretagne en 1964 puis de la France, un peu plus tard, donnant ainsi naissance à un formidable marché de ce combustible noble et propre aujourd'hui en pleine expansion.

L'importance du rôle de l'énergie, source de vie et vecteur du développement, et des enjeux stratégiques qui s'y rattachent a conduit les pouvoirs publics à créer et à promouvoir, dans la plupart des pays de la région, des Entreprises publiques comme instrument de l'Etat, exécutant sa politique énergétique, au service du développement économique et social.

Il en est ainsi de la France avec les établissements publics Electricité de France, Gaz de France, et les sociétés pétrolières CFP-Total et Elf Aquitaine, à dominante publique. En Italie, à la tête de l'ENI, Enrico Mattei a porté haut le flambeau de la lutte pour la maîtrise de l'Etat sur l'énergie en s'opposant aux puissantes sociétés multinationales et a peut-être payé de sa vie sa politique résolument indépendante, méditerranéenne et favorable à la coopération avec les pays producteurs[1].

En Algérie au lendemain de l'indépendance, a été créée la Sonatrach qui s'est imposée comme instrument spécifique de la

[1] Des ouvrages ainsi que des articles de presse diffusés en Italie rouvrent périodiquement le dossier de l'accident d'avion qui a coûté la vie à Mattei le 27 octobre 1962 et qui est attribué, selon certains témoignages, à un attentat.

politique de l'Etat surtout après la décision de nationalisation des hydrocarbures intervenue le 24 Février 1971[1].

On peut considérer à juste raison que cette région du monde a constitué un lieu privilégié de réflexion, de foisonnement et de confrontation d'idées, de mise en œuvre de projets, de mise en place de structures et d'organisation, qu'elle a contribué efficacement à faire avancer les propositions et décisions en matière de concertation et de coopération dans le cadre de ce qu'il est convenu d'appeler le dialogue Nord-Sud.

Aujourd'hui, les Etats de la Région organisent l'ère de la démonopolisation et de la dérégulation du marché de l'énergie ainsi que la phase de privatisation des entreprises publiques selon une voie propre qui respecte le caractère stratégique des approvisionnements énergétiques et les obligations de service public.

Ainsi, les compagnies énergétiques n'ont pas attendu Barcelone pour prendre position de manière forte et claire en faveur du partenariat Euro-Méditerranéen : elles ont créé dès la fin des années 80, l'Observatoire méditerranéen de l'énergie (OME) à l'effet de promouvoir la coopération et la collaboration.

Les objectifs de Barcelone

C'est donc sur un terrain bien préparé que la Conférence Euro-Méditerranéenne, tenue à Barcelone les 27 et 28 novembre 1995, a posé le principe de l'établissement d'un partenariat global en vue de faire du bassin méditerranéen une zone de dialogue, d'échange et de coopération, garantissant paix, stabilité et progrès.

La construction de cette zone de « prospérité partagée » suppose le renforcement des liens qui unissent les rives de la Méditerranée et doit conduire, à terme, à la formation d'un espace économique régional, une zone de libre échange à l'horizon 2010, dynamique, prospère et insérée dans l'économie mondiale.

Concernant l'énergie, la Conférence de Barcelone a pris acte de la situation d'interdépendance et poussé au renforcement du dialogue et

[1] Aissaoui A, « *Algeria : The Political Economy of Oil and Gas* », Oxford University Press, 2001

de la coopération dans le domaine stratégique de l'énergie entre l'Europe et les PSEM. Il est vrai que l'énergie et, en particulier, le gaz naturel, compte tenu de la pérennité des liens qu'il crée, peut jouer un rôle considérable en tant que facteur d'intégration pour l'évolution des relations entre les pays entourant le Bassin méditerranéen.

Les participants à la Conférence: *« reconnaissent le rôle structurant du secteur de l'énergie dans le partenariat euro-méditerranéen et décident de renforcer la coopération et d'approfondir le dialogue dans le domaine des politiques énergétiques ; décident de créer les conditions-cadres adéquates pour les investissements et les activités des compagnies d'énergie, en coopérant pour créer les conditions permettant à ces compagnies d'étendre les réseaux énergétiques et de promouvoir les interconnexions»*.

La conférence de Barcelone a donné une certaine impulsion et de nombreuses rencontres ont été organisées, parfois au niveau le plus élevé pour promouvoir la coopération énergétique. Sur le plan financier, des instruments ont été mis en place et la BEI (Banque Européenne d'Investissement) invitée à s'organiser en acteur majeur du développement des pays partenaires méditerranéens en favorisant les investissements d'intérêt commun aux pays de la Méditerranée dans les domaines de l'énergie, des communications et de la protection de l'environnement, notamment avec la mise en place de la « Facilité Euro-Med. »[1].

De fait, alors que le gazoduc Enrico Mattei (Transmed), lors de sa construction, n'avait bénéficié de l'appui financier de l'Europe que sur la partie italienne, c'est à dire sur le tronçon européen exclusivement, la B.E.I a accordé des prêts conséquents pour les financements du Gazoduc Pedro Duran Farell (GME) sur tous les territoires traversés. Il est intéressant de noter en effet que, depuis quelque temps, l'Union Européenne consent à accorder un appui financier à la réalisation de réseaux de distribution dans les régions traversées par le gaz, ces réseaux constituant un élément essentiel de promotion économique et sociale et, à plus long terme, un facteur de stabilité sociale et politique.

---

[1] Kavvadia H, "*Les financements de la BEI en faveur des énergies renouvelables*" *MEDenergie*, N°6– Janvier 2003

Les recommandations de REMEP - Rome Euro-Mediterranean Energy Platform

Le Sommet Euro-Méditerranée de l'industrie énergétique tenu à Rome le 1er Décembre 2003 a regroupé les leaders de l'industrie et les décideurs à un moment où le partenariat Euro-Méditerranéen initié à Barcelone est confronté aux nouveaux défis et opportunités d'une Europe élargie depuis mai 2004, représentant une nouvelle entité de 25 états, 450 millions d'habitants et un PNB total de quelques 10 000 milliards d'Euros.

De ce fait, la complémentarité énergétique actuelle entre les partenaires Méditerranéens et les 15 pays de l'Union Européenne sera étendue à 10 autres pays qui sont largement dépendants des importations d'énergie.

A l'occasion de cette rencontre, il a été reconnu que le développement accru des infrastructures énergétiques de transport entre les deux rives de la Méditerranée, entre les pays PSEM eux-mêmes, ainsi que le développement des réseaux locaux de distribution dans ces pays constituent des éléments fondamentaux pour: garantir des approvisionnements énergétiques stables et à faible coût pour l'Union Européenne et les PSEM ; sécuriser les marchés des pays exportateurs de l'Afrique du Nord ; promouvoir la stabilité et le développement socio-économique de la région.

Le problème le plus aigu est celui du financement: les besoins en investissements ont été estimés, selon les projections élaborées par l'OME, à environ 190 milliards de $ US pour la période 2000-2010, 60% de ces investissements devraient être alloués au secteur de l'électricité et les 40% restants aux hydrocarbures. Compte tenu de la faible part d'autofinancement estimée par les compagnies énergétiques, un montant de 110 milliards de $ US devrait émaner de sources extérieures. En conséquence, l'appui politique de la communauté européenne et des gouvernements de la région ainsi que le financement de la BEI sont nécessaires.

Dans ce contexte, des recommandations concrètes ont été formulées à l'intention des décideurs. On peut citer certaines propositions, parmi les plus significatives :

- Mise sur pied d'un cadre institutionnel et réglementaire stable et transparent qui contribue à rassurer autant les investisseurs potentiels que les producteurs (Contrats à long terme). L'adhésion à l'OMC et/ou la signature de la Charte de l'énergie sont considérées comme des signaux positifs pour garantir le financement ;
- Promotion du partenariat Euro-Méditerranéen avec pour objectifs : la mise en place de conditions favorables au développement durable ; la résolution de certains des défis auxquels se trouvent confrontés les PSEM, telle que la mobilisation des ressources financières ; le renforcement des interconnections électriques et gazières et la création de marchés régionaux (aussi bien sud-sud que sud-nord) ;
- Renforcement du partenariat entre les PSEM et les compagnies européennes dans le développement amont et les infrastructures de transport et de distribution ;
- Institutionnalisation d'une structure permanente de dialogue entre l'Union Européenne et les pays producteurs de gaz, à l'exemple de celle existant déjà avec la Russie, à laquelle seraient naturellement associés l'OME et Eurogas ;
- Création d'un marché régional de l'électricité adapté aux spécificités des pays concernés, encouragé par l'industrie du Maghreb et tenant compte des spécificités des différents secteurs dans les pays du Maghreb ; renforcement de la coopération dans le cadre du groupe Eurelectric/Comelec.
- En ce qui concerne le financement, plusieurs mesures spécifiques: une Banque Euro-méditerranéenne ; un Fonds de garantie pour les investissements dans l'énergie non destinée à l'exportation dans le sud et l'est de la Méditerranée ; un instrument régional de financement par le MEDA pour des études d'ingénierie et de cofinancement ; un Fonds « carbone », instrument de protection de prix contre les risques générés par les émissions nocives ; intervention plus conséquente de la BEI pour les projets d'interconnexion, les infrastructures dans les PSEM et le financement de l'efficacité énergétique .

Naturellement, il ne s'agit que de recommandations, certes pertinentes, mais qui ne s'imposent à personne puisqu'elles ne font pas l'objet d'instructions ni de directives. Certaines d'entre elles, parmi les plus intéressantes, pourraient même rester des vœux pieux, comme celles qui consisteraient à promouvoir les intervenants locaux (industriels, financiers, bureaux d'études) et à faire en sorte que les défis auxquels l'industrie de l'énergie se trouve confrontée soient à l'avantage des PSEM.

Dans ce contexte, il convient de relativiser l'importance des chiffres cités, qu'il s'agisse du nombre de projets ou du volume des échanges

Evaluation critique de la coopération-Quelques éléments de réflexion pour débat (s)

La multiplication des projets et l'accroissement des volumes d'échanges dans la région euro-méditerranéenne ne doivent pas nous amener à conclure un peu hâtivement que la coopération énergétique est satisfaisante. Il y a, certes, une prise de conscience de l'importance de l'énergie en Méditerranée et des enjeux stratégiques qui s'y rapportent sur tous les plans, politique, économique, culturel, social et même civilisationnel.

Mais, en vérité, les chiffres ne doivent pas nous leurrer. Ils traduisent une conjonction d'intérêts au niveau des Etats plutôt qu'une véritable vision stratégique globale à l'échelle de la Région méditerranéenne, conjonction d'intérêts répondant à deux préoccupations convergentes: le souci des pays européens d'assurer la sécurité de leurs approvisionnements en énergie au moindre coût en faisant appel aux sources d'énergie les plus proches ; la détermination des pays producteurs de valoriser leurs ressources naturelles pour financer leur développement et, par conséquent, de s'adresser au marché naturel le plus proche.

Les différences de niveau sont trop importantes entre les populations des deux rives et il n'est pas sûr que certaines des actions engagées quotidiennement tendent à les diminuer, bien au contraire. D'autre part, à la charge des pays du sud, ils ne développent pas suffisamment les synergies et les potentialités qu'offre la coopération sud- sud.

Que faut-il faire pour aller plus loin et promouvoir une véritable coopération renforcée et mutuellement bénéfique ?

Une volonté politique et une vision stratégique euro-méditerranéenne claire

Il faut, avant tout, une volonté politique et une vision stratégique claire avec pour objectif de substituer aux discussions commerciales entre acheteurs/vendeurs un véritable dialogue, une concertation permanente en véritables partenaires sur les grandes questions, y compris celles «qui fâchent », sur les politiques: un dialogue autour de la Charte de l'énergie, autour des directives de l'UE, sur la taxation des produits énergétiques, sur les problèmes des prix qu'ils soient en hausse ou en baisse, sur les programmes communs de R & D, ... Ce que la Conférence de Barcelone avait, du reste, timidement préconisé mais qui est loin d'être mis en œuvre aujourd'hui.

L'Union européenne édicte des principes, des directives, une charte dans un domaine où elle dépend complètement des pays producteurs, sans concertation aucune ; ensuite, elle leur demande d'y adhérer et de s'inscrire impérativement dans le cadre de ces directives. Est-ce là une démarche appropriée pour un dialogue équilibré ? A cet égard, on perçoit, dans le domaine de l'énergie, les mêmes hésitations, des atermoiements similaires à ceux observés dès que l'on aborde le sujet de l'intégration de la Turquie à l'Union européenne.

Les nombreux projets et initiatives qui fleurissent dans la région doivent donner lieu à une réflexion plus générale et conduire à une vision globale et stratégique en vue de consolider les échanges d'énergie dans la zone, dans le sens d'une meilleure intégration, pour assurer une véritable solidarité, grâce à une démarche contribuant à réduire les inégalités de développement entre les deux sous-ensembles sud et nord et, par voie de conséquence, à les rapprocher.

Un transfert de technologie véritable, une politique audacieuse de partenariat industriel

Dans cet ordre d'idées, le transfert de technologie dans les méthodes, programmes et équipements énergétiques doit être un volet essentiel de la coopération.

Au demeurant, la responsabilité du non transfert effectif de technologie incombe autant aux pays développés qu'aux pays du Sud qui ne savent pas s'approprier la technologie à la faveur des contrats passés avec les firmes occidentales. La passation de contrats « clés en mains » avec de grandes sociétés internationales, aux références avérées sans aucun doute, pour les études, la réalisation, voire même l'exploitation et la maintenance des installations, mais sans mettre l'accent sur l'utilisation des compétences et ressources locales, sur les retombées industrielles, technologiques et scientifiques, ne favorise pas la mise en place de conditions assurant un développement durable.

Au contraire, il faut utiliser les ressources des hydrocarbures pour asseoir son développement propre, grâce à la mise sur pied d'équipes d'ingénierie, avec une participation active des ressources locales techniques et humaines, accumulant les connaissances, le savoir faire et l'expertise et créant de la valeur ajoutée de manière permanente.

La mondialisation et/ou la libéralisation du secteur de l'énergie ne doivent pas constituer des prétextes et/ou des obstacles à une telle démarche qui est adoptée par les pays les plus libéraux du nord, lesquels utilisent, à fond et en priorité, leurs compétences et capacités locales et protègent, en cas de besoin, leur industrie nationale.

On peut citer, par exemple, la réalisation du gazoduc Enrico Mattei (Transmed): une œuvre grandiose qui s'est étalée sur plus de deux décennies. Elle a certainement permis au groupe ENI de mieux maîtriser la technologie des canalisations sous-marines et d'affiner ses outils et instruments propres d'études et de réalisations. Par contre, elle n'a pas donné lieu, à notre connaissance, à la formation d'équipes spécialisées à Sonatrach dans l'ingénierie, la réalisation et l'exploitation de tels ouvrages off shore, susceptibles d'intervenir seules ou en coopération avec l'ENI, sur d'autres réalisations du même genre dans le monde, par exemple en Libye où le groupe ENI a réalisé seul tout le projet d'exportation de gaz libyen vers l'Italie.

Par ailleurs, une coopération énergétique véritable doit s'accompagner d'une politique audacieuse de partenariat industriel dans le domaine de la construction et de la fabrication des biens d'équipement énergétique, domaine qui se prête particulièrement bien au transfert de technologie (compresseurs, turbines à gaz, transformateurs H.T. équipements solaires et éoliens). Il faut veiller au renforcement des capacités industrielles, technologiques et scientifiques locales, si l'on ne veut pas que l'accroissement des échanges se traduise par une aggravation des inégalités entre le nord et le sud !

Pourtant, c'est la situation actuelle : le renforcement des interconnexions électriques dans le bassin méditerranéen est réalisé par une injection massive pour ne pas dire exclusive d'équipements en provenance du nord alors qu'il aurait pu donner lieu, compte tenu de son importance, à une coopération incluant la mise en place d'installations industrielles dans les pays du sud. C'est ainsi que la Corée, l'Inde ou la Chine ont accéléré leur développement.

Des programmes de recherche-développement communs sont indispensables, incluant les institutions universitaires et intégrant les différents aspects relatifs à la réalisation et à l'exploitation des installations, et orientés vers les préoccupations spécifiques des pays du Sud telles que l'énergie solaire, le développement des zones arides et les problèmes de l'eau (techniques de dessalement de l'eau de mer, entre autres) qui seront de plus en plus liés à ceux de l'énergie et qui constitueront le défi du XXIème siècle.

La coopération véritable s'entend comme un ensemble qui assure le transfert scientifique, technologique et/ou industriel. A cet égard, la promotion de l'efficacité énergétique et de l'utilisation des énergies renouvelables constitue un axe de travail privilégié, le potentiel non exploré en énergie renouvelable au sud étant incommensurable. Aujourd'hui même, c'est probablement dans la coopération avec l'ADEME et autres institutions similaires en Europe qu'on peut trouver des exemples de réelle coopération : une coopération qui met en réseau l'université, les centres de recherche, les grandes entreprises et les PME.

Des programmes sociaux de développement de l'utilisation de l'énergie et de ses applications, notamment en zones rurales, et dans les zones déshéritées (électrification, distribution publique gaz naturel et G.P.L.) doivent être réalisés pour combattre la pauvreté énergétique qui affecte 2 milliards d'êtres humains, d'autant plus que ces populations déshéritées et isolées habitent souvent sur le parcours d'un gazoduc ou le long d'une ligne électrique sud-nord.

Il est utile de faire remarquer que les projets de transport du gaz et les réseaux de distribution dans les PSEM sont difficiles à financer dans la mesure où, à l'instar des réalisations d'électrification rurale, ils ne sont pas directement rentables.

Par contre, ils trouvent leur justification dans les effets directs et indirects sur le développement économique et social dans le cadre de la lutte contre la pauvreté et l'exclusion. Effectivement, leurs effets sur les conditions de vie des citoyens, notamment dans les villes isolées et à climat rigoureux sont particulièrement bénéfiques. Ils s'inscrivent tout naturellement dans la logique du développement durable.

Sur un plan plus général, il faut souligner que l'industrie du gaz contribue à la croissance de la valeur ajoutée nationale dans les pays de transit en même temps qu'elle concoure à la mise en place d'infrastructures qui contribuent largement à l'essor de l'économie dans son ensemble. C'est ainsi que le Transmed a beaucoup contribué au développement économique de la Tunisie au cours des dernières décennies. Cette expérience pourrait être étendue au Maroc grâce au gazoduc Maghreb-Europe et des autres pays de transit.

En fait, il s'agit de programmes sociaux et les pays qui ont entrepris de telles réalisations l'ont fait sur leurs ressources propres et au prix d'un effort volontariste important de l'Etat.

Dans le cadre du partenariat Euro-Méditerranéen, ces programmes nécessitent une coopération étroite entre les gouvernements, l'Union Européenne et la BEI.

Cette démarche, adoptée par l'UE pour le développement du sud de l'Italie, l'Espagne ou le Portugal (qui ont bénéficié d'un financement structurel) pourrait être étendue, par analogie, aux régions traversées du sud. Comme pour le Mezzogiorno en Italie ou les Hauts Plateaux algériens, la construction de réseaux de distribution publique de gaz naturel dans les quartiers populaires des grandes villes marocaines, tunisiennes, demain à Gaza et dans les principales cités palestiniennes grâce au gaz égyptien, améliorerait les conditions de vie des populations les plus défavorisées. Il est vrai que cela implique des investissements lourds que ces pays ne peuvent se permettre sans une aide substantielle de la communauté internationale.

Conclusion

En fin de compte, l'énergie peut et doit être un facteur d'intégration et de stabilité. Elle offre des perspectives particulièrement intéressantes de nature à rapprocher les deux rives de la Méditerranée en réduisant les inégalités :

- pour autant que l'Europe ne se contente pas de l'ambition, légitime certes mais limitée, d'assurer la sécurité de ses approvisionnements énergétiques en puisant dans les ressources découvertes au sud mais profite de cette ressource commune méditerranéenne pour en faire un facteur de co-développement et de coopération mutuellement et surtout durablement bénéfique ;
- pour autant aussi que les Pays du Sud et ceux du Maghreb, en particulier, décident de donner un coup d'accélérateur aux réformes engagées, selon la voie propre à chacun, de dépasser leurs divergences pour se lancer dans de véritables programmes de coopération sud-sud et de négocier leurs atouts et leurs potentialités dans le cadre d'un ensemble susceptible de faire le poids à l'ère de la mondialisation
- pour autant que tous ensemble, on substitue aux discussions commerciales un véritable dialogue entre partenaires sur les grands débats énergétiques, sur les politiques et sur les technologies.

Des débats à organiser aussi au sein même des pays producteurs (qui, pour la plupart, tirent l'essentiel de leur richesse des produits des hydrocarbures), des discussions ouvertes au monde politique et à la société civile, largement médiatisées sur les questions fondamentales que se posent les citoyens : sur le niveau des ressources en hydrocarbures, la cadence et la durée de leur exploitation ; sur les priorités dans leur affectation (besoins domestiques et exportations) ; sur la répartition de la rente procurée ; sur leur rôle comme élément moteur du développement économique et social.

D'autant plus que, de l'avis de tous les experts, les estimations affichées officiellement en matière de réserves en hydrocarbures en Méditerranée semblent plutôt pessimistes. Et ils s'accordent tous à affirmer que des efforts plus grands et des moyens plus conséquents devraient être consacrés à des études plus fines, plus précises des réserves et ressources restant à découvrir dans la région. Un objectif qui nécessite d'importants capitaux et de nouvelles technologies d'exploration et de récupération et qui pourrait constituer, en soi, un axe de coopération essentiel entre les deux rives de la Méditerranée, avec des retombées profitables à tous.

Le Sommet de Johannesburg a officialisé l'énergie comme besoin essentiel pour tout être humain, au même titre que la santé et l'eau. Il a appelé à la lutte contre la pauvreté énergétique. Ce combat nécessite un effort colossal et collectif. Comme l'écrit Jean-Marie Chevalier dans son dernier ouvrage, « *La gestion des inégalités économiques, énergétiques, environnementales passe par la création de nouvelles solidarités qui apparaissent comme la condition de notre survie* »[1].

Le Bassin méditerranéen, pour ce qui le concerne, dispose des potentialités pour relever un tel défi, défi qui consistera à assurer la sécurité d'approvisionnements de la région en énergie, la protection de son environnement et un développement économique équilibré de la zone tout entière, au moyen d'un partage équitable des ressources et des profits.

---

[1] Chevalier J-M., « Les grandes batailles de l'énergie », Gallimard collection Folio actuel, 2004

Politique européenne et dimension énergétique méditerranéenne

L'énergie, facteur de coopération euro-méditerranéenne

La Conférence Euro- Méditerranéenne, tenue à Barcelone les 27 et 28 novembre 1995, a pris conscience de l'importance du problème de l'énergie en tant qu'élément structurant de la coopération euro méditerranéenne et a poussé au renforcement des liens énergétiques, à la mise en place d'infrastructures importantes et, d'une façon plus particulière, à la réalisation d'interconnexions électriques et gazières reliant les deux rives de la Méditerranée.

Depuis, la multiplication des rencontres au niveau le plus élevé, l'approfondissement du dialogue dans le domaine des politiques énergétiques, la création d'un climat favorable pour les investissements et les activités des compagnies énergétiques, ont effectivement donné une impulsion certaine à la coopération énergétique[1]

L'Observatoire Méditerranéen de l'Energie (OME), association regroupant les acteurs énergétiques et compagnies opérant des deux côtés de la Méditerranée, créée dès le début de la décennie 90, constitue un cadre permanent de dialogue, de concertation et d'études qui joue un rôle éminent dans le renforcement de cette coopération.

Effectivement, les liens énergétiques entre le Sud et le Nord de la Méditerranée sont très forts et s'intensifient d'année en année. Pour s'en convaincre, il suffit de rappeler que l'Union Européenne dépend des pays producteurs méditerranéens pour 36% de ses importations en gaz naturel et pour 20% de ses importations en pétrole. Vue du côté de ces derniers, la dépendance est encore plus forte: leurs exportations sont dirigées dans la proportion de 86% pour le gaz naturel et de 49% pour le pétrole vers les pays de l'Europe et de l'Europe

[1]Contribution pour l'Annuaire IEMED de la Méditerranée, Barcelone, décembre 2006

méditerranéenne principalement (92% et 53% respectivement pour ces derniers).

Le contexte énergétique international des dernières années, marqué par les tensions géopolitiques et les incertitudes sur la sécurité des approvisionnements énergétiques, a renforcé la détermination de l'Europe à développer le dialogue au sein du Bassin méditerranéen, accéléré les initiatives de coopération et lancé la réalisation de nouveaux projets.

Cet article se propose de faire le point de la situation et de dégager quelques réflexions et perspectives pour l'avenir de cette coopération.

Le contexte énergétique international

Le contexte énergétique mondial est marqué depuis quelques années par de nouvelles données, en particulier :

- La globalisation et la libéralisation des marchés de l'énergie;
- Le protocole de Kyoto et l'après Kyoto avec le développement d'un mix énergétique et la diversification des sources d'énergie;
- L'augmentation durable des prix du pétrole et dérivés.

Ce contexte perturbé met au premier plan des préoccupations la question cruciale de la sécurité des approvisionnements, même si la crise que le monde vit aujourd'hui dans le domaine de l'énergie n'a pas pour origine des raisons politiques mais plutôt des motifs techniques : insuffisance des capacités de production et des capacités de raffinage, par manque d'investissements ces 20 dernières années. Il n'en demeure pas moins que la moindre tension à caractère géopolitique entraîne une augmentation de prix.

A la fin de l'année 2006, les prix sont revenus à leur niveau de fin 2005, se situant au niveau moyen de 60 US dollars le baril, après avoir atteint le seuil maximum de US $78,30/b en août. Ce prix, qui correspond à un panier OPEP de 55 US dollars le baril, semble connaître une certaine stabilité et satisfaire les membres de cette organisation, même si, selon des analystes avertis, la tendance est à une légère baisse, les fondamentaux étant favorables, au fur et à mesure que les nouveaux investissements seront réalisés et que la marge de la production par rapport à la demande deviendra confortable (2 millions de barils par jour au minimum).

A cet égard, il convient de tenir compte de la revendication des pays producteurs de considérer la sécurité des approvisionnements et la sécurité de la demande comme les deux facettes d'une même pièce[1]. Même s'il y a des relents de retour au nationalisme économique – pas seulement dans l'énergie au demeurant – il n'y a pas de risque de radicalisation ni de risque d'utilisation de l'énergie à des fins politiques.

L'existence de l'International Energy Forum qui se réunit périodiquement constitue incontestablement un grand acquis pour la coopération énergétique à l'échelle mondiale

Cependant, la pauvreté énergétique reste un problème crucial dans la mesure où, comme le souligne la publication annuelle de l'AIE, World Energy Outlook, 2,5 milliards d'habitants de la planète utilisent du bois de chauffage, du charbon de bois, des déchets agricoles et des déjections animales pour faire face à la majeure partie de leurs besoins énergétiques quotidiens de cuisson des aliments et de chauffage avec des conséquences graves pour la santé, l'environnement et le développement économique. 1,6 milliard de personnes dans le monde vivent toujours sans électricité, en particulier en Afrique, toute proche de l'Europe.

La politique européenne

Dans ce contexte, l'Europe a développé au cours de l'année 2006 une activité particulièrement intense dans le domaine de l'énergie qui est devenu une priorité des sommets européens et des réunions avec les pays extérieurs de l'UE.

Au début du mois de mars 2006, la Commission européenne a diffusé un document de politique intitulé : "*Green paper A European Strategy for Sustainable, Competitive and Secure Energy*" qui indique ses principales priorités: compléter la mise en place des marchés internes de l'électricité et du gaz avec le développement d'un réseau européen, l'éventualité d'un régulateur et d'un centre de contrôle uniques étant aussi à considérer[2]; une nouvelle législation pour les

---

[1] "*Security of supply and security of demand are two sides of the same coin*", Mohamed Barkindo acting for the Secretary General OPEC, Oil Outlook to 2025, Doha, 10th International Energy Forum, 22-24 –April 2006

[2] "*Lessons from liberalised electricity markets*". IEA, 2005.

stocks de gaz ; une approche globale et intégrée pour faire face aux défis du changement climatique avec un mix énergétique approprié ; adopter une feuille de route à long terme pour les énergies renouvelables; un plan d'innovation technologique ; une politique extérieure énergétique commune comprenant un nouveau partenariat avec la Russie et un dialogue approfondi avec les pays fournisseurs.

L'élaboration d'une politique énergétique européenne étant un défi de long terme, notamment en raison des divergences profondes sur le mix énergétique à adopter (Charbon, nucléaire), l'UE se propose d'examiner de façon régulière, à partir de janvier 2007, un Strategic EU Energy Review couvrant les problèmes identifiés dans le Green Paper. Ce document offrira un cadre clair pour les décisions nationales sur le mix énergétique, transparent et objectif sur le rôle futur du nucléaire. Il servira aussi de base pour cette vision commune, pour permettre aux Etats membres de parler d'une seule voix.

La crise survenue à la fin de l'année 2005 entre la Russie et l'Ukraine relativement au prix du gaz, fort heureusement de courte durée, allait donner le coup d'envoi à une action tous azimuts de chacun des pays européens, en ordre dispersé, pour assurer la sécurité de ses approvisionnements pétroliers et gaziers, d'autant plus que la demande des pays asiatiques émergents, en particulier la Chine[1] et l'Inde[2], continue à croître à un rythme soutenu.

En ce qui concerne l'Europe, il est prévu un quasi-doublement des importations européennes de gaz naturel entre 2005 et 2020, pour passer de 290 milliards de mètres cubes par an à environ 565, selon les prévisions de la Commission DG-TREN.

Les contacts avec la Norvège, l'un des principaux exportateurs de gaz au monde, et aussi l'un des trois principaux fournisseurs de l'UE, avec la Russie et l'Algérie, ont permis d'aboutir à une entente proclamée par le commissaire européen à l'Energie, Andris Piebalgs, et le ministre norvégien de l'Energie, Odd Roger Enoksen le 15 septembre pour une livraison de 125 milliards de mètres cubes de gaz

---

[1] "*L'énergie et la Géopolitique de la Chine*", Baoyun Yang in *Medenergie* N°22 – Janvier 2007

[2] *India's Emerging Gas Market & its Development Challenges*, Mostefa A. Ouki in *Medenergie* N°22 – Janvier 2007

naturel à l'UE à l'horizon 2010 (au lieu de 85 actuellement) ce qui fait de la Norvège "*un fournisseur de gaz important et fiable pour l'UE pendant de nombreuses années.*", a assuré M. Enoksen

Au Sommet de Lahti (Finlande) le 20 octobre 2006, les dirigeants européens se sont entendus sur les bases d'un accord de partenariat à long terme avec la Russie fondé sur l'intérêt mutuel et équilibré, accord contenant des engagements fermes de transparence et réciprocité dans leur relation énergétique.

Les Européens défendent des "*règles de marché, une ouverture des marchés, un accès non discriminatoire au réseau de transit*" des hydrocarbures. Moscou tient à s'assurer que son géant gazier Gazprom ne soit pas cantonné à un rôle de simple fournisseur mais puisse au contraire accéder à toute la chaîne d'approvisionnement européenne[1].

L'Union, de plus en plus dépendante de l'extérieur sur le plan énergétique, importe de la seule Russie plus de 25% de sa consommation en gaz et pétrole. Et elle veut pouvoir compter sur un approvisionnement fiable, même si les USA mettent en garde l'UE sur sa dépendance par rapport au gaz russe. La Russie, de son côté, souhaite un "*accord global ambitieux fondé sur de nouveaux objectifs stratégiques*" avec l'UE, qui ne se limite pas à l'énergie mais qui engloberait l'ensemble des relations.

Le 14 novembre, a été signé à Milan un accord qualifié d'"historique" entre le groupe pétrolier italien Eni et Gazprom qui va permettre au géant russe de vendre directement son gaz en Italie à partir de 2007. En contrepartie, Gazprom a prolongé son contrat de fourniture de gaz au groupe italien jusqu'à 2035, confirmant Eni comme premier client du groupe russe. Gazprom va vendre directement du gaz sur le marché italien à partir de 2007 pour un volume qui atteindra 3 milliards de mètres cubes à partir de 2010 et pour toute la durée du contrat.

La nouvelle alliance stratégique entre Eni et Gazprom couvre de nombreux projets à développer conjointement tant en Russie qu'à

[1] "*Gazprom et le marché gazier européen*", Vladimir Issaev in *Medenergie* N°20 – Juillet 2006

l'étranger dans la production, le transport par canalisations et de gaz naturel liquéfié (GNL) pour servir le marché mondial du gaz.

A plusieurs reprises, les responsables de la Commission européenne ont déploré les divisions de l'UE sur l'énergie, l'absence de coordination voire d'une politique énergétique extérieure européenne qui permette à l'Europe de parler d'une seule voie, face à ses fournisseurs. Une certaine psychose s'est même créée, suite à des accords entre pays producteurs de gaz, laissant entendre qu'il pourrait y avoir un "cartel du gaz ", une "OPEGas", comme certains s'avancent à dénommer cette éventuelle future organisation.

Sur le plan électrique, l'année 2006 a été marquée par la panne géante du 4 novembre, sans précédent depuis une trentaine d'années, qui a touché des millions de foyers en Europe, plus particulièrement en Allemagne et en France mais aussi en Belgique, en Italie, en Espagne, au Portugal et aux Pays-Bas, pendant environ une heure dans la nuit du 4 au 5 novembre.

La panne venue d'Allemagne est due à une surtension sur son réseau, suite à une interruption d'approvisionnement sur une ligne à très haute tension en Allemagne, ce qui a affecté, après le déclenchement de dispositifs de sécurité automatiques ("délestages"), d'autres réseaux européens livrant du courant à l'Allemagne, comme la France. En première analyse, il apparaît que les dysfonctionnements qui ont conduit à la panne du 4 novembre 2006 sont similaires à ceux déjà constatés par le passé et, en particulier, lors du blackout survenu en Italie le 23 septembre 2003 pour lesquels les régulateurs italiens et français avaient déjà proposé des remèdes.

Le rapport préliminaire du groupe des régulateurs européens de l'électricité et du gaz (ERGEG) conclut au besoin d'une intensification urgente de la coopération entre les gestionnaires de réseaux européens afin de garantir une meilleure sécurité d'approvisionnement en Europe. Un rapport définitif est attendu en février 2007.

D'autre part, à la demande du Commissaire européen à l'Energie, Andris Piebalgs, et à la suite de la «strategic EU energy review » prévue le 10 janvier 2007, le groupe des régulateurs européens de l'électricité et du gaz (ERGEG) va proposer à la Commission européenne des mesures à intégrer dans le troisième paquet législatif relatif à l'énergie qu'elle devrait présenter en juillet prochain. Parmi ces propositions figure la séparation plus nette entre producteurs et gestionnaires des réseaux de transport et de distribution, qui pourrait aller jusqu'à la scission pure et simple.

Le renforcement de la coopération énergétique en Méditerranée

Dans cette situation de crise, marquée par la fébrilité et l'angoisse, l'Union européenne a entamé des actions en direction des pays méditerranéens. Ainsi, elle espère conclure rapidement un accord de coopération énergétique avec l'Algérie, a annoncé la commissaire européenne aux Relation extérieures, Mme Ferrero-Waldner, à l'ouverture d'une conférence européenne sur l'énergie.

Un projet de mémorandum a été adressé aux autorités algériennes et des discussions envisagées en vue de l'établissement du partenariat énergétique. 10% du gaz consommé par l'UE provient d'Algérie et avec la perspective du doublement des exportations algériennes, ce niveau sera proche de celui exporté par la Russie, premier partenaire de l'UE en matière énergétique.

Au cours du mois de novembre 2006, des responsables de haut niveau de l'Espagne, l'Italie, le Portugal, l'Allemagne et la France se sont successivement rendus à Alger pour engager des discussions sur la livraison de quantités supplémentaires de gaz et, dans certains cas, pour signer des contrats. Le Commissaire à l'énergie lui-même a effectué le déplacement durant la même période, ce qui constitue une manifestation évidente de l'intérêt porté par l'UE à ce pays méditerranéen si proche de l'Europe, producteur important et exportateur de gaz à la fois par gazoduc et sous forme de GNL.

En plus des installations existantes, de nouveaux projets sont prévus à l'effet de renforcer l'infrastructure et d'augmenter les capacités d'exportation gazières de l'Algérie pour satisfaire la demande croissante de l'Europe: extension des gazoducs Enrico Mattei (de 25 à 32 milliards de mètres cubes par an) et Pedro Duran Farell (de 11,5 à 15), construction de deux nouvelles lignes à travers la Méditerranée, extensions et constructions de nouvelles usines de GNL.

La réalisation du projet de gazoduc Medgaz, le second reliant l'Algérie à l'Espagne, a connu des développements significatifs en novembre 2006, avec la visite en Espagne d'une délégation de dirigeants de Sonatrach, suivie par celle du ministre espagnol l'Industrie, du Tourisme et du Commerce à Alger.

Les trois compagnies espagnoles Cepsa, Iberdrola et Endesa ont signé des contrats d'achat/vente de gaz avec Sonatrach. Avec une capacité initiale de 8 milliards de mètres cubes par an dans sa première phase, Medgaz transportera le gaz naturel de Beni Saf, sur la côte algérienne, jusqu'à Almeria en Espagne, sur une longueur de 200 km et à des profondeurs marines allant jusqu'à 2160 m. Sur le territoire espagnol, il sera connecté au gazoduc Almeria-Albacete. Selon le calendrier prévisionnel du Consortium, la mise en service du gazoduc est prévue au début de l'année 2009.

En ce qui concerne les exportations de l'Algérie vers l'Italie, Sonatrach a procédé le 15 novembre dernier à la signature de cinq accords de vente/achat de gaz naturel avec respectivement : Edison pour un volume de 2 milliards de mètres cubes par an, Enel pour un volume de 2 milliards de mètres cubes par an, Hera pour un volume de 1 milliard de mètres cubes par an, Ascopiave et Worldenergy pour un volume de 0.5 milliards de mètres cubes par an chacune.

La cérémonie de signature s'est tenue à l'occasion de la visite officielle en Algérie de Romano Prodi, Président du Conseil italien. La signature de ces cinq contrats ouvre la voie à la réalisation du deuxième gazoduc (Galsi) qui reliera l'Algérie à l'Italie via la Sardaigne, avec une capacité totale de 8 milliards de mètres cubes par an. Les travaux devraient démarrer en 2007 et la mise en service est prévue pour la fin de l'année 2009.

D'autre part, le président du conseil italien Romano Prodi, qui avait manifesté quelques inquiétudes lors de la signature d'un accord de partenariat entre Sonatrach et Gazprom en août dernier, a profité de sa visite en Algérie pour s'assurer d'un approvisionnement supplémentaire en gaz naturel et pour avoir des informations sur cet accord qui avait quelque peu inquiété la communauté européenne.

En réalité, cet accord entre Sonatrach et Gazprom est un contrat classique de coopération entre deux compagnies pétrolières, à l'image de celui conclu entre Sonatrach et Eni. Il ne comporte aucune clause de nature à susciter une quelconque inquiétude en Europe ou ailleurs.

L'UE envisage également de renforcer ses relations avec d'autres pays exportateurs du bassin méditerranéen comme l'Egypte (6e exportateur de GNL vers l'UE) et avec la Libye qui n'est pas liée par un accord d'association avec l'UE.

La Syrie semble également émerger comme un exportateur potentiel gazier, en raison des récentes découvertes de gaz sur son sol, et de son potentiel de transit pour la livraison du gaz à l'UE en provenance d'Irak, d'Egypte et d'autres pays du Golfe.

En Egypte, deux nouvelles usines de GNL à émissions propres, et une extension du gazoduc régional vers la méditerranée orientale, connu sous l'appellation « gazoducs arabes » sont programmés. Il s'agit de projets d'exportation du gaz égyptien vers les pays voisins de l'Est méditerranéen pour l'approvisionnement de la Jordanie, de la Palestine, d'Israël, du Liban et aussi de la Turquie, mais également vers l'Espagne.

D'autres projets concernent quatre usines d'exportation de GNL (Damietta, Idku-East of Alexandria) avec les compagnies européennes Union Fenosa, BPAmoco avec ENI, British Gas avec Edison International, et Shell. En Libye, le développement du gaz on shore et offshore devant être évacué vers l'Italie par la canalisation sous-marine Greenstream, et les extensions et constructions de nouvelles usines de GNL.

D'autre part, l'UE œuvre à intégrer progressivement les marchés d'électricité du Maghreb (Algérie, Maroc, Tunisie) et gazier du Machrek (Egypte, Jordanie, Syrie, Liban, Palestine, Israël) au marché européen de l'énergie.

Les pays concernés ont créé en effet le cadre de concertation adéquat, en l'occurrence le comité méditerranéen de l'électricité (Medelec) qui a confié à un groupe de spécialistes des grands réseaux électriques le soin de déterminer l'enjeu des interconnexions entre les réseaux électriques, c'est à dire l'intérêt et les conditions d'un fonctionnement coordonné des systèmes électriques nationaux et de définir un cadre de cohérence au sein duquel chaque opérateur, tout en respectant les règles communes, préserve la liberté de ses choix pour le développement de son propre système. Autant de conditions à réunir pour un fonctionnement continu des interconnections et pour la mise en place de marchés régionaux d'électricité.

Sur le plan financier, des instruments ont été mis en place et la BEI (Banque Européenne d'Investissement) invitée à s'organiser en acteur majeur du développement des pays partenaires méditerranéens en favorisant les investissements d'intérêt commun aux pays de la Méditerranée dans les domaines de l'énergie, des communications et de la protection de l'environnement, notamment avec la mise en place de la « Facilité Euro-Med. ».

Enfin, au titre des initiatives engagées au cours de l'année 2006, il faut signaler la proposition de l'Italie, rappelée le 1er décembre à l'occasion du 3ème Forum méditerranéen de l'énergie (Palma de Mallorca), de mettre en place une structure permanente pour assurer le suivi des recommandations du Sommet Euro-méditerranéen de l'industrie énergétique tenu à Rome le 1er Décembre 2003.

Ces recommandations connues sous l'appellation de Rome Euro-Mediterranean Energy Platform (REMEP) ont pour finalité : le développement accru des infrastructures énergétiques de transport entre les deux rives de la Méditerranée, entre les pays du Sud eux-mêmes, ainsi que le développement des réseaux locaux de distribution dans ces pays qui constituent des éléments fondamentaux pour: garantir des approvisionnements énergétiques stables et à faible coût pour l'Union Européenne et les Pays producteurs; la sécurité des marchés des pays exportateurs de l'Afrique du Nord ; la promotion de la stabilité et du développement socio-économique de la région.

Conclusions : pour une coopération étendue et durable

Ainsi, peu à peu, semble se dessiner l'architecture de ce que l'on pourrait appeler une vision commune euro-méditerranéenne sur les questions de l'énergie. Pourtant, tout observateur objectif est en droit de se poser la question : s'agit-il d'une coopération véritable ou simplement d'échanges commerciaux ?

Ces échanges importants, ces infrastructures imposantes, ces liens multiformes tissés entre les pays du Bassin méditerranéen, sont-ils le fruit d'une coopération véritable ou constituent-il simplement un courant d'échanges qui s'est créé dans l'intérêt mutuel ? Peut-on considérer l'intensification des échanges commerciaux (plus précisément exportations d'hydrocarbures et importations de biens d'équipement et d'expertise) comme un élément déterminant de la coopération énergétique au sens où elle a été définie à la Conférence de Barcelone[1] ?

Il est incontestable qu'au cours de l'année 2006, l'Union Européenne, confrontée de manière inattendue à des problèmes d'approvisionnements gaziers à court terme, a pris conscience de sa vulnérabilité. Des actions isolées ont été conduites par les plus grands Etats membres en direction des pays fournisseurs, en vue d'assurer la sécurité de leurs approvisionnements, sans coordination et sans politique globale et cohérente définie en commun. Néanmoins, avec la publication au début de l'année 2007 de la Strategic Energy Review, un pas important aura été franchi vers l'adoption d'une démarche globale préparant le terrain à une véritable politique énergétique européenne.

En ce qui concerne les contacts avec les pays producteurs, leur accélération et leur multiplication en 2006, même en ordre dispersé, doivent être considérées comme des atouts sérieux pour une meilleure compréhension mutuelle et pour une coopération plus profonde. Car, en fin de compte, pour éviter les crises, il faut parler le même langage, non seulement entre pays européens seuls mais aussi entre l'Europe et ses fournisseurs de produits énergétiques.

Lorsque l'Europe invoque la notion de sécurité des approvisionnements, les producteurs réclament la sécurité de la demande pour justifier les importants investissements nécessaires pour faire face à une demande énergétique croissante. Ne faut-il pas substituer à ces concepts de sécurité, les notions d'interdépendance et de solidarité, au-delà de la seule Europe, tout au moins dans le Bassin méditerranéen qui semble mûr pour une telle démarche ?

Par ailleurs, si l'énergie est de plus en plus placée, et à juste raison, au centre des relations internationales, ne faut-il pas intégrer les questions énergétiques dans un cadre plus large, comme le suggère la

---

[1]Keramane. A, "*La coopération énergétique en Méditerranée, dix ans après Barcelone* ", in *Medenergie* N°17 – Octobre 2005

Russie d'ailleurs ? Un cadre plus étendu de développement durable, englobant la protection de l'environnement, la lutte contre la pauvreté énergétique, la recherche et le transfert de technologie du nord vers le sud, un véritable partenariat industriel.

Cela implique la poursuite et le renforcement de la concertation, de la coopération et du partenariat dans le domaine énergétique mais aussi industriel et technologique. Une coopération euro-méditerranéenne avec une implication plus forte des pays et acteurs du Sud et de l'Est de la Méditerranée. La mise en place d'un marché euromaghrébin de l'électricité peut-être un très bon exemple de coopération énergétique et industrielle avec des effets durables

Les relations énergétiques algéro-espagnoles
Quelques difficultés à surmonter

L'Algérie et la sécurité des approvisionnements énergétiques européens

Le contexte énergétique international des dernières années, marqué par les tensions géopolitiques et les incertitudes sur la sécurité des approvisionnements énergétiques, a renforcé la détermination de l'Europe à développer le dialogue au sein du Bassin méditerranéen, accéléré les initiatives de coopération et lancé la réalisation de nouveaux projets[1]. En ce qui concerne l'Algérie en particulier, 10% du gaz consommé par l'UE provient aujourd'hui de ce pays et, avec la perspective du doublement des exportations algériennes, ce pourcentage sera proche de celui provenant de la Russie, premier partenaire actuel de l'UE.

Ainsi, les contacts au plus haut niveau entre dirigeants européens et algériens se sont multipliés au cours de l'année 2006, avec pour objectif principal de conclure rapidement un accord de coopération et de partenariat énergétique, annoncé par la commissaire européenne aux Relations extérieures, Mme Ferrero-Waldner et confirmé par la visite à Alger du commissaire à l'Énergie, Andris Piebalgs.

Du côté algérien, c'est Mohamed Bejaoui, ministre d'Etat, ministre des Affaires étrangères, qui, dans le cadre de la 2ème session du Conseil d'association UE/Algérie le 25 avril 2007 au Luxembourg, a tenu à rassurer les Européens. Il a même parlé de la signature d'un accord UE/Algérie sur la sécurité d'approvisionnement.

Un accord qui ne sera pas conclu sans conditions selon le ministre algérien. Ce dernier a réclamé, en contrepartie, l'accès au marché européen pour les sociétés algériennes et principalement Sonatrach,

---

[1] Contribution pour la revue Afkar, IEMed Barcelone, mai 2007

selon le principe de l'égalité de traitement et dans les mêmes conditions que les sociétés européennes. Ainsi, les conditions semblent réunies pour la conclusion d'un tel accord entre l'Algérie et l'Europe des 27.

Au cours du mois de novembre 2006, des responsables gouvernementaux de l'Espagne, l'Italie, le Portugal, l'Allemagne et la France se sont successivement rendus à Alger pour engager des discussions sur la livraison de quantités supplémentaires de gaz et, dans certains cas, pour signer des contrats. Ce qui constitue une manifestation évidente de l'intérêt porté par tous les pays d'Europe à ce grand pays méditerranéen si proche de l'Europe, producteur important et exportateur de gaz à la fois par gazoduc et sous forme de GNL.

L'Algérie, fournisseur principal de l'Espagne

L'Espagne est naturellement un élément important dans cette coopération, même si elle y est arrivée un peu plus tard que les autres partenaires méditerranéens, en l'occurrence la France et l'Italie. Il ne faut pas oublier que le premier projet d'exportation de gaz algérien vers l'Europe, à travers l'Espagne, avait été conçu avant l'indépendance de l'Algérie et avait pour tracé Mostaganem – Carthagène.

Je me souviens avoir fait partie d'une délégation de la Sonatrach, qui venait de naître, au cours d'une visite à Barcelone en 1964 au Président de la Natural Gas, Pedro Duran Farell, un pionnier de la coopération algéro-espagnole en matière énergétique. Ce n'est donc pas par hasard que l'Algérie a décidé de donner son nom au gazoduc Maghreb-Europe (GME).

Le premier contrat de livraison de GNL (3,8 milliards de mètres cubes par an) a été conclu en 1975 entre Sonatrach et Gas Natural. Depuis cette date, les exportations algériennes de gaz vers l'Espagne n'ont fait que s'accroître dans le temps sous forme de GNL mais aussi par gazoduc avec la mise en service du GME en 1996, puis son extension opérationnelle à partir de 2005.

Au cours de l'année 2006, la coopération a connu un développement significatif, notamment par la visite à Alger, en novembre 2006, du ministre espagnol de l'Industrie, du Tourisme et du Commerce. Cette visite a été précédée par d'autres rencontres au niveau des dirigeants et des experts des compagnies énergétiques des deux pays destinées à faire avancer le projet de gazoduc Medgaz.

Le tableau et la figure présentés ci-dessous indiquent la place prépondérante de l'Algérie dans l'approvisionnement gazier de l'Espagne.

Approvisionnement de l'Espagne en gaz algérien
(en milliards de mètres cubes)

Année	**Demande du marché espagnol**	**Livraison algériennes**	**Part des livraisons algériennes (%)**
1977	1,6	0,25	16%
1980	2,0	1,21	61%
1990	5,6	3,0	54%
1996	9,3	6,4	69%
2000	17,3	10,4	60%
2002	21,4	12,2	57%
2003	24	13,9	58%
2005	33,6	13,77	41%
2006	34,7	12,7	37%
Prévisions 2010	41,0	20,5	50%

Sources : Sedigas pour la demande, Sonatrach pour les livraisons

La part de l'Algérie dans les approvisionnements de l'Espagne a évolué de 60% en 2000 à 37% en 2006. A l'horizon 2010, avec la mise en service du gazoduc Medgaz, les quantités devraient sensiblement augmenter. La part de l'Algérie dans les approvisionnements gaziers devrait se stabiliser autour de 50%, ce qui constitue naturellement un taux de dépendance élevé et implique une coopération confiante, stable et diversifiée dans les autres domaines, y compris sur le plan politique.

Evolution des importations espagnoles de gaz naturel

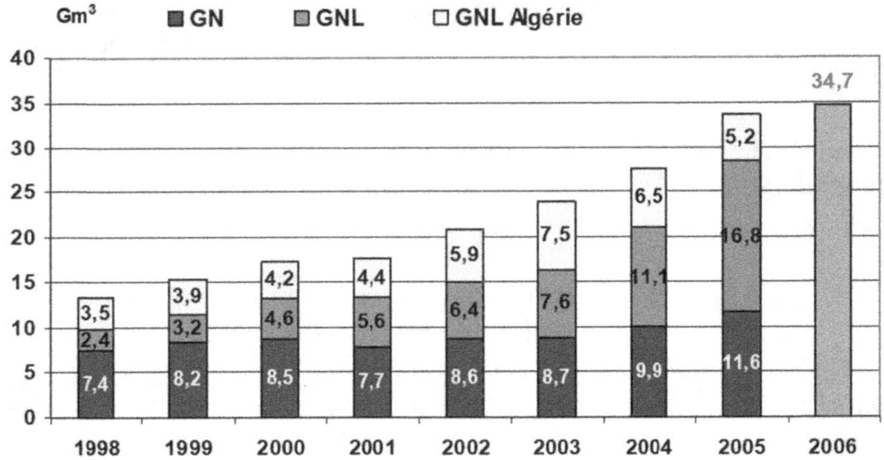

Source : CNE, Madrid

Des accords fermes ont été conclus qui garantissent à l'Espagne plus de 20 milliards de mètres cubes de gaz à l'horizon 2010. Avec Gas Natural, deux contrats sont actuellement opérationnels pour des quantités globales de 9 milliards de mètres cubes par an : le premier de 6 milliards de mètres cubes, signé en juin 1992 et expirant en 2020, le second de 3 milliards de mètres cubes, signé en octobre 2001 et expirant en 2020. Ces livraisons saturent pratiquement le gazoduc Pedro Duran Farell.

Pour ce qui est du GNL, il y a actuellement 3 contrats opérationnels d'un volume de:

a) 1,5 milliard de mètres cubes pour la société Iberdrola dans le cadre d'un contrat signé en mars 2002 qui expire en 2017 ;

b) 1,0 milliard de mètres cubes pour la société Endesa dans le cadre d'un contrat signé en juin 2001 qui expire en 2020 ;

c) 1,0 milliard de mètres cubes pour la société Cepsa dans le cadre d'un contrat signé en septembre 2002 qui expire en 2012 ;

Soit un volume total de 3,5 milliards de mètres cubes par an de GNL livré par les méthaniers de Sonatrach (Vente CIF)

L'ensemble de ces contrats porte à 12,5 milliards de mètres cubes le volume total de gaz contractuel opérationnel livré actuellement à l'Espagne. Dans les faits, ce chiffre a été dépassé dans certains cas (en 2003, 2004 et 2005), la Sonatrach ayant volé au secours de l'Espagne par des contrats spots pour répondre à des difficultés conjoncturelles.

On peut aussi considérer que l'Algérie a contribué de façon significative à l'ouverture du marché gazier espagnol à travers la conclusion de plusieurs contrats de fourniture de gaz avec de nouveaux opérateurs espagnols, notamment les compagnies d'électricité Iberdrola et Endesa ainsi que le groupe pétrolier Cepsa.

Medgaz et le renforcement des capacités d'approvisionnements

Depuis 1995, l'Algérie ne cesse de rappeler, à diverses occasions, sa détermination à accroître ses capacités d'exportation de gaz naturel, passant du niveau actuel de 60 à 85 milliards de m^3par an en 2010. C'est dans ce cadre que s'inscrit le projet Medgaz.

Avec une capacité initiale de 8 milliards de mètres cubes par an dans sa première phase, Medgaz transportera le gaz naturel de la côte algérienne à Beni Saf jusqu'en Espagne à Almeria, sur une longueur de 200 km et à des profondeurs marines allant jusqu'à 2160 m.

Initié en 2000, le projet est une œuvre commune dans laquelle les sociétés espagnoles (Cepsa, Iberdrola et Endesa) sont actionnaires majoritaires à hauteur de 52%.

Medgaz, dont la décision ferme d'investissement a été signée en décembre 2006 à Madrid, est inscrit comme projet prioritaire par l'Union Européenne pour la sécurité d'approvisionnement de l'Europe et les autorités espagnoles ont reclassé ce projet dans le groupe des projets très prioritaires permettant la sécurité de l'approvisionnement de l'Espagne

Au stade actuel, la réalisation du tronçon situé en territoire algérien (550 km) a été lancée et les autorisations pour le tronçon situé en territoire espagnol (300 km) ont été obtenues. Le contrat de réalisation du tronçon offshore a été attribué récemment à la société Saipem à l'issue d'un appel d'offres international, alors que le contrat pour la fourniture de tubes a été confié à une société japonaise. Selon le calendrier du Consortium, la mise en service du gazoduc est prévue au début de l'année 2009.

Par ailleurs, les trois compagnies espagnoles Cepsa, Iberdrola et Endesa, ainsi que le groupe public français Gaz de France ont signé des contrats d'achat/vente de gaz avec Sonatrach, pour une livraison à partir de 2009 et pour une durée de 20 ans, selon les volumes contractuels suivants : 1,6 milliard de m^3 par an pour Cepsa, 1,6 également pour Iberdrola, 1,0 pour Endesa et 1,0 pour GdF (le contrat a été signé avec GdF le 11 décembre 2006 à Alger). Sonatrach se réserve la capacité restante de 2,8 milliards de m^3/an pour des ventes directes sur le marché espagnol.

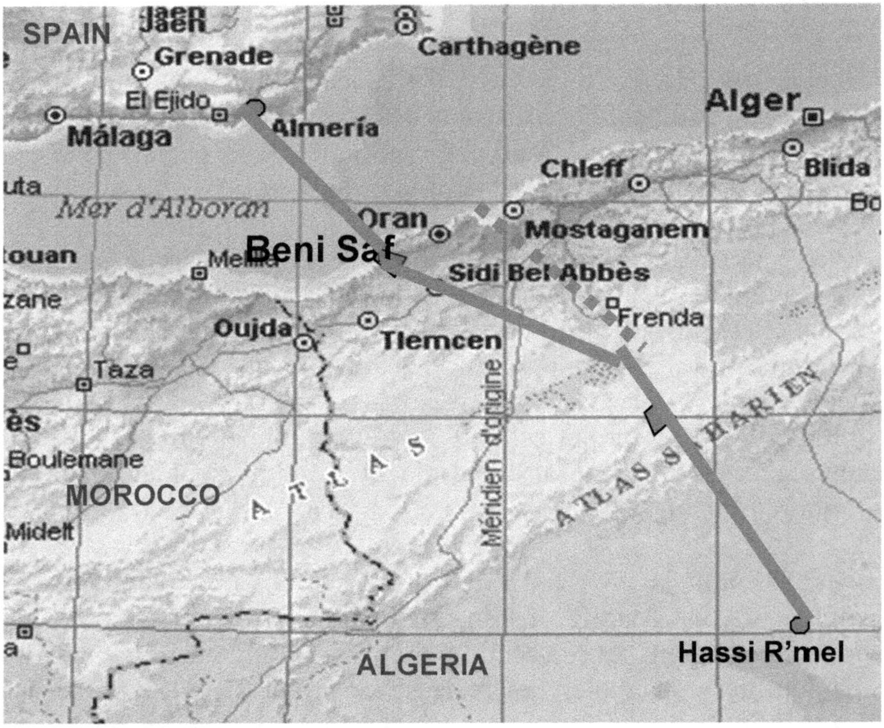

Le gazoduc Medgaz

La participation des sociétés espagnoles dans l'Amont en Algérie et la présence de Sonatrach en Espagne

Depuis l'ouverture du domaine minier, les compagnies espagnoles participent activement dans l'amont pétrolier et gazier algérien (en particulier Repsol YPF dans les zones de Reggane, Sali et Kahlouche). Mais les sociétés espagnoles sont surtout engagées dans l'important projet intégré de Gassi-Touil. En effet, Sonatrach et le consortium espagnol composé de Repsol YPF (60%) et Gas Natural (40%) ont signé le 1er décembre 2004 à Alger, le contrat du projet intégré de gaz de Gassi – Touil. C'est un contrat type partage de production qui porte sur une durée de 30 ans, avec une période de développement de 54 ans.

Le contrat prévoit le forage de 52 puits de développement et la reprise des 16 puits existants (répartis sur les régions de Gassi Touil, Rhourde Nouss et Hamra), la construction des installations de surface (extraction de condensât et GPL, décarbonatation,) pour le traitement de 22 millions de mètres cubes par jour de gaz brut, la réalisation de nouvelles capacités de transport de 6,5 milliards de mètres cubes par an de gaz de vente ainsi qu'une nouvelle usine de liquéfaction à Arzew d'une capacité nominale de 4 millions de t/an.

Pour la construction et l'exploitation de l'unité de GNL, une joint venture a été constituée, Sociedad de licuefaccion (SDL), détenue par Repsol Exploration Algeria S.A (48%), Gas Natural Exploration S. L. (32%) et Sonatrach (20%). Les réserves récupérables pour Gassi Touil sont de 220 milliards de m^3 et les investissements estimés par Repsol à 1628 millions d'euros.

Sonatrach, de son côté et dans le cadre du développement de ses activités internationales, a pris des participations dans des projets en Espagne. Il s'agit de : Reganosa : participation dans le projet à hauteur de 10% ; PropanChem: contrat de long terme pour la livraison des volumes de propane pour la production du Propylène avec 51% pour BASF et 49 % Sonatrach ; Gepesa: participation dans des usines de cogénération de Cepsa (70% Cepsa - 30 %Sonatrach) ; CGC (Cepsa Gas Commercializadora): participation dans la société de commercialisation de gaz en Espagne au coté de Total et Cepsa.

Les questions en discussions

Les relations entre l'Algérie et l'Espagne sur les questions énergétiques connaissent un certain nombre de difficultés depuis quelques années.

1. **Gas Natural souhaiterait faire son entrée dans Medgaz à hauteur de 10%**

La société espagnole Gas Natural, partenaire traditionnel de l'Algérie depuis 1975, a manifesté le souhait de prendre une participation de 10% dans le consortium Medgaz.

Après le désistement d'Eni, BP et Total qui ont cédé leurs participations au sein de Medgaz, les compagnies qui composent actuellement le consortium sont la Sonatrach (36%), Cepsa (20%), Iberdrola (20%), Endesa (12%) et Gaz de France (12%). L'entrée de Gas Natural porterait à quatre le nombre de compagnies espagnoles engagées dans le projet et donnerait à Gas Natural des droits sur une partie de la capacité du futur gazoduc, qui seraient de 800 millions de mètres cubes par an initialement et pourraient atteindre 1,8 milliard de m3 par an plus tard.

L'Algérie a déjà fait part de son accord sur ce point, à la seule condition que les autres partenaires du projet soient consentants.

2. **Les retards enregistrés pour le projet intégré de Gassi Touil**

La mise en œuvre du projet intégré de Gassi Touil soulève des problèmes pratiques et des retards préjudiciables qui pourraient engendrer un manque à gagner pour Sonatrach, laquelle risque de ne pas respecter les contrats conclus avec ses clients.

Les autorités algériennes ont laissé entendre qu'elles ne pouvaient accorder un délai supplémentaire au consortium espagnol Repsol-gas Natural et qu'il n'y avait que deux voies, conformément aux clauses de l'appel d'offres : accélérer la cadence et rattraper le retard ou bien rembourser les pertes causées en guise de compensation.

3. **Les discussions sur le prix de vente/achat du gaz**

L'Algérie et l'Espagne ont entamé des discussions en vue d'une revalorisation du prix du gaz algérien vendu à l'Espagne et transporté par le gazoduc Pedro Duran Farell. Annoncées par le gouvernement algérien début avril, selon la formule «*des discussions sont en cours avec le gouvernement espagnol pour réajuster les prix d'un dollar par million de BTU*», ces négociations ont été confirmées par le numéro un espagnol du gaz, Gas Natural.

Ces discussions, somme toute banales dans le cadre de la révision contractuelle des prix en cours entre deux compagnies qui se connaissent de longue date, ont été largement reprises par les médias qui ont même révélé des chiffres (un dollar de plus par million BTU et 150 millions de dollars de recettes supplémentaires), alors que les négociations sont en cours.

4.

L'**Espagne envisage d'adopter des mesures restreignant l'accès à son marché gazier pour les entreprises hors-UE** tant que les marchés de ces derniers resteront fermés, mesure qui cible le russe Gazprom et l'algérien Sonatrach, selon le quotidien Expansion.

L'Algérie a exprimé le souhait que Sonatrach puisse commercialiser directement sur le marché espagnol près de 3 milliards de mètres cubes par an. Le gouvernement algérien ne comprend pas le fait que l'Espagne ait limité ce volume à un milliard de mètres cubes, alors que cette quantité ne représente que 5% du marché espagnol en pleine expansion et ne constitue aucune concurrence pour les compagnies de ce pays.

Cette décision est unique, voire discriminatoire au sein de l'Union Européenne, ajoute-on, puisqu'en Italie, l'Algérie a obtenu de commercialiser jusqu'à 4 milliards de mètres cubes d'ici 2008 et qu'en Espagne même, plus de 40 compagnies ont reçu les autorisations.

L'Algérie est l'un des pays producteurs de gaz qui a la législation la plus libérale, ce qui permet aux entreprises espagnoles d'effectuer des investissements dans le domaine de la recherche-exploration, d'intervenir à l'amont comme à l'aval de l'industrie des hydrocarbures.

D'autre part, les relations économiques et politiques entre les deux pays sont excellentes. Des contrats pour la réalisation de projets industriels et/ou d'infrastructure ont été confiés à des entreprises espagnoles : il en est ainsi de la station de dessalement d'eau de mer de Beni Saf, en cours de réalisation, d'une capacité de 150.000 m3/jour confiée à GEIDA pour un investissement de 148 millions de dollars. D'une manière plus générale, 50% des projets de dessalement d'eau de mer, par exemple, ont été remportés par des sociétés espagnoles.

Un partenariat exceptionnel s'est tissé entre entreprises algériennes et espagnoles au cours des dernières décennies dans le domaine énergétique et dans les autres secteurs aussi. D'autant plus que l'Espagne a maintenu et consolidé des relations économiques mais aussi politiques au cours de la décennie 90, malgré une situation sécuritaire difficile puisque la mise en service du GME en 1996 s'est faite précisément au milieu de cette période de troubles et d'instabilité.

Aussi, les problèmes en suspens entre Sonatrach et ses partenaires espagnols, pour complexes qu'ils soient, peuvent et doivent être dépassés au prix de concessions mutuelles, comme c'est la règle dans des négociations entre partenaires.

Quel avenir énergétique pour la Méditerranée ?

La coopération énergétique en Méditerranée

L'énergie est le domaine dans lequel la construction euro-méditerranéenne est la plus avancée, la plus profonde, la plus stratégique[1].

En effet, l'interdépendance est très forte en matière d'approvisionnements énergétiques. Les pays producteurs du sud méditerranéen contribuent de manière significative à la sécurité des approvisionnements énergétiques de l'UE pour 1/3 de ses importations en gaz naturel et pour 20-25% de ses importations en pétrole. Ils sont très dépendants de l'Europe : les exportations des producteurs du sud de la Méditerranée sont dirigées vers l'Europe à près de 90% pour le gaz naturel et à environ 50% pour les exportations en pétrole.

Lorsqu'on observe une carte énergétique détaillée de l'ensemble du Bassin méditerranéen, on est impressionné par le nombre des infrastructures pétrolières, gazières et électriques reliant les deux rives qui se multiplient et se renforcent.

Trois gazoducs traversent les territoires du Maghreb puis la Méditerranée pour transporter le gaz algérien (Enrico Mattei, Pedro Duran Farell) et libyen(Greenstream) en Europe, un autre est en voie d'achèvement (MedGaz), d'autres projets sont à l'étude (Galsi, entre autres).

Les réseaux électriques du Maghreb sont interconnectés avec le réseau européen par un câble sous-marin Maroc-Espagne à travers le Détroit de Gibraltar, dans le cadre d'une grande boucle électrique de 8000 km, en cours de réalisation autour du Bassin méditerranéen. Des projets sont en cours d'études pour renforcer les liaisons électriques

[1] Contribution pour *Medenergie* N°34 - Janvier 2011

par de nouvelles liaisons directes entre l'Algérie d'une part, l'Espagne et l'Italie de l'autre, enfin entre la Tunisie et l'Italie au moyen du projet ELMED.

En outre, il existe de nombreuses structures, institutions et associations de coordination et de réflexion : entre les compagnies énergétiques (L'Observatoire méditerranéen de l'énergie OME, crée bien avant la mise en place du Processus de Barcelone qui a joué un rôle éminent en matière de dialogue euro-méditerranéen dans le secteur de l'énergie) ; entre les Autorités gouvernementales, le Forum euro-méditerranéen de l'énergie ; entre les gestionnaires des réseaux électriques (Medelec qui coordonne notamment les études relatives à la réalisation de la boucle électrique méditerranéenne) ; entre les agences nationales de maîtrise d'énergie et d'énergies renouvelables (Medener).

Pourtant, cette coopération énergétique, si intense soit-elle, basée principalement sur les importations et/ou exportations pétrolières et gazières, ne peut pas être considérée comme pleinement satisfaisante et n'est pas porteuse d'un véritable projet de développement durable pour l'ensemble de la Région.

Une stratégie basée essentiellement sur les énergies fossiles

La population vivant autour du Bassin méditerranéen avoisine le demi-milliard d'habitants et devrait atteindre 600 millions à l'horizon 2030, dont plus de 60% sur la rive sud. Sur celle-ci, la croissance démographique, le phénomène de forte urbanisation et la concentration sur l'espace du littoral ont un impact sensible sur la demande énergétique et sur l'environnement.

La consommation énergétique totale de la zone méditerranéenne est d'environ 1000 millions de tonne équivalent charbon (tep) et devrait augmenter à 1400 millions de tep en 2030, ce qui représente les 9% de la demande mondiale en énergie. La demande globale d'énergie dans les pays de la Méditerranée devrait augmenter de 1,5% par an en moyenne, la plus grande part de l'augmentation provenant des pays de la rive sud, en raison des besoins importants pour leur développement et pour la généralisation de l'accès à l'énergie.

Gas infrastructures in the Mediterranean

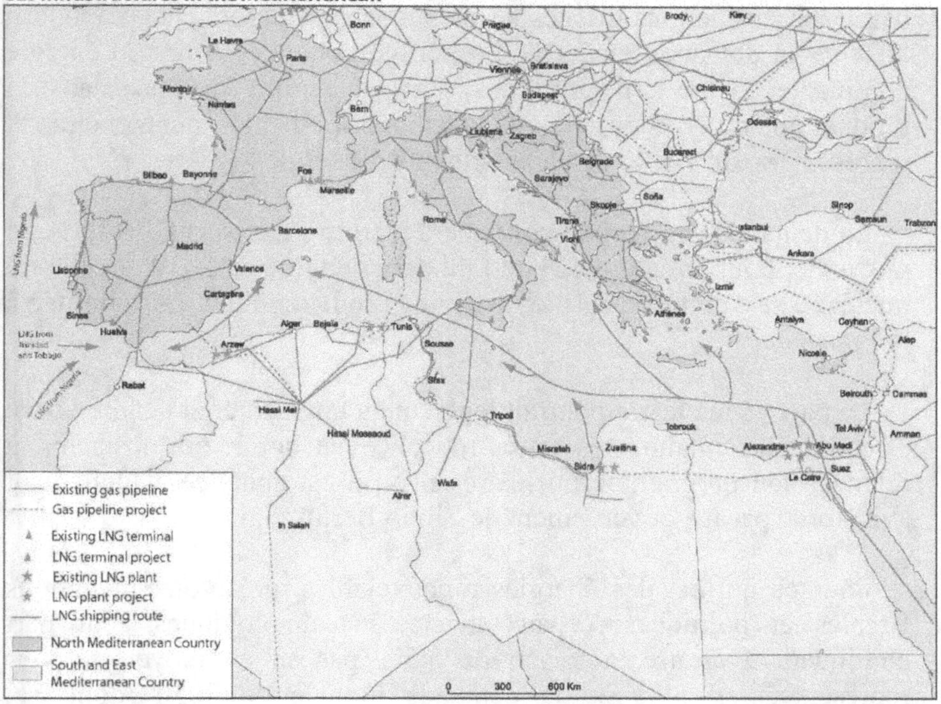

Source : OME 2008 (background map from Plan Bleu)

Les pays du sud méditerranéen disposent de ressources en hydrocarbures, estimées à 4,6% des réserves mondiales. D'une manière plus précise, les réserves prouvées de pétrole brut et de condensats s'élèvent à 8 000 millions de tonnes (Mt). La Libye détient les 2/3 de ces réserves (67%), suivie, dans l'ordre, par l'Algérie (20%), l'Egypte, la Syrie et la Tunisie.

Les réserves prouvées en gaz naturel, concentrées dans les mêmes pays sont de 9 000 milliards de mètres cubes . L'Algérie en détient les 57% suivie, dans l'ordre, par l'Egypte (22%) - dont les réserves en offshore ont été fortement réévaluées ces dernières années - la Libye (16%), la Syrie et la Tunisie. Les énergies fossiles (Pétrole, gaz, charbon) totalisent les 80% de l'approvisionnement énergétique de la Région.

Le scénario tendanciel élaboré par l'Observatoire méditerranéen de l'énergie (OME), qui extrapole les politiques actuelles, indique que la consommation énergétique de la Région demeurera principalement basée sur les énergies fossiles lesquelles représenteront encore environ 80% de la demande en 2030. Le pétrole restera la source d'énergie dominante même s'il perd des parts au profit du gaz dans la production de l'électricité. La demande en gaz augmentera et représentera 30% de la demande globale d'énergie.

La demande en charbon continuera à croître fortement, de 1,7% en moyenne, pour atteindre 12% du mix énergétique en 2030 et celle du nucléaire se stabilisera à 10%, avec une production nucléaire limitée à la France.

La part du nucléaire pourrait légèrement augmenter si l'Italie arrive effectivement, malgré les fortes réticences et nombreux obstacles, à relancer son programme nucléaire tel qu'il est annoncé actuellement avec force par le gouvernement de Silvio Berlusconi.

Pour ce qui est des énergies renouvelables, grâce aux incitations fiscales et politiques, et aux avancées technologiques, leur part continuera à croître, à raison de 3,5% par an en moyenne, pour représenter les 11% de la demande globale en 2030 (dont 3% d'hydraulique). Ce chiffre est très faible au regard du potentiel de la région en énergies renouvelables, surtout lorsqu'on le compare à l'objectif de l'Union européenne qui est d'atteindre les 20%, voire 30% en 2020 !

Le graphique 1 représente la demande globale d'énergie à l'horizon 2030 dans laquelle dominent les énergies fossiles, pétrole et gaz principalement.

Or, il faut rappeler que l'Afrique du Nord n'a pas les ressources du Moyen-Orient ; elle détient seulement les 4,6% des réserves mondiales prouvées de pétrole et de gaz. Parmi les producteurs de la région méditerranéenne, seule la Libye, notamment en raison de sa faible population, dispose d'un potentiel pétrolier d'une durée d'environ 50 ans. Cela n'est pas le cas ni de l'Algérie ni de l'Egypte, en l'état actuel des connaissances sur les réserves. Dans ces conditions, en 2030, la région méditerranéenne devrait importer plus de 39% de ses besoins en pétrole et 28% de ses besoins en gaz.

Graphique 1: Demande globale d'énergie en Méditerranée en 2030

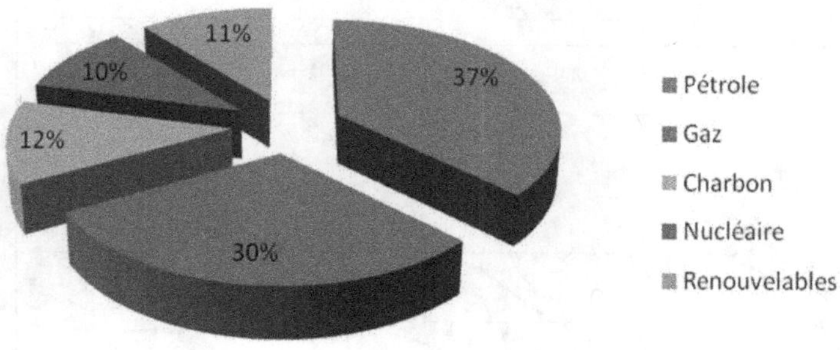

D'autre part, l'examen du lien entre énergie et croissance dans les pays du sud méditerranéen au cours des trois dernières décennies montre que le développement dans la région a été de plus en plus énergivore[1]. La consommation d'énergie a en effet enregistré un taux de croissance annuel moyen de 7% au cours de cette période contre 4% pour le PIB (Graphique 2), même si le niveau de consommation par habitant demeure nettement plus faible que celui des pays du nord méditerranéen (5 fois plus faible que celui de la France par exemple).

Sur le plan environnemental, la région fait également face à de nombreux problèmes dont la désertification, la dégradation des sols, la pollution marine, et l'accroissement des émissions de gaz à effet de serre.

---

[1]Cf. l'article intitulé : « *Les énergies renouvelables dans les pays méditerranéens : enjeux et défis du développement durable dans la région* » de Houda Ben Jannet Allal, Samir Allal et Roberto Vigotti –in *MedEnergie* N°21 – Octobre 2006

Graphique 2 : Evolution du lien énergie-croissance dans les pays sud méditerranéens

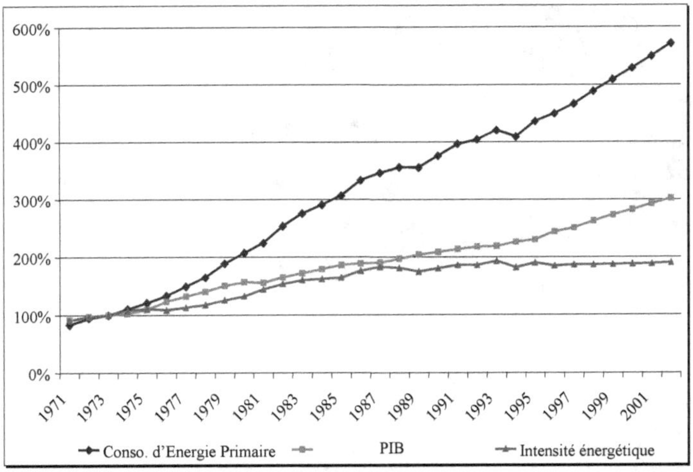

Source : OME

Pour ce qui est plus spécifiquement des émissions de CO_2, au cours de la période 1992-2003, elles ont enregistré une croissance annuelle moyenne de 3,4%. Cette croissance est plus ralentie que celle enregistrée au cours de la période 1971-2002 (6,5%), essentiellement en raison du développement de l'utilisation du gaz naturel dans la région, au détriment de sources énergétiques bien plus polluantes (pétrole et charbon).

Mais force est de constater que les bénéfices de l'utilisation du gaz naturel sur les émissions de CO_2 dans la région sont en train de s'estomper, et on assiste à une reprise de la croissance des émissions de CO_2 plus soutenue, surtout depuis 1999. En conséquence, l'intensité carbone de la région est à nouveau sur un trend croissant, après avoir connu une période de baisse et de stabilisation entre 1995 et 1998 (graphique 3).

Ainsi, les considérations développées ci-dessus et les figures présentées montrent à quel point la tendance du développement de la région méditerranéenne est de plus en plus intensive en carbone, ce qui est incompatible avec les préoccupations environnementales et les engagements internationaux en matière de développement durable.

Graphique 3: les émissions de CO^2 liées à l'énergie

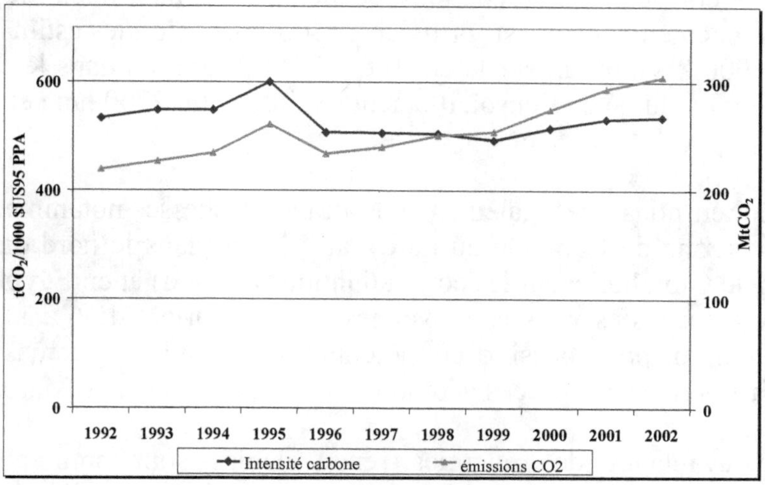

La stratégie basée sur les énergies fossiles n'est pas soutenable

Plusieurs raisons militent en faveur d'une nouvelle stratégie.

En premier lieu, les énergies fossiles sont épuisables et, de fait, celles de la région méditerranéenne sont en train de s'épuiser, à moins de grandes découvertes ; en plus, elles sont inégalement réparties entre les différents pays de la Région.

En second lieu, le schéma appliqué depuis des décennies n'a même pas profité aux pays producteurs qui n'affichent pas des performances économiques reluisantes, malgré un prix du pétrole respectable et des recettes substantielles du fait de l'augmentation de la production. Par contre, cette démarche les rend de plus en plus dépendants d'une ressource épuisable et donc économiquement vulnérables. Il faut reconnaître qu'aucun d'entre eux n'a réussi à passer du stade d'économie rentière au rang de puissance industrielle disposant de la capacité à assurer un développement immédiat satisfaisant, juste et diversifié, tout en préservant l'avenir des jeunes générations.

En troisième lieu, sur le plan environnemental, les sources fossiles sont en grande partie responsables de l'augmentation des émissions de CO^2 et des effets néfastes sur l'environnement déjà perceptibles : changement climatique, déforestation, désertification, dégradation des sols, pollution marine.

Par contre, les pays de la Région méditerranéenne dispose d'un potentiel considérable en énergies renouvelables, bien mieux réparti. Le rayonnement solaire est formidable : il oscille selon les estimations entre 1900 kWh/m^2/an sur la côte et 3200 kWh/m^2/an dans le désert saharien. La durée de l'ensoleillement se situe entre 2700 h/an et 3600 h/an.

L'éolien constitue également une grande richesse, notamment en Tunisie (zone du Cap Bon au nord), au Maroc (dans le nord dans la région de Gibraltar et sur les côtes atlantiques du sud) et en Egypte sur la Mer Rouge. Les vitesses moyennes du vent varient de 6 à 11 m/s. La région dispose aussi d'un potentiel important de biomasse et probablement de ressources géothermiques en Algérie et au Maroc.

Les avantages des énergies renouvelables sont nombreux et connus : ressources inépuisables, elles ne produisent pas d'émissions nettes de gaz à effet de serre et présentent des atouts incontestables sur le plan environnemental. Elles se prêtent bien au développement local, en termes d'emploi, de décentralisation et d'aménagement du territoire.

Pourtant, si le potentiel est considérable, les réalisations sont bien modestes.

Il est vrai qu'on invoque volontiers les inconvénients liés à l'utilisation des sources renouvelables : leur coût élevé, l'étendue de la surface au sol immobilisée et l'intermittence dans la disponibilité, c'est à dire le fait qu'il soit impossible de garantir la puissance fournie.

S'il faut, en effet, mobiliser 1 km^2 pour obtenir une puissance installée de 8 MW sous forme d'énergie éolienne, on doit préciser que 99% de cette superficie restent utilisables pour les activités agricoles traditionnelles[1]. 9 000 MW d'éolien en France, produisant 21 TWh/an, concerneraient donc un peu plus de 1 100 km^2 dont seuls 11 km^2 seraient impropres à d'autres usages comme l'élevage ou l'agriculture.

De même, dire qu'il faut 10 m^2 de modules photovoltaïques pour obtenir 1 kW de puissance et 1 000 kWh d'énergie électrique par an

---

[1] Cf. l'article, « *Quelles perspectives pour les énergies renouvelables au Nord et au Sud de la Méditerranée ?*» Jean-Louis Bal, in *MedEnergie* N°13 – Octobre 2004

est trompeur : si l'on utilisait les 10 000 km^2 de toitures existantes comme générateur solaire, on pourrait produire 1 000 TWh par an, soit plus de deux fois la consommation totale d'électricité en France

Pour ce qui est de l'intermittence, c'est effectivement le cas de l'énergie solaire, qu'elle soit thermique ou photovoltaïque, et de l'énergie éolienne. Avec les progrès de la météorologie, la fourniture devient de plus en plus prévisible, mais reste intermittente.

De plus, en matière de production électrique, le foisonnement des installations, s'il ne résout pas le problème de l'intermittence locale, en amortit sensiblement les effets au niveau du réseau national et plus encore à celui du réseau interconnecté européen qui est l'échelle à laquelle il va falloir désormais considérer l'équilibre entre l'offre et la demande

Les partisans des énergies renouvelables ont donc tendance à relativiser ces inconvénients. Pour ce qui est des coûts, notamment, ils soutiennent que les différentes filières renouvelables deviennent de plus en plus rentables au fur et à mesure que le prix du pétrole augmente et, en tout état de cause, dès qu'il atteint les 50 dollars américains le baril, ce qui est le cas actuellement et le restera selon toute probabilité dans le futur.

Une stratégie alternative avec un mix énergétique plus diversifié

Autant de raisons qui conduisent à suggérer une stratégie alternative, devant conduire en 2030 à un mix énergétique plus diversifié, orientée vers des actions énergiques dans les domaines suivants : maîtrise de la demande en énergie et amélioration de l'efficacité énergétique ; réduction de la part des énergies fossiles par la promotion des énergies renouvelables (Solaire et éolien principalement) ; introduction de l'énergie nucléaire qui devrait prendre le relais des hydrocarbures dans un délai relativement proche.

Une telle stratégie est évidemment plus ambitieuse, plus volontariste. Elle pourrait conduire la région à un bouquet énergétique plus diversifié, moins dépendant des énergies fossiles (65% au lieu de 80% du scénario tendanciel) avec un effort plus important pour les renouvelables (20% au lieu de 11) et un lancement immédiat d'électronucléaire dans les pays du sud (15% au lieu de 10). Cela suppose la poursuite, voire l'intensification de l'effort de recherche/exploration des hydrocarbures qui seraient, pour une bonne part, préserves pour les générations futures.

Une telle stratégie constituerait une véritable rupture, en particulier pour les pays producteurs qui ont constamment agi dans le sens d'une augmentation constante de la production et des exportations des combustibles fossiles, avec pour objectif de financer leur développement mais aussi de diversifier leurs économies.

Elle nécessite un effort courageux, gigantesque dans le cadre d'une coopération loyale, un climat de confiance totale et surtout dans un élan collectif soutenu par une coopération à la fois sud-sud et nord-sud accrue d'autant plus que l'on sait, en gros, que les ressources sont au sud, les moyens humains, matériels et la technologie sont au nord.

Naturellement, cela suppose une vision globale et concertée et un climat de confiance qui fait cruellement défaut aujourd'hui et des efforts importants, orientés dans différentes directions

Maîtrise de la demande en énergie et amélioration de l'efficacité énergétique

Les pays du sud et de l'est de la Méditerranée sont dans une phase cruciale de développement. Il est naturel qu'ils connaissent un taux de croissance de la demande en énergie élevé, de l'ordre de 6 à 7%, voire 8% pour certains d'entre eux. Ce taux est nettement supérieur à celui de la PIB qui est en moyenne de 4%. Aussi, enregistrent t-il des hausses importantes de leur intensité énergétique, c'est à dire de la consommation énergétique par unité de PIB, les plus fortes étant celles des pays producteurs, comme l'Algérie, l'Egypte ou la Libye.

Dans ces derniers pays où les tarifs locaux de vente de l'énergie ont constamment été subventionnés, la culture des économies d'énergie est vraiment à créer et à soutenir. Seule exception dans la Région, la Tunisie qui enregistre une décroissance de son intensité énergétique (en moyenne de 1% par an) depuis une vingtaine d'années, fruit de sa politique volontariste, vigoureuse et constante en matière maîtrise de l'énergie. Le Maroc, qui ne dispose pas de ressources fossiles, s'est engagé également dans une voie similaire.

De plus, les technologies mises en œuvre dans la région dans les processus industriels (la technique du dessalement de l'eau de mer, par exemple est énergivore), dans les bâtiments et les transports, sont loin d'être les plus efficaces, sur le plan énergétique ce qui se traduit par un véritable gaspillage. Aussi, on peut considérer qu'il existe un potentiel important d'économies d'énergie dans les différents secteurs (industrie, habitat, tertiaire ...).

De fait, les nombreux audits sectoriels qui ont été réalisés ont mis en évidence un gisement non négligeable. A l'horizon 2020, le potentiel d'économie d'énergie dans les pays du pourtour méditerranéen est évalué à 20 % et cette estimation pourrait atteindre 50 % dans les pays du sud et de l'est. C'est dire que la première préoccupation devrait être de rechercher des économies d'énergie dans toutes les utilisations.

Au demeurant, la recherche de l'efficacité énergétique et la promotion des énergies renouvelables sont indissociables et constituent les deux piliers d'une stratégie de développement énergétique durable.

Promotion des Energies renouvelables

En dépit des ressources élevées et de la volonté affichée de la plupart des pays de les exploiter, la part des énergies renouvelables continue à être relativement faible, voire marginale dans les bilans énergétiques des pays du sud et de l'est de la Méditerranée, même si cette proportion a plus que doublé durant les trois dernières décennies.

En effet, la capacité de production installée en énergies renouvelables, hors hydraulique a augmenté de manière significative au cours des 30 dernières années, avec une croissance annuelle moyenne de 26%, atteignant 19 000 MW en 2005. Cette tendance tient à l'augmentation spectaculaire de la production électrique éolienne, qui atteint 14 000 MW en 2005, contre 3 000 en 2000.

Cela n'est pas suffisant au regard des potentialités et surtout la situation est paradoxale: les pays du nord de la Méditerranée (l'Allemagne, l'Espagne font figure de leaders mondiaux dans l'éolien) sont, pour l'instant, les plus gros producteurs d'énergie renouvelable dans la région, alors que le potentiel se trouve plutôt dans le sud.

Tous les pays du sud et de l'est de la Méditerranée affichent la promotion des énergies renouvelables comme un élément essentiel de leur politique énergétique. Mais, peu de pays ont adopté une loi sur les énergies renouvelables, à l'image de l'Algérie qui a aussi créé un Fonds national des énergies renouvelables alimenté par 0,5 % des taxes pétrolières (Ce chiffre devrait être nettement augmenté naturellement). Pour la plupart, les orientations sont traduites en objectifs quantifiés et non obligatoires, la volonté politique est clairement affichée et, surtout, il y a des projets.

Carte de l'ensoleillement en Méditerranée

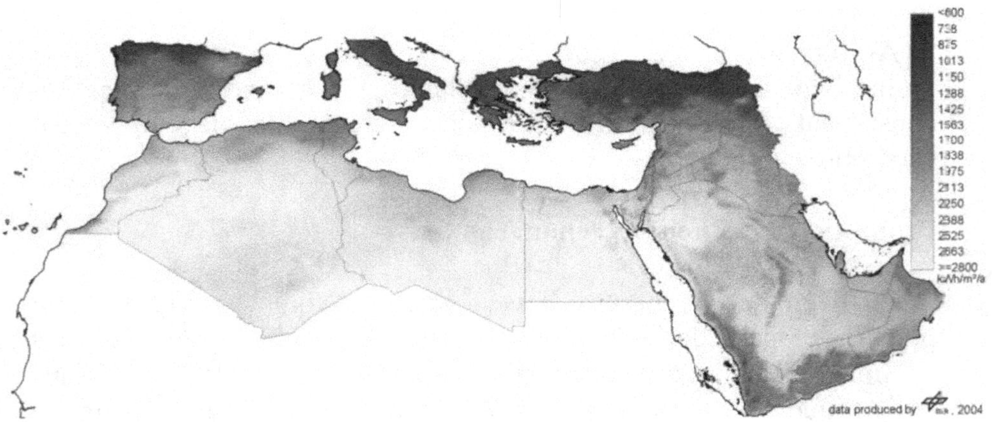

En effet, de nombreux projets sont en cours de réalisation ou prévus dans la plupart des pays. On peut citer : en éolien, 100 MW en Tunisie (Sidi Daoud), un projet de ferme éolienne en Algérie (Adrar) de 10 MW et plus de 200MW en Egypte (Zafarana) et au Maroc (Tétouan) ; en solaire thermique, il y a des projets en cours au Maroc[1]et en Egypte où la première centrale solaire de 140 MW au sud du Caire dans la région de Koraymat sera mise en service en 2011, un projet de centrale hybride gaz-solaire de 150 MW à Hassi R'Mel, dont 30 MW solaire qui pourrait être achevé début de l'année 2011 et une étude pour la construction d'une petite centrale solaire à tours à Blida (Algérie); en photovoltaïque des programmes d'électrification rurale décentralisée ont été développés à grande échelle au Maroc et dans le sud algérien ; développement à grande échelle des chauffe-eau solaires en Tunisie et projets en perspective au Maroc et en Egypte[1].

On commence à parler de programmes nationaux. Il en est ainsi de l'Egypte qui vise des capacités de production d'énergies renouvelables qui pourraient représenter 20% de ses capacités de production d'électricité à l'horizon 2020. Le plan solaire marocain prévoit une capacité installée de 2000 MW entre 2015 et 2020 dans 5 sites identifiés dont Ouarzazate, entre 2015 et 2020.

La Tunisie, de son côté, a mis au point un plan solaire qui comporte près de 40 projets devant être réalisés par des entreprises privées et par la compagnie publique STEG sur la période 2010-2016. Ce Plan requiert des investissements de $2 milliards sur la période 2010-2016 et devrait permettre à la Tunisie de réduire sa consommation de sources d'énergies conventionnelles de 660 000 tep par an, soit quelque 22% de la consommation totale du pays en 2016.

Outre le solaire, les pays de la zone disposent aussi d'un potentiel éolien non négligeable. La capacité potentielle de l'Égypte en énergie éolienne est estimée à 20 000 MW et celle du Maroc à 6 000 MW. Le Maroc dispose de quatre sites d'une capacité totale de 1 000 MW, l'Égypte prévoit de produire 2 000 MW d'ici à 2010, en particulier à Zafarana. La Tunisie possède quatre sites éoliens d'une capacité totale de 120 MW à Sidi Daoud et Bizerte.

Il devient donc impératif et urgent de fixer des objectifs ambitieux, à l'échelle de la Région, à l'instar des ambitions affichées par l'Union européenne à l'horizon 2020. Ces objectifs devraient se traduire par des programmes régionaux en lieu et place des projets nationaux.

Passer des projets nationaux aux grands programmes régionaux

Ainsi, comme on peut le constater, le développement se fait encore dans le cadre d'une approche par projets nationaux et non par programmes. Il devient donc impératif et urgent de fixer des objectifs ambitieux, à l'échelle de la Région, à l'instar des ambitions affichées par l'Union européenne à l'horizon 2020. Ces objectifs devraient se

---

[2] Cf. l'article de Stéphane Pouffary: « *Le solaire thermique en Méditerranée : enjeux et perspectives dans un marché énergétique en pleine expansion* » in *MedEnergie* N° 14 – Janvier 2005

traduire par des programmes régionaux en lieu et place des projets nationaux.

Le Plan Solaire Méditerranéen (PSM), lancé en 2008 par l'Union pour la Méditerranée, semble répondre à cette préoccupation. Il devrait donner un grand coup d'accélérateur aux projets d'énergie solaire dans l'ensemble des pays du bassin méditerranéen. L'objectif du PSM est la mise en place d'une capacité globale de 20 GW à l'horizon 2020 (équivalente à la capacité de production électrique installée actuellement dans les trois pays réunis, Algérie, Maroc et Tunisie), dont une partie serait destinée à la consommation locale et une partie à l'exportation vers l'Europe, via des câbles sous-marins. Les investissements requis sont estimés à € 38-46 milliards sur la période 2009-2020

Desertec est un autre programme régional d'envergure qui a été élaboré par la Fondation Desertec basée à Berlin. Il associe douze entreprises, dont neuf allemandes et une algérienne, pour construire des centrales solaires et une infrastructure de transport pour fournir de l'énergie solaire à l'Europe. D'autres investisseurs du Maroc, de la Tunisie sont également intéressés par Desertec. Des voix autorisées dont celle de l'ex Vice-président américain Al Gore proposent l'extension de ce projet aux pays du Golfe. Selon ses promoteurs, ce grand projet de coopération internationale, dont le coût a été estimé à 400 milliards d'euros devrait couvrir, d'ici 2050, les 15 % de la demande d'électricité européenne, à partir de 20 sites répartis dans la région sud-méditerranéenne.

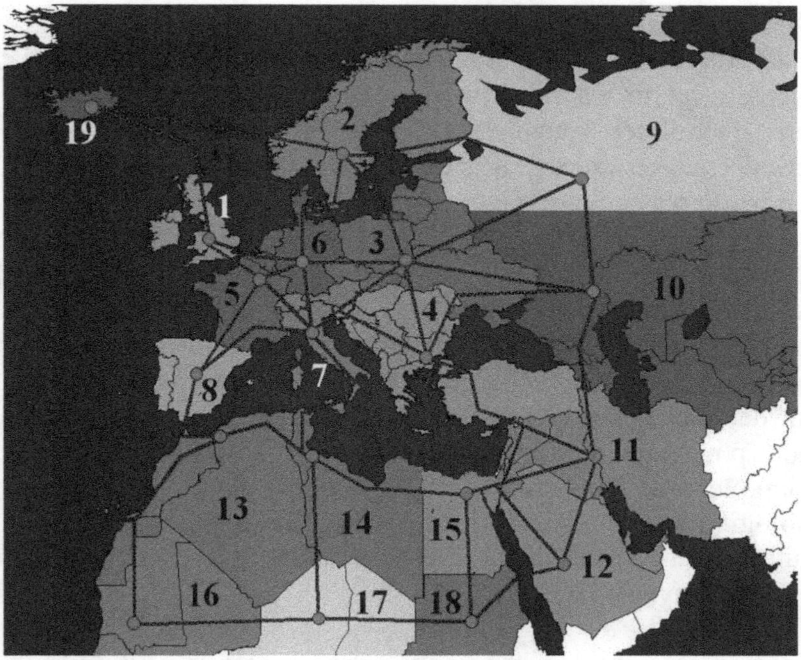

Représentation schématique des réseaux de transmission d'électricité utilisant la technique HVDC pour alimenter l'Europe (G. Czisch)

Des universités allemandes travaillent activement sur ce projet en Allemagne, en collaboration avec des entreprises et la société civile dans le sud méditerranéen. Gregor Czisch, de l'université de Kassel, estime dans un article intitulé « *Totally Renewable Electricity Supply : A European/Transeuropean example* »[1] que les solutions techniques existent et appelle à des *décisions politiques responsables pour allouer les ressources techniques, scientifiques et économiques nécessaires pour réaliser cet objectif.*

Ces deux grands programmes sont, certes, de nature et de conception différentes mais ils ont la même finalité : mobiliser au maximum le potentiel en énergies renouvelables du sud de la Méditerranée, donc dans les mêmes pays. Aussi, est-il nécessaire d'envisager une coordination étroite entre les promoteurs des deux programmes qui devrait aboutir à une vision d'ensemble et à la définition d'un cadre cohérent pour la mise en œuvre.

---

[1] Cf. *MedEnergie* N°-27-Septembre 2008

D’autant plus qu’un troisième projet d’envergure a été lancé au mois de juillet 2010 à Paris. Baptisé Transgreen, cette initiative Transgreen réunir les industriels de l'énergie pour créer un réseau de liaisons électriques sous-marines sous la Méditerranée avec pour objectif d’exporter vers l'Europe 5 des 20 GW dont la production est prévue par le plan solaire méditerranéen.

Le consortium est conduit par EDF et comprend treize groupes industriels (les groupes français Areva, Alstom, les espagnols Abengoa et RED Elétrica, l'allemand Siemens, le saoudien Taqa Arabia et le marocain ONE qui ont signé un protocole d'intention, devant déboucher sur la constitution d'une entité juridique commune qui aura pour objectifs de proposer un schéma directeur technique et économique, de développer des coopérations techniques et technologiques avec les pays de la rive sud, et de promouvoir un cadre institutionnel favorable aux investissements et à la rentabilité des projets sur la rive sud.

D’autres sociétés européennes ont l’intention d’intégrer le consortium, à l’image de l'Italien Terna gestionnaire du réseau ou de l'Espagnol Red Electrica alors que deux compagnies électriques du sud. Selon ses concepteurs, Transgreen est complémentaire du projet Desertec.

Effectivement, le potentiel en énergies renouvelables existe dans la région, les projets ne manquent pas. Il restera à trouver les financements pour couvrir les investissements dans des domaines où le prix du kWh produit reste élevé par rapport aux solutions classiques et à mettre en place des mécanismes de partenariat industriel assurant un véritable transfert de technologie.

Le nucléaire dans les pays du sud méditerranéen : Une option inéluctable ?

L’amenuisement des ressources pétrolières et gazières, dont la région ne détient que 4,6% des ressources mondiales, l’abondance des ressources en uranium dans le monde (il y a même de petits gisements d’uranium ou de schistes bitumineux dans la région) ont poussé logiquement la quasi-totalité des pays de la région Algérie, Egypte, Jordanie, Libye, Maroc, Tunisie, Turquie - à annoncer, ces dernières années, leur intention d'acquérir des centrales nucléaires pour la production d'électricité, à signer des accords de coopération dans le domaine nucléaire civil avec des pays qui maîtrisent cette technologie : Chine, Etats-Unis, France, Russie, Argentine… et à lancer des études de faisabilité

Il faut rappeler que de telles intentions ne sont pas nouvelles. Elles s'étaient déjà manifestées au cours des années 70/ 80 et des pays comme l'Algérie, l'Egypte ou le Maroc avaient été assez loin dans la préparation des dossiers de réalisation de centrales nucléaires et effectué des études de faisabilité (notamment avec la société française Sofratome).

Ils ont construit des réacteurs de recherche qui leur ont permis de former des cadres et de s'initier dans les applications nucléaires civiles : santé, agriculture, etc. Il est vrai que le nucléaire fascine dans la mesure où, outre la production d'électricité, il donne la possibilité de bâtir une industrie et une solide réputation de puissance scientifique et technique. L'exemple du succès français fait école au sud de la Méditerranée

Pourquoi les programmes nucléaires n'avaient-ils pas été poursuivis à l'époque ? Parce que les conditions n'étaient pas réunies. Le sont-elles aujourd'hui ?

Les conditions de réalisation d'un programme électronucléaire sont difficiles

Outre le choix d'un partenariat technologique de qualité, elles supposent des conditions endogènes telles que : volonté politique durable et stabilité institutionnelle ; adhésion à tous les niveaux des rouages politiques, économiques, scientifiques et sociaux et participation citoyenne; capacité générale d'organisation ; compétences scientifiques et techniques et une solide communauté scientifique et technique maîtrisant études, recherche, ingénierie, fabrication, et contrôle ; solides infrastructures ; réseau électrique suffisamment puissant pour injecter des unités de production de grande capacité ; tissu industriel et une industrie lourde et légère développant ses activités en parfaite harmonie avec une recherche de qualité ; moyens financiers importants

La difficulté de réunir l'ensemble de ces conditions dans chacun des pays conduit à se poser la question d'une coopération pour réaliser des projets régionaux.

Une coopération régionale ?

Peu de pays du Sud de la Méditerranée réunissent ces conditions. Aussi, faut-il souhaiter que, à l'instar des pays du Golfe, ils s'engagent dans une coopération régionale appropriée. Vers la fin des années 70, l'idée d'un projet nucléaire avait été inscrite à l'ordre du jour des réunions du Comelec. C'est probablement dans de tels cadres qu'il faudrait travailler si l'on veut voir l'électricité nucléaire apparaître sur les réseaux du sud de la méditerranée dans les années 2025/2030

Une coopération basée sur le partenariat industriel et le transfert de technologie

En adoptant le Plan solaire méditerranéen comme l'une des priorités de son action, dès son démarrage, l'Union pour la Méditerranée a incontestablement ciblé un programme susceptible de créer une réelle solidarité, voire une intégration entre les pays de la Région par une exploitation rationnelle des ressources pour un développement durable de l'ensemble de la zone.

Néanmoins, les projets engagés doivent prendre en compte la différence importante des niveaux de développement des populations des deux rives, même s'il y a eu quelques progrès dans le sud. Et ces projets, qu'il s'agisse du PSM, de Desertec, de Transgreen ou d'un autre, doivent être réalisés de manière à atténuer ces différences et non pas à les accentuer.

Dans cet ordre d'idées, le transfert de technologie dans les méthodes, programmes et équipements énergétiques doit être un volet essentiel de la coopération d'autant plus que la promotion de l'efficacité énergétique et de l'utilisation des énergies renouvelables se prêtent bien au transfert de technologie, avec des programmes de recherche-développement communs, incluant les institutions universitaires/centres de recherche et intégrant les différents aspects relatifs à la réalisation et à l'exploitation des installations.

Une coopération énergétique véritable doit s'accompagner d'une politique audacieuse de partenariat industriel dans le domaine de la construction et de la fabrication des biens d'équipement énergétique, domaine qui se prête particulièrement bien au transfert de technologie (équipements solaires et éoliens).

Dans la conception et la réalisation des projets, il faut veiller en permanence au renforcement des capacités industrielles, technologiques et scientifiques locales, si l'on ne veut pas que la réalisation des projets et l'accroissement des échanges se traduisent par une aggravation des inégalités entre le nord et le sud

De leur côté, les responsables des pays du sud doivent transcender leurs divergences et se lancer dans une coopération sud-sud loyale, intense et efficace, en utilisant le potentiel, l'expérience de chacun d'eux et les exemples de coopération régionale réussie, telle que celle de l'interconnexion électrique. Les pays du Maghreb ont engagé très tôt une action concertée pour proposer un cadre de réflexion et d'action euromaghrébin dans le domaine des changements climatiques, dans le cadre de la Convention Cadre des Nations Unies sur les changements climatiques et dans le prolongement du protocole de Kyoto[1].

Cette réflexion, ces actions communes, doivent se prolonger au-delà de toute difficulté conjoncturelle car il y va de l'avenir des citoyens de la Région. Car l'appropriation de ces projets régionaux (PSM, Desertec, Transgreen, dont on se demande s'ils sont complémentaires ou concurrents) par les pays du sud est une condition primordiale pour leur réussite.

Leur participation comme partenaires à part égale implique une imprégnation totale et responsable à toutes les phases des projets : conception, ingénierie, réalisation, gestion, exploitation, maintenance.

Assurément, le Bassin méditerranéen dispose des potentialités pour relever les défis énergétiques qui se posent à l'ensemble de la Région : assurer la sécurité d'approvisionnements de la région en énergie, la protection de son environnement et un développement économique équilibré de la zone tout entière, au moyen d'un partage équitable des

---

[1] Cf. l'article de Ezzeddine Khalfallah « *Rôle de la maîtrise de l'énergie et des mécanismes y afférents dans la lutte contre les changements climatiques* » in *MedEnergie* N°11 – Avril 2004

ressources et des profits, pour en faire réellement une zone de « prospérité partagée ».

A cette fin, la conduite d'une transition énergétique vers un système moins carboné s'impose comme une nécessité, une transition qui serait fondée sur un mix énergétique incluant énergies fossiles, énergies renouvelables et l'introduction graduelle de l'énergie nucléaire. Une transition qui serait pleinement assumée dans le cadre d'une coopération accrue et d'un climat de confiance totale.

Le gazoduc Transméditerranéen
Un quart de siècle de fonctionnement continu

Le Transmed est le premier gazoduc à travers la Méditerranée. Il constitue la partie sous-marine (170 Km) du gazoduc transcontinental Enrico Mattei qui transporte sur une longueur totale de 2500 Km le gaz naturel algérien, depuis le gisement géant de Hassi R'mel jusqu'à Minerbio au nord de l'Italie, après avoir traversé le territoire algérien (550 Km) jusqu'à la frontière tunisienne au poste de comptage d'Oued Saf-Saf, le territoire tunisien (370 Km) jusqu'à la station de compression d'El-Haouria, le Détroit de Sicile jusqu'au terminal arrivée de Mazara del Vallo, la Sicile (354 Km) puis le Détroit de Messine et, enfin, la Péninsule italienne (1064 Km). Il alimente également la Tunisie et la Slovénie.

Mis en service dans sa première phase de production en août 1983, le Transmed fonctionne depuis 25 ans sans interruption ni incident notable, dans des conditions techniques et économiques tout à fait satisfaisantes pour les parties concernées.

Cet important ouvrage a fait l'objet de nombreuses publications dans des revues[1] et conférences internationales spécialisées, qui ont traité de son volet stratégique, commercial et même des techniques sophistiquées de réalisation. Par contre, aucune publication n'a été enregistrée, à notre connaissance, sur les conditions d'exploitation, le mode de contrôle, la maintenance et le fonctionnement quotidien.

Aussi, l'objet principal de cet article[2] est de, tout en rappelant les caractéristiques générales de cette importante réalisation, de traiter le seul volet qui, au contraire, n'a pas fait l'objet d'une publication à ce jour, en raison, sans doute, de son bon fonctionnement et de l'absence d'incidents d'exploitation.

---

[1] Khène Djamal Eddine: "*Cross-border Gas-lines projects facing daunting challenges*" In *Oil & Gas Journal* Dec 15, 1997

[2] Contribution pour *Medenergie* n°28 – Janvier 2009

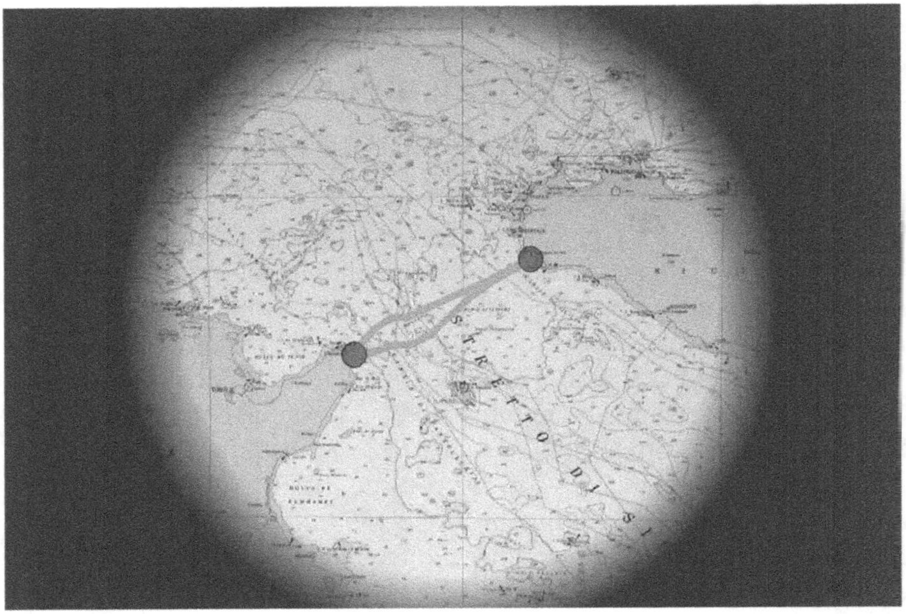

Figure 1- Le gazoduc sous-marin Transmed

Un peu d'histoire

Le gazoduc reliant l'Algérie et l'Italie (baptisé fort justement du nom de son « ideatore » Enrico Mattei) est né de la conjonction de deux facteurs concomitants : une vision stratégique de tout premier ordre développée par Enrico Mattei, le fondateur de l'Eni, dès la fin des années 50 et de la volonté des dirigeants algériens de diversifier leurs relations et de s'affranchir de la domination des compagnies françaises sur les ressources en hydrocarbures.

Déjà, durant la guerre de libération, les dirigeants de l'exécutif provisoire algérien, en exil à l'étranger, entretenaient des contacts avec E. Mattei, qui, en recevant une délégation de haut niveau du G.P.R.A. à Rome au cours de l'automne 1961, avait témoigné toute sa disponibilité à assister l'Algérie dans l'œuvre de récupération et d'exploitation de ses ressources en hydrocarbures et jeté les bases d'une coopération future.

Au cours de l'automne 1962, Luigi Meanti, ancien président de l'Eni, avait été dépêché à Alger - c'est là qu'on lui a annoncé la mort d'E. Mattei - pour proposer aux autorités algériennes, fraîchement installées, un projet grandiose d'exportation du gaz algérien vers l'Italie au moyen d'un gazoduc traversant la Mer Méditerranée.

Il est probable que la mort de Mattei ait quelque peu retardé la mise en œuvre de ce projet. La partie algérienne, à travers la compagnie nationale Sonatrach, créée en décembre 1963, a ressenti des tergiversations qui l'ont amené à traiter, en premier, avec la Sicile et à créer la société mixte SONEMS (Sonatrach-EMS). Ce n'est qu'à l'achèvement des études économiques et d'engineering et après la pose expérimentale du gazoduc à travers le Canal de Sicile, qu'Eni a pris en charge le projet algéro-sicilien.

Les accords commerciaux et de partenariat

Effectivement, les premiers accords entre la Sonatrach et le Groupe Eni ont été signés le 19 octobre 1973, au terme de discussions longues et laborieuses. Il s'agit de: l'accord général Sonatrach - Eni relatif au projet de gazoduc Algérie-Italie ; le contrat de vente / achat de gaz naturel entre Sonatrach et Snam, complétés peu après par: le protocole d'accord Sonatrach - Snam pour la constitution d'une société mixte paritaire entre les deux partenaires (16 juin 1975) dont les statuts ont été déposés le même jour à Jersey sous-forme de: "Memorandum and Articles of Association of Transmediterranean Pipeline Company Limited" (T.M.P.C.) ; l'acte de constitution de Mariconsult S.p.A. le 22 octobre 1975 à Milan.

Dans ce montage particulièrement complexe, les responsabilités sont ainsi définies:

1. En Algérie, le transport du gaz est assuré par Sonatrach;
2. A la frontière algéro - tunisienne, plus précisément au poste frontière d'Oued Saf Saf, la propriété du gaz est transférée à la Snam;
3. En Tunisie, dans le cadre d'un accord entre l'Etat Tunisien et l'Eni, le transport est effectué par une société tunisienne (Sergaz). La Snam dispose du droit exclusif d'usage du gazoduc et de conclusion de tout contrat de transport avec tout utilisateur
4. En Méditerranée, dans le Détroit de Sicile, la responsabilité incombe à la société mixte T.M.P.C., propriétaire du gazoduc sous-marin et des installations terminales en Tunisie et en Sicile.
5. Sur le territoire italien, la Snam assure le transport.

L'accord général du 19 octobre 1973 contient l'ensemble des dispositions relatives à la réalisation et au fonctionnement du gazoduc, à la commercialisation du gaz naturel ainsi qu'au fonctionnement des rouages institutionnels créés à cet effet.

Il est utile d'en rappeler certaines caractéristiques:

- durant la construction du gazoduc, dans l'attribution des contrats de travaux ou de services, la préférence, mais non l'exclusivité, est accordée aux sociétés du groupe Eni à conditions au moins égales, aussi bien par Sonatrach que par T.M.P.C. (Est considérée comme filiale de l'Eni toute société dans laquelle l'Eni possède au moins 51% des actions)
- dans le même ordre d'idées, il est prévu l'utilisation en priorité des biens et services d'origine algérienne pour les ouvrages de transport dans le Détroit de Sicile
- L'accord général ne prévoit pas de durée de validité, (encore moins une extension éventuelle), laissant le soin au contrat commercial d'achat/vente de GN de préciser les échéances.
- En attendant la mise en place des organes d'administration et de gestion des institutions créés, un comité de construction Sonatrach / Snam est chargé de prendre les décisions à caractère technique.

Les accords conclus précédemment sont devenus caducs le 31 décembre 1976, faute d'un protocole d'accord entre la Snam et l'Etat Tunisien (intervenu seulement le 15 juillet 1977).

Aussi, a-t-il fallu les réactiver et les remettre en vigueur par la signature des accords nouveaux du 22 octobre 1977, à savoir: accord général Sonatrach – Eni ; contrat de vente / achat de gaz naturel entre Sonatrach et Snam ; avenant n° 1 au protocole d'accord Sonatrach / Snam pour la constitution de la T.M.P.C.

Le 26 octobre 1977 intervient l'accord proprement dit entre l'Etat Tunisien et l'Eni pour la réalisation et l'exploitation d'un gazoduc en Tunisie.

Le premier contrat de vente/achat de gaz naturel par l'Algérie et l'Italie a été conclu entre Sonatrach et Snam le 19 octobre 1973. Devenu caduc au 31décembre 1976 pour les mêmes motifs que l'accord général (faute d'un protocole d'accord entre la Snam et l'Etat Tunisien), il a été réactivé et remis en vigueur le 22 octobre 1977.

En plus des conditions techniques et commerciales de livraison, il comporte quelques clauses essentielles qui méritent d'être rappelées:

- Quantités : un débit de 1.660.000 m^3/h avec un minimum de 12,36 Milliards de m^3 par an après une montée en cadence de 3 ans.
- Date de la 1ere livraison au plus tard le 1er octobre 1981
- Durée: 25 ans
- Le vendeur ne vend pas à d'autres acheteurs qu'à la Snam du GN destiné à l'usage des consommateurs sur le territoire italien.

De nombreux avenants sont intervenus en complément à ce contrat commercial:

- L'avenant n° 1_du 25 avril 1983 porte sur la révision de la date de la première livraison régulière reportée au 9 juin 1983, sur les quantités pendant la période de montée en cadence et sur les conditions de prix.
- L'avenant n° 2 du 8 octobre 1986 porte principalement sur les révisions des quantités minimales portées à 10,25 Milliards de m^3/an à partir de 1988 et sur les conditions de prix
- L'avenant n° 3 du 18 décembre 1990 modifie de façon importante les quantités et naturellement les conditions de prix.

En outre, il a entraîné la décision de renforcement du gazoduc sur toute sa longueur.

Le calendrier de livraison est ainsi établi:

- jusqu'au 30 septembre 1994, débit prévu initialement soit 1.660 .000 m^3/h avec une quantité contractuelle de 12,36 Milliards de m^3 et un minimum de 10,25 Milliards
- du 1er octobre 1994 au 30 septembre 1995, un débit de 2.317.000 m^3/h avec une quantité contractuelle annuelle de 17,25 Milliards de m^3 et un minimum de 14,30 Milliards
- à partir du 1er octobre 1995, un débit de 2.585.000 m^3/h avec une quantité contractuelle annuelle de 19,25 Milliards de m^3 et un minimum de 16 Milliards.

D'autre part, la durée du contrat est prorogée d'une période de 25 ans à partir du 1er octobre 1994, soit jusqu'en 2019.

D'autres contrats de vente / achat ont été signés par la Sonatrach avec:

1. La Société Sozd Petrol (Slovenie)[1] .

[1] Qui a changé de nom et est devenue Geoplin

Le contrat signé le 30 juillet 1985, modifié par l'Accord du 14 janvier 1990, porte sur une quantité annuelle de 600 Millions de m^3/an et un débit de 80.580 m^3/h, après 4 années de montée en cadence. La livraison a démarré en février 1992 et se poursuivra jusqu'au 30 septembre 2007.

Par avenant signé le 1er octobre 1994, une réduction des quantités de 600 à 350 Millions de m^3 a été décidée à la demande de l'acheteur; il faut souligner que les quantités de gaz rendues disponibles sont livrées à la Snam.

2. La compagnie électrique italienne Enel (Italie) : le contrat signé le 11 octobre 1992[1], porte sur une quantité contractuelle de 4 Milliards de m^3/an, un débit de 507.000 m^3/h et une durée de 20 ans à partir du 1er octobre 1994, soit jusqu'en 2015.

Par ailleurs, il est utile de rappeler qu'aux termes de l'accord entre l'Etat Tunisien et l'Eni, la Tunisie prélève un droit de passage égal à: 5,25% des quantités traversant le territoire tunisien jusqu'à 12,36 Milliards de m^3/an ; 6% des quantités entre 12,36 et 16,36 ; 6,75% des quantités supérieures à 16,36.

Enfin, le 15 mai 2005 est entré en vigueur l'accord conclu entre Sonatrach et Eni, après trois années de laborieuses négociations, pour l'augmentation de la capacité de transport du tronçon tunisien de 3,2 milliards de m^3/an à partir de 2008 et 3,3 milliards de m^3/an additionnels à compter de 2012. Cet accord prévoit également la constitution d'une nouvelle société paritaire Transmed, chargée de commercialiser la capacité additionnelle. Cet accord sature la capacité de transport du gazoduc Transmed.

Le gazoduc Enrico Mattei avec ses spécificités

Sa réalisation et sa mise en service

Lancé à Hassi R'Mel en juin 1979, le gazoduc Enrico Mattei a été mis en service le 23 août 1983 et inauguré officiellement à El Houaria (Cap Bon, Tunisie), en octobre 1983, par les présidents des trois pays

[1] Il faut signaler que la signature de cet accord est intervenue en contradiction avec le contrat de vente/achat Sonatrach /SNAM qui prévoyait que la SNAM serait acheteur unique de gaz algérien en Italie

concernés, Chadli Bendjedid pour l'Algérie, Sandro Pertini pour l'Italie et Habib Bourguiba pour la Tunisie. Le doublement de la capacité du gazoduc, par la construction de deux nouvelles canalisations de 26 pouces de diamètre chacune, a été lancé en 1990 et la mise en exploitation est intervenue en décembre 1994.

La réalisation constitue une performance remarquable à la fois sur le plan stratégique et technique. La profondeur des fonds marins à 613 m jamais atteinte auparavant, la morphologie accidentée des terrains avec par endroits des rochers affleurant à forte pente, la présence de forts courants marins à des profondeurs de 400 m. sont autant de conditions difficiles qui ont nécessité la mise au point de technologies nouvelles et de solutions originales, témoignant d'une grande maîtrise de la pose des canalisations en mer.

L'entreprise italienne Saipem a dû se doter d'un bateau spécialisé construit à cet effet, *Le Castoro Sei*, pour la pose des conduites sous-marines. Le gazoduc sous-marin comprenait dans sa phase initiale, trois conduites de diamètre 20 pouces dans le détroit de Sicile ; suite à son renforcement et notamment à l'ajout de deux conduites sous marines de diamètre 26 pouces sur le tronçon reliant l'Italie au nord de l'Afrique.

La capacité de transport est portée à 24 milliards de m3/an à partir de l'année 1995, extensible à 32 milliards de m3/an après un renforcement des installations de transport existantes des tronçons algérien et tunisien (Tableau 1).

Le tronçon traversant le détroit de Sicile est la propriété de Transmediterranean Pipeline Company Limited (TMPC Ltd); il constitue sa partie la plus noble dans la mesure où c'est le premier ouvrage du genre mettant en œuvre une capacité de transport de gaz aussi importante.

Tableau 1 : Caractéristiques techniques du gazoduc Enrico Mattei

Section	Longueur (Km)	Diamètre (Pouce)	Stations de compression
Algérie (2 lignes)	550	48	1
Tunisie (2 lignes)	370	48	3
Canal de Sicile (5 lignes) **2** **3**	155	20 26	
Sous-Total	1075		
Italie			
Sicile (2 lignes)	354	48	2
Détroit de Messine (5lignes) **2** **3**	16	20 26	
Péninsule (2 lignes) **1** **1**	1064	48 42	5
Sous-Total Italie	1434		
Total	2509		11

Les caractéristiques techniques des conduites sous- marines

Les principales caractéristiques des conduites sous marines sont données dans le tableau 2 ci-dessous.

Tableau 2 : Caractéristiques techniques du gazoduc sous-marin Transmed

	Lignes	DN20"	Lignes DN26"	
Caractéristiques	Submerged Arc Welded		Submerged Arc Welded	
	5L X65		5L X65	
Longueurs	Ligne 1 SUD	154,7 km	Ligne 3 SUD	155,159 km
	Ligne 2 SUD	154,8 km	Ligne 4 SUD	155,232 km
	Ligne 1 NORD	154,5 km		
Epaisseurs	19,05 mm pour les profondeurs inférieures à *280* m 20,62 mm pour les profondeurs supérieures à 280 m		22,2 mm pour les profondeurs inférieures à *200* m 25,4 mm pour les profondeurs supérieures à 200 m et aux approches còtières	
Revêtements	Intérieur: film époxy de .0,2 mm Extérieur: revêtement de polyéthylène de 3,5 mm d'épaisseur minimale		Intérieur:film époxy de 0,6 mm Extérieur: en polyéthylène extrudé de 3,5 mm d'épaisseur minimale	
Alourdissement	Revêtement en ciment d'une épaisseur de 50 à 75 mm jusqu'à une profondeur de 280 m Au delà de -280 m : néant		Revêtement en ciment d'une épaisseur de 40 à 80 mm jusqu'à une profondeur de-190 m Au delà de -190 m : néant	
Profondeur maximale	590 m pour le tracé Nord 608 m pour le tracé Sud		612 m pour le tracé Sud	

Le mode de gestion de la partie sous marine

Créée en 1975, TMPC Ltd est une société mixte (50/50) entre Sonatrach et Eni. TMPC, propriétaire du réseau sous marin de canalisations de gaz et dont le siège est situé dans l'île de Jersey. Elle a confié ses activités d'assistance technique et de supervision pour le bon fonctionnement du gazoduc à l'autre société mixte (50/50 également) Mariconsult S.p.a, installée à Milan. La gestion administrative et financière liée aux activités d'exploitation du gazoduc est réalisée par la société mixte Samco S.a.g.l. dont le siège est à Lugano.

En outre, à la demande de TMPC, Snam Progetti qui a réalisé l'engineering tout entier du projet, donne son avis technique sur tout aspect lié aux opérations d'entretien ainsi que sur l'analyse des résultats obtenus ; elle peut être également chargée de la supervision des travaux engagés sur le gazoduc sous marin.

Pour tous les autres services, l'appel systématique à la concurrence permet de bénéficier des avantages économiques et des avancées technologiques, que ce soit en matière de moyens navals et engins filoguidés ou d'investigations bathymétriques et morphologiques des fonds marins, secteur toujours en pleine évolution avec le développement de l'offshore pétrolier. Par ailleurs, en matière de sécurité et de préservation de l'environnement, les critères techniques et de gestion utilisés répondent largement aux conditions et normes de transport par canalisation.

TMPC assume directement les opérations d'exploitation du système de transport et d'entretien sur les conduites sous marines. Elle a confié la gestion et l'entretien de ses terminaux marins d'El Haouaria au Cap Bon (départ en Tunisie) et Mazara Del Vallo (arrivée en Sicile) respectivement à Sergaz, société mixte tuniso-italienne chargée de l'exploitation du tronçon tunisien du gazoduc et à Snam Rete Gas[1], société du Groupe Eni.

Ce mode de gestion permet à TMPC d'utiliser toutes les synergies disponibles à la fois du coté tunisien que du coté italien, et de faire face au moindre coût aux obligations de transport du gaz entre la Tunisie et la Sicile.

[1] Snam Rete Gas (SRG), est le gestionnaire du réseau gaz italien. Dans le cadre de l'ouverture du secteur de l'énergie, Snam a été divisée juridiquement le 30 juin 2001en deux sociétés, l'une chargée de la commercialisation du gaz (Eni - Division Gaz & Power) et l'autre du transport du gaz ainsi que la regazéification du gaz naturel liquéfié auprès de la structure de Panigaglia.

La place du gazoduc Enrico Mattei dans les approvisionnements italiens en gaz

La consommation en gaz en Italie est en croissance constante. Entre 1993 et 2003, la consommation en gaz de l'Italie est passée de 51,00 milliards de m^3/an à 77,07 milliards de m3/an soit un taux moyen d'augmentation de 4,2% /an. En 2007, la demande de gaz a atteint près de 85 milliards de m^3 dont les 80% ont été importés. Il est prévu que la consommation dépasse le seuil de 95 milliards m^3 en 2010.

Aussi, les importations de gaz naturel jouent un rôle important dans la couverture des besoins énergétiques de l'Italie (Tableau 3).

Tableau 3 : Part du Transmed dans les consommations italiennes de gaz

Année	Transport Transmed (milliard de m^3)	Conso Italie (milliard de m^3)	% Transmed
1994	11,53	49,50	23,3
1996	19,08	56,18	33,9
1998	20,90	62,43	33,4
1999	24,64	67,85	36,3
2000	25,60	70,75	36,2
2001	22,16	70,94	31,2
2002	20,71	70,46	29,4
2003	20,80	77,07	27,0
2004	23,03	80,30	28,7
2005	24,50	86,27	28,4
2006	23,80	84,48	28,1
2007	21,80	84,91	25,7

Depuis l'origine, le Transmed a transporté environ 400 milliards de mètres cubes de gaz naturel pour le compte des sociétés italiennes Snam Rete Gas / Eni et Enel et de la société slovène Geoplin, clients de Sonatrach. Le Transmed couvre le tiers environ des importations italiennes de gaz après avoir atteint les 50% en 1999.

Un dispositif de fonctionnement fiable et continu

Un contrôle permanent du transport du gaz

Compte tenu de l'importance du gazoduc Enrico Mattei dans l'approvisionnement en gaz de l'Italie, un soin particulier a été apporté à la mise au point des principes et méthodes pour son inspection et sa maintenance, en particulier sur le tronçon du Détroit de Sicile, pour en garantir le maximum de fiabilité. Les obligations d'écoulement régulier du gaz destiné à la satisfaction des besoins des consommateurs ont conduit à l'instauration d'une surveillance permanente du fonctionnement du gazoduc.

Au départ de Tunisie, les conduites sous marines sont propriété TMPC dès le terminal côtier, où sont installés les systèmes de mesure et de régulation du débit de gaz transporté; ces installations gérées localement, sont appuyées par des systèmes de télétransmission de données et commandes qui assurent le contrôle à distance du transport de gaz. Par ailleurs, des dispositifs de sécurité permettent d'intercepter le flux de gaz en cas d'incident sur les conduites ou de défaillance du système de contrôle.

Installée juste en amont de ce terminal, la station de compression gaz d'El Houaria (Cap Bon), propriété de la société tunisienne Sotugat, permet d'atteindre une pression maximum de 207 bars et de pousser le gaz jusqu'au terminal de la côte italienne de Mazara Del Vallo (Sicile). Ce dernier terminal, qui est également la propriété de TMPC, est doté des appareils de mesure et d'interception du gaz gérés localement ; il dispose en outre des liaisons de télécontrôle avec le terminal du Cap Bon.

Toutes les mesures relevées sont ensuite transmises à un centre de dispatching gaz de la société Snam Rete Gas, qui vérifie la régularité du transport sur toute la ligne d'importation de gaz, depuis le point de livraison d'Oued Saf-Saf à la frontière algéro-tunisienne jusqu'à son arrivée en Italie.

Les critères de contrôle ont naturellement changé dans le temps, car à la période de tassement du fond marin caractérisée par des changements rapides immédiatement après la pose des conduites, a succédé la phase de régime actuelle, caractérisée par la stabilité à l'exception de quelques changements marginaux. Bien entendu, tout au long de la vie du gazoduc concerné sur une période d'environ 25 ans, les moyens technologiques ont aussi subi une évolution sensible, qui a influencé les méthodes d'exécution des inspections sous marines.

Les moyens de contrôle du gazoduc sous marin

Les outils technologiques qui sont très importants dans l'exécution des contrôles sous marins se subdivisent en deux domaines d'égal intérêt : les instruments d'acquisition des données sous marines et les systèmes informatiques pour leur traitement et leur contrôle de qualité.

La mise en œuvre des outils d'acquisition des données est effectuée à partir d'un bateau support dont les caractéristiques moyennes sont les suivantes :

Dimensions.(m)	75 m X 12m
Propulsion principale	2000 kW
Thrusters: - Bow	1000 kW
Thrusters: - Stern	1000 kW
Grue	15 t - 10 m

Conçu pour travailler en haute mer pour l'exécution de l'inspection sous marine, le bateau support nécessite la mobilisation permanente de trois équipes embarquées à bord, respectivement pour l'utilisation d'un engin sous marin filoguidé ou Remotely Operated Vehicule (ROV), pour effectuer les relevés et pour le traitement des données ; ces équipes sont placées sous l'autorité d'un manager opérations offshore qui agit de concert avec le capitaine du navire d'une part et avec le représentant du maître d'œuvre d'autre part pour accepter ou refuser les informations disponibles en temps réel.

Figure 2 – Le Bateau support

Si le positionnement du bateau fait appel aujourd'hui à une large utilisation du système GPS, le positionnement au dessous de la surface de l'eau fait appel à l'utilisation de signaux acoustiques, ce qui nécessite l'intégration de données dérivées des unités GPS par d'autres informations telles que la trajectoire et le roulis du bateau et du ROV. Les différents systèmes mis en œuvre sur le bateau et listés ci-dessous permettent de déterminer la position des moyens sous marins d'inspection :

- Système de positionnement de surface : le système pour déterminer la position du bateau support est constitué par un DGPS intégré avec un signal radio de correction continue ;
- Système de positionnement sous marin : un système de positionnement sous marin de type acoustique Ultra Short Baseline System (USBL) installé sous la coque du bateau, permet de calculer la position du ROV pendant son déplacement au fond de la mer par rapport à celle du bateau ;
- Heading sensor : ce système détermine l'orientation du bateau et ses données sont utilisées aussi pour connaitre la position du ROV ;

- Système de mesure de la vitesse du son dans l'eau : ce système permet le relevé de la température et de la salinité de l'eau aux différentes profondeurs pour déterminer la vitesse du son; cette information permet de faire la calibration des équipements acoustiques.

Le véhicule sous-marin filoguidé a les caractéristiques moyennes suivantes:

Dimensions	3,5 x 2 x 2
Poids	3800 kg
Pay Load	90 kg
Puissance	100 ch
Propulsion	80 ch

Le ROV comprend les équipements suivants :

- Unité bathymétrique : incluant un sensor de pression pour la relevé de la profondeur et un altimètre "single beam" pour la mesure de la distance entre le ROV et le fond de la mer ;
- Modular Scanning Profiler or Multibeam bathymetric Unit: pour la mesure de la bathymétrie du fond au voisinage des conduites ;
- Motion Sensor and Gyrocompass: pour la mesure du roulis, tangage, oscillations verticales et orientation du ROV ;
- Pipe Tracker : par mesure d'interférences sur un champ magnétique, ce système permet de faire le relevé de la position de la conduite en cas d'enterrement ;
- Système de contrôle de la Protection cathodique : consiste en un capteur multi électrode pour le relevé continu du potentiel et de la densité de courant pour la protection cathodique du pipeline ;
- Bras mécaniques : le ROV est équipé avec deux bras mécaniques pour actionner en cas de besoin des cameras ou autres outils ;
- Sonar panoramique : installé sur le ROV, il permet de détecter les obstacles éventuels sur son parcours ;
- Doppler Log : pour relever la vitesse du ROV et permettre la vérification de sa position le long de son parcours ;

• Vidéo Cameras : trois cameras couleur sont installées sur le ROV (deux sur des bras mécaniques mobiles sur les deux cotés du ROV, et une sur le front avec un système pour son orientation)

Figure 3 - Remotely Operate Vehicle R.O.V.

Le développement technologique de l'acoustique sous marine, la combinaison de l'imagerie haute résolution avec les données bathymétriques permet de donner une vue du fond marin en trois dimensions d'une grande précision. La qualité des informations recherchées sur les conduites posées ou enfouies au fond de la mer dépend étroitement de la précision et des caractéristiques des appareils acoustiques utilisés mais aussi de la préparation des opérations d'acquisition et de traitement des données à bord du bateau.

Contrôle global en haute mer

A présent, le principal contrôle du tronçon sous marin du gazoduc réside dans l'exécution des inspections externes, effectuées en utilisant des engins sous-marins filoguidés, actionnés à partir de navires d'appui, qui parcourent tout le tracé des conduites en prenant des images vidéo à distance rapprochée ; ils permettent également de faire le relevé en même temps du dit tracé des conduites et de la bathymétrie du fond sur les alentours immédiats.

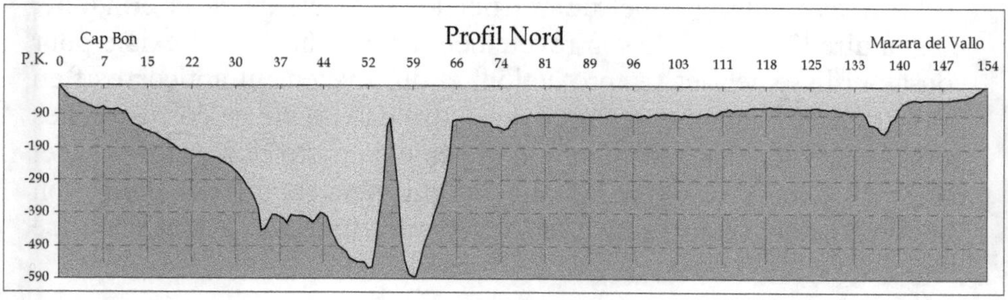

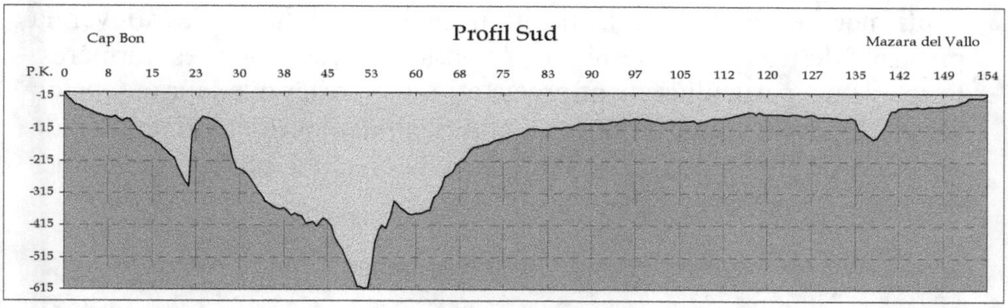

Figure 4 - Profils bathymétriques

Toute l'instrumentation d'inspection, télé caméra, profondimètre, échosondeurs et sonars, est installée sur les engins sous-marins, qui transmettent en continu par câble au bateau d'appui toutes les mesures et prises d'images, effectuées 24 heures sur 24, pendant toute la durée de l'inspection.

Un centre de traitement des données se trouve à bord du moyen naval; il permet à des techniciens spécialisés de procéder aux analyses et traitement des informations acquises en utilisant des outils hardware et software développés spécialement, pour procéder à la mise à jour d'une banque de données relevées au cours des inspections suivantes. Ce qui permet d'établir les rapports techniques décrivant le résultat des contrôles effectués.

Bien avant sa généralisation dans les inspections offshore et depuis une dizaine d'années, TMPC a mis en œuvre un système de digitalisation des images; l'imagerie sous marine est intégrée aux données recueillies sur les conduites.

Le relevé vidéo permet de vérifier l'état extérieur de la conduite, c'est à dire l'intégrité de son revêtement en ciment là où il existe pour son alourdissement et sa protection, et du revêtement anticorrosif en polyéthylène ; il permet en outre de contrôler le degré de corrosion des anodes sacrificielles constituant le système de protection cathodique et de vérifier si des objets étrangers qui peuvent altérer leur bon fonctionnement (par exemple des objets métalliques...), sont venus se placer au contact ou à proximité des conduites.

Les mesures relatives au tracé et à la bathymétrie permettent de confirmer la stabilité de la position de la conduite et de relever la présence de tronçons enterrés ou de portées libres. Pour ces dernières, le relevé est particulièrement précis afin de vérifier que leur extension reste au dessous des limites de sécurité préalablement fixées et de s'assurer de l'absence d'oscillations de la conduite pouvant entraîner des phénomènes de fatigue.

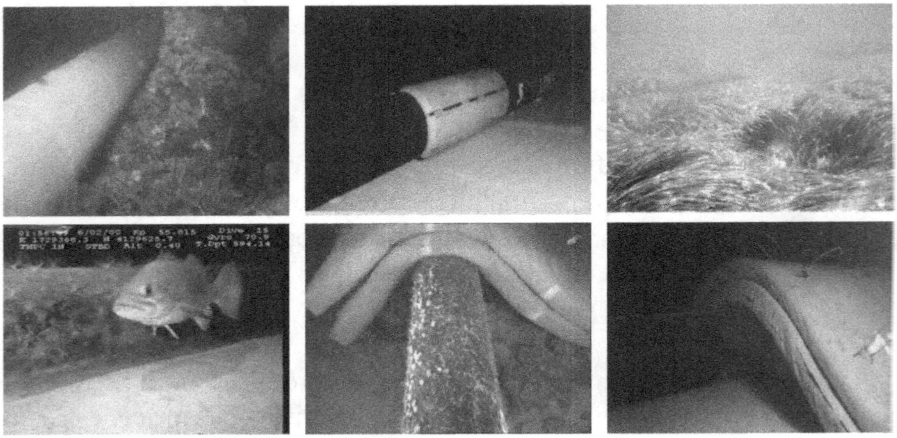

Figure 5

La figure 6 qui suit montre l'évolution du nombre de portées libres entre 1993 et 2004 sur une ligne DN 26.

Un autre relevé réalisé au cours de l'inspection sous marine est celui de la mesure du champ électrique crée à l'extérieur de la conduite par les anodes de la protection cathodique ; ce relevé donne une évaluation quantitative du niveau de sécurité maintenu par ce champ électrique et permet de veiller au respect des valeurs qui éviteraient l'amorce de phénomènes de corrosion.

Les inspections en haute mer sont actuellement réalisées suivant une cadence biannuelle, à l'exception du relevé du champ électrique pour lequel une fréquence quadriennale a été jugée plus appropriée. Au début du fonctionnement, les inspections étaient plus fréquentes.

Tout en tenant compte des résultats des contrôles effectués au cours des premières années d'exploitation, les fréquences d'inspection sous-marine ont été fixées compte tenu d'une période de temps au delà de laquelle une anomalie pouvait apparaître ; par ailleurs, les fréquences choisies permettent de préparer et d'entreprendre toute intervention en mer jugée nécessaire en cas d'anomalie décelée sur les conduites.

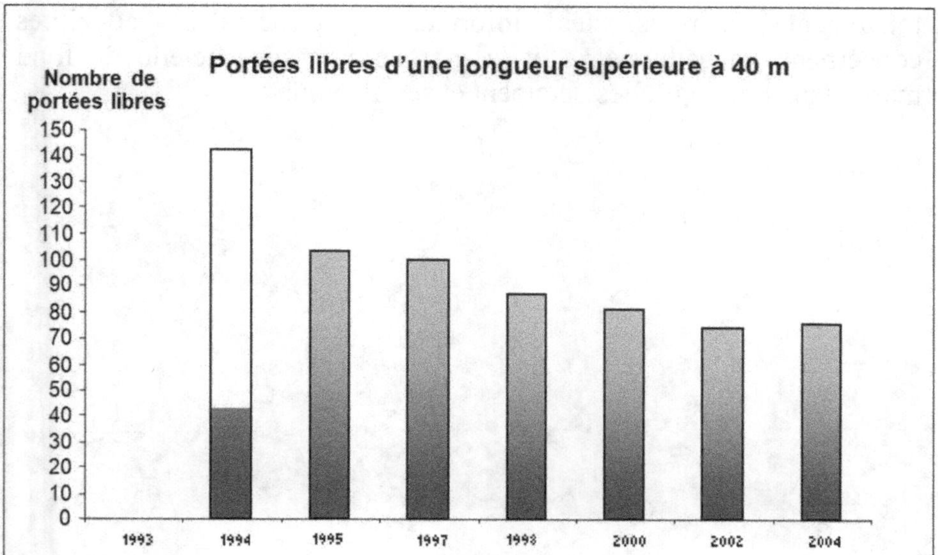

Figure 6 - Portées libres d'une longueur supérieure à 40 m

Contrôle des approches côtières

En complément des inspections effectuées pour le contrôle en haute mer décrites ci-dessus suivant une cadence biannuelle et sur toute la longueur des conduites du gazoduc, des contrôles annuels sont réalisés sur la zone en mer donnant immédiatement sur les approches côtières des conduites.

Les approches côtières occupent le couloir des conduites sous-marines depuis la plage jusqu'à une profondeur d'eau de l'ordre de 20 m soit une extension vers la mer de 1000 m et 1500 m respectivement pour la Tunisie et la Sicile. Les conduites sont totalement enterrées depuis la côte jusqu'à 450 m pour la Tunisie et 1500 m pour la Sicile.

Une telle inspection est réalisée en utilisant soit un ROV géré à partir d'un moyen naval de dimension limitée et compatible avec des bas fonds marins présents dans la zone de relevés, soit en utilisant une instrumentation maintenue en surface, traînée ou fixée au moyen naval.

Etant donné que dans de telles zones les conduites sont presque totalement enterrées, les informations principales recueillies concernent la bathymétrie et la morphologie superficielle du fond marin dans l'aire qu'elles occupent et ses alentours.

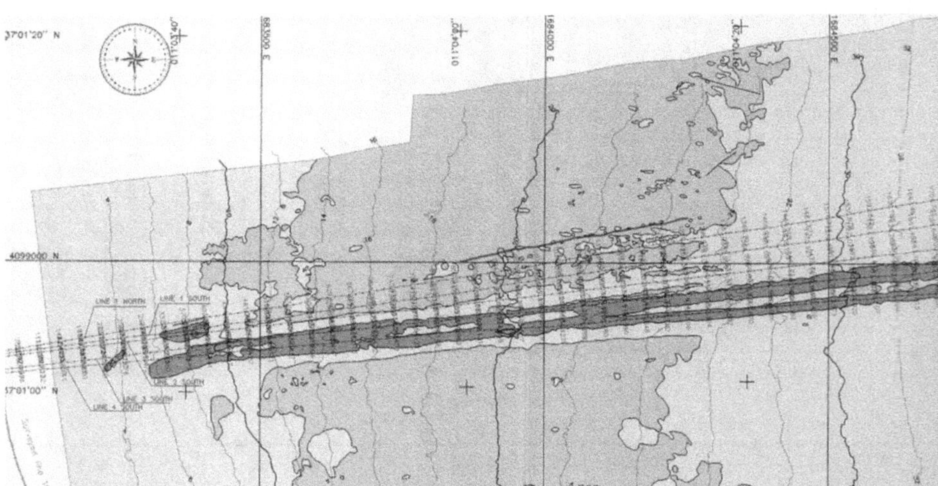

Figure 7 - Représentation bathymétrique aux approches côtières tunisiennes

Le but est en fait de vérifier la situation de telles aires dans leur globalité, sans se limiter au seul corridor occupé par les conduites : les phénomènes éventuels d'altération de la situation ont ici un caractère étendu, essentiellement en fonction des interactions avec la ligne de côtes et ses modifications.

La bathymétrie de la zone est donc relevée pour vérifier la présence d'éventuels phénomènes d'érosion ou de remontée du fond qui peuvent modifier le niveau d'enfouissement des conduites; en même temps les relevés de la morphologie superficielle du corridor des conduites permettent de détecter la présence éventuelle d'objets manufacturés étrangers.

De tels relevés permettront d'avoir aussi des indications sur l'évolution de l'écosystème dans l'aire inspectée, en ce qui concerne l'extension des aires occupées par la végétation marine (posidonie et autres).

Au moyen du ROV, les conduites sont contrôlées dans le détail dans le court tronçon où elles ne sont pas enterrées, en effectuant les mêmes opérations que pour le contrôle en haute mer décrit au chapitre précédent. Toute érosion du fond marin visant à une réduction des parties enterrées et la possibilité de formation de portée libre doit être contrôlée ; un tel phénomène n'est pas irréversible et si tel est le cas, alors une intervention extérieure d'enfouissement s'avèrerait nécessaire. Bien que plus exposée aux activités humaines, cette zone est, par contre, concernée par des moyens navals de faible tonnage et touche des aires marines soumises à la protection des autorités maritimes.

Les informations recueillies, une fois traitées et recoupées, permettent d'avoir en pratique une photographie du fond qui résume les caractéristiques d'intérêt et de connaître l'état du gazoduc près de ses points d'approche de la terre.

Contrôle de la face côtière

Pour garder le contrôle de la face côtière autour de l'aire des approches côtières des conduites, en incluant les espaces environnants où sont placés les terminaux marins concernés et les tronçons de conduites qui relient ces terminaux à la section sous marine du gazoduc, il est fait recours à l'acquisition et à l'élaboration d'images satellitaires.

De telles images, référenciées adéquatement à un système de coordonnées géographiques, permettent d'évaluer les modifications des lignes de plage et de relever des indices d'altération de la situation de recouvrement des conduites dans une telle zone.

En outre, elles permettent d'avoir un cadre de développement des activités anthropiques de cette aire dans le temps, dans un large rayon autour des terres traversées par le gazoduc (développement de la construction, cultures agricoles,...); ces informations sont de toute façon utiles pour une connaissance la plus complète possible de l'évolution du milieu où il est posé. Pour de tels contrôles, une fréquence quadriennale a été retenue.

Contrôle interne des conduites

Associés et complémentaires aux inspections externes décrites ci-dessus, des contrôles sont également effectués dans la partie interne des conduites traversant le Détroit de Sicile. Ces contrôles ont pour but de vérifier l'état de l'acier des conduites ainsi que d'éventuelles ovalisations de leur section ou de relever la présence de phénomènes de corrosion ou d'endommagement en général qui ont intéressés leur paroi.

En particulier, les bossellements (ou dents) provoqués par un choc externe peuvent affecter sérieusement l'intégrité d'une conduite. Aussi, les conduites font l'objet d'une recherche systématique de ce type de déformation ayant pu les affecter sur leur paroi extérieure et qui n'aurait pas pu être décelée lors du contrôle externe ; il est alors possible en utilisant un modèle analytique d'obtenir la configuration géométrique de la déformation.

De tels contrôles sont effectués au moyen d'instruments perfectionnés (''pig intelligents'') poussés par le gaz et qui parcourent l'intérieur de chaque conduite d'une extrémité à l'autre en relevant durant leur parcours, suivant un procédé magnétique toutes les éventuelles altérations de leur paroi. L'analyse des signaux relevés est extrêmement sophistiquée, mais grâce au développement technologique, les senseurs utilisés et les softwares pour leur traitement, il est possible aujourd'hui d'obtenir des résultats qui représentent l'état réel de la conduite et qui permettent de juger de l'importance des éventuelles anomalies.

Aussi pour les inspections réalisées de la partie interne des conduites, la fréquence a été établie en fonction de l'état initial de la conduite et de son évolution dans le temps ; pour ce qui concerne les paramètres relevés lors de telles inspections, l'intégrité totale initiale des conduites et l'absence de phénomène de corrosion a permis de porter à 7/8 ans l'intervalle de temps entre les contrôles en question tout en restant dans des limites de mesure largement conservatoires.

L'état actuel des conduites est excellent

La mise en place des conduites sous marines est intervenue comme déjà indiqué en deux phases, d'abord la première ligne au début des années 1980, ensuite le doublement au début des années 1990. Au cours de leur pose, dans la période qui a immédiatement suivi et depuis leur mise en service, des interventions ont été rendues nécessaires pour assurer leur stabilisation. Par contre, il n'a pas été nécessaire de procéder à des interventions particulières ultérieures pour garantir la fiabilité du fonctionnement du gazoduc.

En effet, les supports installés pour soutenir les tronçons en portée libre de longueur excédant les limites admises, les matelas d'alourdissement et les tas de pierres mis en place pour assurer la meilleure stabilité possible des conduites au fond de la mer en zones potentiellement instables, ont montré leur efficacité dans le temps et qu'ils ont bien assuré leur fonction. En fin de compte, pour assurer des conditions optimums de transport de gaz, un nombre limité d'interventions de stabilisation des conduites a été effectué seulement au cours des deux premières années d'exploitation.

L'état de conservation des conduites sous marines se révèle aujourd'hui excellent. Leur position au fond de l'eau est désormais stable : les changements du fond marin, les poussées dues au courant marin, les sollicitations de dilatation thermique ou de pression exercée par le gaz restent sans effet sur les conduites.

Les revêtements externe et interne, répondant à des caractéristiques précises et installés dès la mise en exploitation, ont permis d'éviter l'apparition du processus de corrosion dans l'acier des conduites ; de plus, le fonctionnement correct du système de protection cathodique au moyen d'anodes de zinc et l'absence de produits corrosifs dans le gaz transporté ont été des facteurs déterminants.

Durant leur vie, les conduites ont été l'objet d'interactions avec des activités maritimes, essentiellement de pêche et de pose de câbles téléphoniques le long de leur tracé. Mais la présence d'un revêtement externe résistant d'une part, en particulier du ciment dans la zone où une telle interférence est concentrée, et d'autre part les relations étroites entretenues sous forme d'accords et de contacts avec les sociétés et opérateurs exerçant dans le secteur maritime, ont permis d'en limiter les conséquences à des effets négligeables.

Adopté au début de l'exploitation et correctement appliqué dans le temps, un contrôle adéquat de l'état des conduites et un entretien méthodique des terminaux reste une démarche essentielle pour assurer la meilleure conservation du gazoduc.

La réalisation et l'exploitation de la partie sous-marine du gazoduc Enrico Mattei a permis de développer et d'engager des travaux d'inspection et de contrôle sous-marins sophistiqués qui étaient l'apanage de rares sociétés dans le monde. Les données précieuses accumulées sur son état et sur celui des fonds marins et de son environnement, au cours de plus d'un quart de siècle de fonctionnement ont beaucoup apporté aux communautés hydrographique et maritime et aux institutions de recherche spécialisées.

Conclusion

Sur un plan géostratégique, le Transmed est une belle œuvre de coopération méditerranéenne et l'Algérie peut se prévaloir d'avoir adopté des solutions tendant à renforcer les relations maghrébines d'une part, à développer la coopération entre le Maghreb et l'Europe d'autre part.

Incontestablement, l'association paritaire conçue dès la fin des années 1960 pour assurer le transport du gaz dans le Détroit de Sicile constitue une idée originale, une innovation remarquable pour l'époque, surtout pour un pays en développement nouvellement indépendant, une initiative audacieuse susceptible d'ouvrir à l'Algérie des perspectives dans l'offshore international, à condition de participer activement à la conception, la réalisation et l'exploitation d'un gazoduc sous-marin, projet considéré alors comme une première mondiale.

Sur un plan commercial, l'objectif principal recherché par les concepteurs et les initiateurs de l'accord général de 1973 - exportation du gaz naturel de Hassi -R'Mel en Italie par gazoduc - est largement atteint. L'Italie est le premier partenaire gazier de l'Algérie dont elle dépend pour ses importations dans une proportion considérable (environ le tiers)

Ces exportations procurent à notre pays des ressources en devises importantes et un excédent commercial non négligeable avec un pays qui était devenu, au début de la décennie 90, le premier partenaire commercial.

Sur le plan technique, la réalisation du Transmed qui a coûté plus de 1,1 milliard de US$ constitue une performance de premier ordre. Néanmoins il faut reconnaître, en toute humilité, qu'il s'agit principalement d'une œuvre du groupe Eni lequel a distribué les rôles entre ses différents opérateurs (Snam pour la maîtrise d'ouvrage, SnamProgetti pour l'engineering et la supervision, Saipem pour la réalisation des ouvrages). Il serait illusoire de penser que la réalisation technique est une œuvre commune Sonatrach - Eni, même si quelques ingénieurs algériens détachés ont eu à intervenir de façon ponctuelle sur quelques problèmes techniques particuliers.

S'il est légitime de se féliciter de ce que ce grand ouvrage fonctionne sans incident notable depuis un quart de siècle, on peut tout de même regretter qu'un projet de cette ampleur, dont la réalisation en deux phases a duré une quinzaine d'années, n'ait pas donné lieu, du côté algérien, à une accumulation méthodique et organisée de connaissances et de technologie, qui aurait pu servir de point de départ à la maîtrise d'une technologie nouvelle, à savoir l'ingénierie et la construction des canalisations sous-marines, aujourd'hui en pleine expansion dans le monde, notamment en Méditerranée.

La boucle électrique et le marché euro-méditerranéen de l'électricité

L'énergie est incontestablement le domaine dans lequel l'interdépendance des pays de la zone euro-méditerranéenne est la plus profonde et la plus stratégique. Traditionnellement, cette coopération s'est bâtie essentiellement autour des approvisionnements pétroliers et gaziers dont la constance et la sécurité ont été assurés grâce à la construction d'infrastructures nombreuses et fiables. Mais, les ressources en hydrocarbures sont concentrées dans un nombre très limité de pays (Algérie, Egypte, Libye).

Aussi, on ne peut que se féliciter que, depuis quelque temps, de nouvelles formes de coopération soient initiées, notamment dans le secteur des énergies renouvelables (solaire et éolien principalement), qui intéressent un nombre plus grand de pays du Sud de la Méditerranée et qui établissent des liens solidaires plus équilibrés.

Il en est ainsi du projet gigantesque que les compagnies électriques du bassin méditerranéen mettent laborieusement en œuvre depuis près de deux décennies, qui consiste à relier tous les réseaux électriques de l'ensemble des pays entourant la Mer Méditerranée, depuis le Maroc jusqu'à l'Espagne, en traversant sur des milliers de kilomètres le Maghreb, le Mashreq et la Turquie au Sud et à l'Est, la Grèce, l'Italie et la France au Nord, l'objectif final de cette construction inédite étant la mise en place de marchés euro-méditerranéens de l'électricité et du gaz.

Cet article[1] se propose de faire le point de la situation sur le plan technique et institutionnel, après avoir rappelé les différentes étapes de cette grandiose réalisation, qui pourrait ouvrir la voie à un grand marché euro-méditerranéen de l'électricité.

---

[1] Texte de la Conférence au 8e Séminaire Pétrolier et Gazier International, Paris, 5 décembre 1995 sous le titre « *Les interconnexions électriques autour du Bassin Méditerranéen et leur impact sur le renforcement des relations Euro-Arabes* », mis à jour dans *Medenergie* n° 36 – Septembre 2011

Réseaux électriques et avantages des interconnexions

Le réseau constitue la colonne vertébrale du système électrique et, souvent, lorsque des défauts d'alimentation électrique, voire des blackouts se produisent, ils sont le fait d'incidents de réseau plutôt que d'une insuffisance de la capacité de production. C'est une réalité que le citoyen, même s'il dispose d'une source de production locale ou décentralisée, ne se sent en sécurité que lorsqu'il est raccordé à un réseau général.

Cela explique que, dans l'ensemble de la Planète, les réseaux électriques aient connu une tendance constante à se développer, à s'étendre et à se rejoindre pour former des ensembles de plus en plus vastes, reliés entre eux, ou plutôt "interconnectés", pour utiliser le jargon technique des électriciens.

Rappelons qu'on appelle interconnexion électrique une liaison entre deux réseaux électriques qu'ils soient nationaux, régionaux ou internationaux généralement synchrones (fonctionnant à une fréquence de 50 ou 60 hertz). Une liaison entre deux réseaux asynchrones nécessite une interconnexion à courant continu plus complexe et plus onéreuse à mettre en œuvre.

Comme chacun sait, l'électricité ne se stocke pas, elle doit être produite en temps réel, c'est-à-dire au moment même où elle est consommée. Elle est ensuite transportée et distribuée dans un réseau. La mise en commun d'un grand nombre de consommateurs permet de rendre leur comportement statistiquement prévisible sous la forme d'une courbe de charge. D'autre part, par la mise en parallèle de plusieurs unités de production, on peut s'affranchir des conséquences de leurs possibles défaillances en augmentant les réserves et en mutualisant les risques.

Ainsi, en assurant cette double mise en parallèle, le réseau d'interconnexion peut former un système intégré production-transport-consommation et surmonter l'obstacle lié à cette caractéristique particulière de l'électricité, qui la distingue d'autres fluides comme le gaz ou l'eau, pour lesquels le stockage est possible.

En outre, la mise en parallèle de systèmes de production-transport-consommation permet de réaliser des économies supplémentaires en tirant parti, par des importations-exportations, des différences de prix à la production dans les diverses zones ou des décalages horaires entre les pointes de consommation des différents pays ou entre la différence des weekends.

Ainsi, au Maghreb, par exemple, les compagnies peuvent tirer profit du décalage entre les courbes de charge, le dimanche étant jour ouvrable en Algérie, donc à forte charge alors que l'activité est ralentie en Tunisie et au Maroc. De sorte que l'interconnexion apporte à la fois un avantage technique sur la sécurité d'alimentation et un avantage économique sur les coûts de production.

Considérée comme stratégique par la plupart des Etats en Europe et autour du bassin méditerranéen, même si aujourd'hui cette conception semble évoluer, la production, le transport et la distribution de l'électricité produit essentiel pour la vie, ont été confiés à des compagnies essentiellement publiques, qui ont veillé jalousement à assurer leur autonomie ou l'autosuffisance nationale.

Néanmoins, très tôt, des liaisons importantes se sont développées au sein d'une région, en raison du sentiment d'appartenance à un ensemble politico-économique ou, tout simplement, en raison des avantages procurés par l'interconnexion des réseaux électriques parmi lesquels on peut citer: amélioration de la sécurité d'alimentation en apportant un soutien additionnel extérieur en cas de défaillance ; réduction des coûts d'exploitation grâce à une meilleure utilisation des équipements les plus adaptés, et/ou les plus performants ; économie d'investissement en profitant des décalages horaires, des différences de weekend end et des pointes de consommation et en partageant les réserves tournantes ; optimisation des investissements en planifiant en commun les nouveaux moyens de production de taille importante, ce qui procure des économies d'échelle, et en les construisant sur des sites choisis à moindre coût de production.

L'interconnexion des réseaux électriques européens

Les électriciens européens, précurseurs de l'UE

Il en est ainsi en Europe où, pour des raisons historiques, le réseau électrique a été principalement construit sur des bases nationales, ou même locales. Mais, juste après la guerre, un des premiers actes de reconstruction des pays européens fut d'interconnecter leurs réseaux nationaux, selon le principe de solidarité énergétique et le processus s'est accéléré pour former des ensembles régionaux reliés au moyen de lignes de transport à très haute tension (THT).

C'est sur cette base d'interconnexion que l'Union européenne a décidé de construire un marché intérieur de l'énergie, dont les prémices, qui remontent aux origines de la construction européenne, furent la déclaration de Messine en 1955 dans laquelle les ministres se sont mis d'accord, en particulier, sur un objectif *"d'établissement d'un réseau européen de lignes électrifiées"*.

Le réseau actuel de l'Union pour la coordination du transport de l'électricité UCTE[1] résulte de la mise en parallèle à partir des années 50 de ces systèmes nationaux grâce à la construction de lignes transfrontalières à THT (400 kV). Il est évident que l'interconnexion des réseaux européens améliore la sécurité d'approvisionnement électrique de l'Union européenne en général et de chacun des Etats membres en particulier.

Il existe une solidarité entre les réseaux électriques, les liaisons transfrontalières assurant les échanges d'électricité entre pays. Initiées avant la guerre pour garantir la sécurité d'approvisionnement des pays européens, ces interconnexions ont eu pour objectif premier d'assurer un secours mutuel entre les compagnies d'électricité : la défaillance d'une unité de production peut être compensée par d'autres installations disponibles dans un des pays voisins.

Ainsi, dans le cas de situations exceptionnelles, par exemple dans le cas d'une consommation record ; comme celle que la France a vécue fin février 2005 ou dans le cas de canicule limitant la production comme en août 2003, les interconnexions ont permis de faire venir de l'électricité produite par les partenaires européens.

---

[1] L'UCTE (anciennement Union pour la coordination de la production et du transport de l'électricité et devenue UCTE suite à la directive de l'UE exigeant la séparation de la production et du transport) est l'organisme de coordination de l'exploitation entre les gestionnaires de réseaux de transport de l'Europe continentale

Toutefois, les incidents survenus sur les réseaux européens qui ont entraîné des blackouts dans certains pays, comme en Italie le 28 septembre 2003 et en Allemagne mais qui ont engendré des perturbations dans d'autres pays de l'Union européenne et même au-delà (la panne électrique européenne du 4 novembre 2006 a été ressentie au Maghreb jusqu'en Tunisie) ont mis en évidence la nécessité d'améliorer encore la sécurité des systèmes électriques européens interconnectés, de façon à s'adapter aux évolutions de la production et de la consommation dans le nouveau contexte d'ouverture des marchés de l'électricité.

Tirant les enseignements des différents incidents et de l'état d'avancement de l'ouverture du marché de l'électricité, la Commission européenne a formulé dès septembre 2007 des propositions qui ont été adoptées dans son 3ème paquet énergie dans deux directions principales:

- le renforcement des interconnexions au sein de l'Union de l'ordre de 10% par rapport à la capacité maximale de transfert de puissance programmée. Dans ce cadre, la Commission a décidé : l'adoption d'un plan d'interconnexion pour améliorer les investissements dans le réseau européen et pour rationaliser les procédures d'approbation sur base des mécanismes suivants ; la désignation de coordonnateurs européens chargés de suivre les quatre projets les plus importants, notamment l'interconnexion électrique entre la France et l'Espagne ; la promotion de procédures d'autorisation simplifiées et harmonisées pour les nouveaux ouvrages d'intérêt européen.

- Le renforcement de la coordination entre les gestionnaires de réseaux de transport grâce notamment à la création d'une association européenne des GRT ou gestionnaires des réseaux de transport d'électricité (European Network of Transmission System Operators for Electricity ou « ENTSO-E ») dont l'action sera déterminante pour accélérer la mise au point de codes communs afin d'établir des marchés de l'électricité fiables et efficaces au niveau paneuropéen et régional. Cette structure favorisera la coopération entre gestionnaires de réseaux dans un certain nombre de domaines clés, tels que la mise au point de codes de réseaux techniques et commerciaux et la coordination de l'exploitation des systèmes et du développement des réseaux, pour une meilleure intégration du marché européen de l'électricité.

Cette organisation regroupe quatre associations régionales : ATSOI pour l'Irlande, UKTSOA pour le Royaume-Uni, Nordel pour les pays nordiques et UCTE pour les pays continentaux de l'Europe centrale et occidentale. Les adhérents sont les 34 gestionnaires de réseaux électriques des 25 pays de l'Union européenne auxquels s'ajoutent la Norvège et la Suisse.

Il s'agit d'un ensemble qui alimente une population de 400 millions d'habitants correspondant quasiment à l'ensemble de la zone interconnectée et qui fournit environ 3000 TWh par an.

Les limites de l'interconnexion

Si l'interconnexion de réseaux entre pays voisins présente autant avantages, il est légitime de se poser la question : existe t-il des limites à l'interconnexion ? Oui, naturellement, on ne peut prolonger des réseaux à l'infini sans mettre en péril la sécurité d'alimentation. En Europe où la population est dense, le territoire est pleinement occupé et les réseaux quadrillent complètement le territoire (on dit que le réseau est « maillé »), si bien que le coût des interconnexions à construire pour parachever la liaison existant entre deux réseaux déjà constitués est en général assez faible par rapport aux avantages qu'elles procurent.

Ainsi, certaines interconnexions internationales parmi les plus anciennes dans l'UCPTE ne dépassent guère la dizaine de kilomètres. L'interconnexion des réseaux européens a toujours été réalisée en courant alternatif (CA) si bien que la zone de synchronisme s'étend jusqu'à la mer et même dans la mer. En effet, comme le montrent les nombreux exemples existants, les détroits peuvent être franchis par des câbles sous-marins à courant continu (Pas de Calais, Kattegat) ou, plus rarement, à courant alternatif (Gibraltar)[1].

Il n'en est pas de même en Amérique où il existe de vastes zones peu peuplées, dans certains pays du Sud de la Méditerranée avec des zones à très faible densité de consommation, voire désertiques à

---

[1] L. Tourres et M. Bendaace « *La boucle électrique Circum-méditerranéenne et le marché méditerranéen de l'électricité* » in *Medenergie* N°1 – Octobre 2001

l'instar de la Libye (Il faut rappeler que 95 % du territoire égyptien sont désertiques et que 95 % de la population de l'Algérie habitent dans le Nord, entre les montagnes de l'Atlas et la mer).

Par conséquent, théoriquement, il n'existe pas de contraintes techniques à l'extension des interconnexions et à l'agrandissement de la zone de synchronisme à la demande des pays situés en bordure du système. Il en est ainsi du projet de renforcement de l'interconnexion entre les réseaux de la Russie, de l'Ukraine, des Pays Baltes avec ceux de l'UCTE.

Néanmoins, les pays situés au cœur du système, déjà interconnectés depuis longtemps avec tous leurs voisins ne profitent guère, quant à eux, de ces extensions périphériques car le transport de l'électricité, assez onéreux, se limite à un parcours qui dépasse rarement le millier de kilomètres. Le coût du transport de l'électricité augmente en effet avec la distance alors que la valeur ajoutée par ce transport n'augmente pas.

Ainsi, le transport à grande distance de l'électricité n'est économiquement justifié que si le coût de production au départ est faible et ce transport se fera alors de façon massive pour réduire son coût unitaire. En d'autres termes, le transport de l'électricité est, en général, plus coûteux que celui de l'énergie primaire (sauf dans le cas de gisements énergétiques hydrauliques ou charbonniers très éloignés des lieux de consommation, pour lesquels le vecteur électrique est la seule solution). Et cela est particulièrement vrai lorsqu'il s'agit d'un transport à très longue distance et en quantités massives : le transport du gaz naturel algérien en Europe coûte moins cher que celui de l'électricité.

De plus, sur le plan de l'exploitation, les grands transports d'électricité sur de grandes distances peuvent dégrader la stabilité s'ils sont effectués en courant alternatif. Même dans le cas de transports à courant continu, ils imposent la mise sur pied de procédures de coordination de la sécurité et des transits entre des pays éloignés qui restent toujours difficiles à mettre en œuvre, même avec des moyens modernes de traitement et de transmission de l'information.

De grands espoirs naissent aujourd'hui avec les Smart Grids appelés « réseaux intelligents » développés pour la première fois aux USA. Pour l'instant, les sujétions d'exploitation expliquent les appréhensions, voire les réticences de certains pays vis à vis d'extensions de la zone de synchronisme : ils redoutent des répercussions néfastes sur leur propre réseau, surtout si l'interconnexion ne leur apporte pas d'avantages immédiats et substantiels.

Sur le plan économique, il faut souligner que les projets d'investissement, surtout lorsqu'ils concernent des infrastructures de base, ne sont pas décidés uniquement en fonction des résultats d'un strict calcul économique car celui-ci prend difficilement en compte leurs retombées de tous ordres sur le développement industriel.

Dans le cas des interconnexions, au-delà de l'intérêt technico-économique, il existe également des retombées sociales et politiques au sens large : l'interconnexion internationale contribue au rapprochement des peuples, au développement de solidarités et de concurrences transfrontalières, à l'intégration des économies, tous éléments qui sont à la base de la constitution d'unions politiques.

Aussi, on peut affirmer que les électriciens européens ont été, dès les années 1950, parmi les précurseurs d'une Union européenne et que les électriciens maghrébins ont été, dans les années 70, parmi les pionniers de l'Union du Maghreb arabe.

La coopération électrique maghrébine, pionnière de l'UMA

Le Comelec, un instrument efficace de l'intégration maghrébine

Bien avant la constitution de l'Union Maghreb Arabe (UMA) intervenue le 17 Février 1989, les dirigeants des trois entreprises publiques d'électricité d'Afrique du Nord, l'Office national de l'électricité (ONE, Maroc), la Société nationale de l'électricité et du gaz (Sonelgaz, Algérie), la Société tunisienne de l'électricité et du gaz (STEG, Tunisie) ont décidé, en juin 1973, la création du Comité maghrébin de l'Electricité (Comelec).

Les deux autres compagnies n'ont pas tardé à les rejoindre (Sonelec - Mauritanie et Gecol - Libye), formant ainsi le groupe spécialisé le plus ancien de l'U.M.A., dont les missions consistent à promouvoir et coordonner, à l'échelle maghrébine et vis à vis des institutions internationales, les relations sur les plan technique, économique, commercial, industriel, du management, de la formation et des relations sociales.

Dès le début, des actions concrètes et efficaces ont été conduites selon les axes suivants: renforcement des lignes d'interconnexion et développement des échanges électriques avec pour finalité d'assurer une solidarité des réseaux tout en évitant les risques de propagation d'incidents graves; réalisation des interconnexions ; coordination des programmes d'équipement, étude de projets communs (le projet pompage turbinage de Kasseb en Tunisie, l'étude d'un programme nucléaire commun figurent parmi les projets communs inscrits), diffusion d'un schéma directeur à long terme du réseau maghrébin; élaboration et mise à jour permanente d'une carte du réseau électrique maghrébin, y compris le réseau de distribution impliquant l'alimentation des villages frontaliers à partir du réseau le plus proche et dans les conditions technico - économiques les plus favorables; utilisation commune des structures de formation électriques et gazières; développement des relations humaines, sociales, sportives, etc. ; promotion de l'intégration industrielle maghrébine, de l'intervention des bureaux d'études et entreprises de travaux et de fabrication de matériel électrique du Maghreb, à travers notamment le renforcement de la fonction engineering.

L'échange constant d'informations et l'harmonisation des politiques au sein du Comelec ont crée une dynamique de la généralisation de l'électrification en zone rurale mais aussi urbaine qui a impliqué les Etats et les Entreprises dans la mise en œuvre de mesures vigoureuses et l'allocation de moyens matériels et humains considérables. Il est vrai que, au lendemain de leur indépendance, les pays du Maghreb avaient à rattraper un retard colossal auquel il faut ajouter les effets de la croissance démographique. Ce n'est pas un hasard si le Maghreb figure aujourd'hui parmi les pays les zones les plus électrifiées dans le monde, en particulier en zones rurales.

Près de quarante ans après sa création, le Comelec continue, malgré les pesanteurs politiques, à fonctionner et à œuvrer dans le sens d'une plus grande intégration maghrébine. Et c'est ainsi que les relations commerciales énergétiques entre l'Algérie et le Maroc surent résister aux contingences politiques malgré la crise grave et aiguë qui affecta les deux pays durant l'été 1994.

Il a réussi, à maintes occasions, à surmonter les embûches, les péripéties et aléas politiques qui ralentissent l'avancée significative de l'UMA mais qui, en même temps, sont inhérents à toute construction de cette nature, singulièrement dans une conjoncture marquée par les difficultés et les bouleversements à l'échelle mondiale. N'oublions pas trop vite qu'il a fallu quarante ans et plusieurs crises pour construire l'Europe!

En termes d'évaluation, on peut dire que l'interconnexion maghrébine a procuré des avantages techniques et économiques substantiels : secours instantané de puissance à chacun des réseaux dans des situations difficiles (en cas d'incident d'exploitation, années à faible hydraulicité au Maroc, etc.), la réduction du coût de production par la mise en commun de la réserve tournante, les économies d'investissement comme le passage direct au Palier 150 MW(Le palier est la taille du groupe le plus puissant sur le réseau) sur le réseau tunisien par exemple, etc. ...

Des échanges limités, bien en deçà des capacités

Il reste que les échanges d'énergie se situent à un niveau limité, malgré la progression et que, globalement, l'interconnexion fonctionne bien en deçà de ses possibilités et des espérances. En fait, à l'exception de la période 1991-1994, marqué par un flux relativement important d'échanges, les autres années sont caractérisées par une faiblesse des échanges énergétiques fortement conditionnés par des considérations politiques et le patriotisme exacerbé.

Tableau 1 - Interconnexions électriques au Maghreb et Maghreb – Europe

Du Pays A	de la S/station A	au Pays B	à la s/station B	Type CA/CC	Tension [kV]	Capacité (MW)	Date de MES	Etat
Algérie	Ghazaouet	Maroc	Oujda	CA	225	260	1988	opérationnelle
Algérie	Tlemcen	Maroc	Oujda	CA	225	260	1992	opérationnelle
Algérie	Hassi Ameur	Maroc	Bourdim	CA	2x400	2x1400	2009-2010	opérationnelle
Algérie	Djebel Onk	Tunisie	Metlaoui	CA	150	150	1984	opérationnelle
Algérie	El Aouinet	Tunisie	Tajerouine	CA	225	260	1984	opérationnelle
Algérie	El Aouinet	Tunisie	Tajerouine	CA	90	90	1964	opérationnelle
Algérie	El Hadjar	Tunisie	Fernana	CA	90	90	1964	opérationnelle
Algérie	El Hadjar	Tunisie	Jendouba	CA	400 (exploité à 220kV)	2x1000	2005-2010	opérationnelle
Algérie		Libye					à l'étude	opérationnelle
Maroc	Mellousa	Espagne	Tarifa	CA	400	1400 MW	1996	opérationnelle
Maroc	Mellousa/2	Espagne	Tarifa/2	CA	400	960	2006	opérationnelle
Tunisie	Medenine	Libye	Abukamash	CA	220	2x620	2003*	terminée, attente de mise en service
Tunisie	Tataouine	Libye	Rowis	CA	220	620	2003*	" "

Source: Cahiers du Plan Bleu 6,"Infrastructures et développement énergétique durable en Méditerranée : Perspectives 2025"

En effet, on constate que les interconnexions algéro - tunisiennes n'ont enregistré à fin 2001 dans les deux sens que 5873 GWh soit à peine l'équivalent de 20 MW d'échange permanent et représentant un taux d'utilisation de 5 % de leur capacité totale. Les échanges d'énergie entre l'Algérie et le Maroc totalisent pour leur part, depuis la mise en service en 1988 de la première interconnexion et à fin 2001, 6131 GWh soit l'équivalent d'un échange permanent de 64 MW et représentant un taux d'utilisation de 16 % de la capacité disponible des interconnexions.

Cela n'a pas empêché les compagnies électriques de poursuivre le renforcement de l'interconnexion électrique avec des lignes à THT (400 kV) dans la perspective de la mise en place d'un marché régional de l'électricité qui permettra, sans aucun doute, d'optimiser les ressources et le potentiel considérables capitalisés au Maghreb. C'est ainsi que Sonelgaz et ONE ont annoncé avoir procédé, le 29 septembre 2009, à la mise sous tension de l'interconnexion électrique en 400 kV entre les réseaux électriques algérien et marocain.

Cette nouvelle liaison entre les deux pays "*conforte les liens traditionnels qui existent déjà de longue date en matière de coopération dans le domaine de l'énergie électrique*", tout en permettant également de "*faciliter les échanges électriques en renforçant davantage la sécurité du système électrique et en sécurisant l'approvisionnement en énergie des deux pays*", ont déclaré les deux sociétés dans un communique commun.

Sur un plan plus général, les interconnexions sur le réseau maghrébin s'insèrent dans le cadre de la boucle électrique méditerranéenne[1] et du marché euro-méditerranéen de l'électricité, confirmant ainsi le rôle structurant du secteur de l'énergie dans le cadre du partenariat euro-méditerranéen. A cet égard, il faut souligner le rôle primordial joué par le Comelec sein des institutions homologues du bassin Méditerranéen. Il a contribué à la constitution de l'Union arabe des producteurs, transporteurs et distributeurs d'électricité, organisme au sein duquel il a une influence notable. Dans l'étude du système électrique méditerranéen Systmed[2], il a résolument pris en charge la partie occidentale tout en suivant activement l'ensemble du projet.

On peut même considérer que l'expérience ancienne et, dans une certaine mesure réussie, de la coopération maghrébine dans le domaine électrique ainsi que l'intensité des relations entretenues de longue date entre les entreprises publiques concernées des deux côtés du Bassin méditerranéen et les institutions spécialisées, comme l'Unipede[3] et la Cigre[4], ont constitué des éléments déterminants dans la réflexion sur les échanges d'électricité dans l'ensemble de la Région et sur les importants projets et réalisations qui ont découlé de cette réflexion commune.

---

[1] H. Persoz et E. Nogaret « *Les interconnexions électriques autour du bassin méditerranéen* » in *Revue de l'énergie*, août/septembre 1992

[2] Systmed: groupe d'experts internationaux créé par l'Unipede en1992, suite à la demande de Medelec, chargé d'étudier un schéma de cohérence des interconnexions autour du bassin méditerranéen pour l'horizon 2010. Les résultats de cette étude qui a pris fin en 1997 ont servi d'entrées à l'étude Medring (Systmed est devenu un groupe permanent d'Eurelectric).

[3] Unipede: Union des producteurs et distributeurs d'électricité, est devenue Eurelectric (Union de l'industrie électrique) ayant son siège à Bruxelles

[4] Cigre: Comité international des grands réseaux électriques

Situation du secteur de l'électricité dans le Bassin méditerranéen

La région méditerranéenne apparaît comme privilégiée sur le plan énergétique en raison des ressources importantes qu'elle renferme et des traditions anciennes de coopération développées entre les différents acteurs. Par référence aux standards internationaux, la situation du secteur de l'électricité présente des caractéristiques normales, comparables à celles des autres régions du monde. La part de la capacité installée (11,4% de la capacité mondiale) et de l'énergie produite (10,4%) est tout à fait cohérente avec celle de la PIB (12% de la PIB mondiale). En réalité, les résultats pris globalement et les moyennes cachent une situation plus complexe et plus diversifiée.

En effet, si, pour les ressources naturelles, il existe un déséquilibre certain en faveur de certains pays du sud dans lesquels sont localisées les réserves pétrolières et gazières, en ce qui concerne l'électricité, la situation est différente. Produite pour répondre à une demande instantanée parce que non stockable, l'énergie électrique suit le développement et la croissance de la demande est en corrélation directe avec la croissance de la PIB. Par conséquent, elle reflète le niveau de développement du pays et non le niveau de ses richesses naturelles.

Aussi, est-elle plus développée sur la rive Nord que dans le Sud ?

Plus précisément, les pays du nord ont une situation relativement confortable avec une croissance de la production modeste (1,5% par an en moyenne) ; par contre, dans les pays du Sud et de l'Est (PSEM), la consommation per capita est plus faible (dans la proportion de 4 à 1 en moyenne, de 10 à 1 si l'on compare la plus élevée au Nord à la plus basse au Sud) et la demande d'électricité croît à un rythme soutenu (5% par an en moyenne), ce qui est logique car il s'agit pour eux d'essayer de rattraper un gros retard de développement comme pour tous les pays en développement, y compris l'Inde et la Chine.

Une telle évolution implique : une augmentation de la production de 258% (soit près du triplement en 15 ans) ; des besoins importants en nouvelles capacités de production (218 GW[1] sur la période) dont plus de la moitié (119 GW) pour les pays du Sud et de l'Est dont la

[1] 1GW=1gigawatt équivaut à 1 000 MW (mégawatts)

capacité de production devrait doubler pour passer de 105 GW en 2006 à 224 en 2020[1] ; la construction de nouveaux réseaux de transport et de distribution et des programmes conséquents d'électrification rurale.

La production électrique prévue à l'horizon 2020 reste d'origine thermique avec une forte croissance du gaz et une diminution du pétrole, le charbon se maintenant au niveau actuel, et avec une forte croissance de la part des énergies renouvelables (11%, y compris l'hydraulique).

Les pays méditerranéens se distinguent par l'extrême diversité dans la structure de leur parc de production électrique, le choix du combustible dépendant des ressources nationales et, lorsque celles-ci n'existent pas, des traditions établies: la Libye utilise plutôt le pétrole ; l'Algérie, l'Egypte, l'Italie et la Tunisie privilégient le gaz naturel; le Maroc, l'Espagne, la Grèce et la Turquie optent plutôt pour le charbon mais le gaz naturel y prend une bonne place depuis quelques années ; la France et, dans une moindre mesure, l'Espagne sont pour l'énergie nucléaire.

A l'avenir, il est certain que le gaz naturel prendra une part plus grande grâce à ses avantages désormais bien connus et aux potentialités mises en valeur dans la région.

Il faut souligner que, depuis 2007, les PSEM, y compris les pays producteurs, ont pour la plupart signé des accords de coopération en vue de l'introduction du nucléaire pour la production électrique (éventuellement combinée avec le dessalement de l'eau de mer). Cela impliquera, selon toute vraisemblance, l'introduction progressive du nucléaire dans la production électrique des PSEM vers 2025, en commençant par la Turquie et l'Egypte.

Sur la base des estimations de l'OME, les besoins en investissements pour le secteur de l'électricité des PSEM seraient de l'ordre de 450 milliards de US$ d'ici 2020 dont 60% seraient alloués à la production, 25% au transport et 15% à la distribution.

Leurs ressources financières internes étant limitées, les PSEM ont engagé, des réformes plus ou moins profondes dans l'organisation du

---

[1] OME, Mediterranean Energy Perspectives 2008

secteur électrique depuis le début des années 1990, à l'effet d'attirer l'investissement étranger. En fait, les nouvelles lois relatives à l'électricité dans la plupart des PSEM visent à promouvoir le développement de projets de production d'électricité par des intervenants internationaux et/ou locaux. En réalité, il n'y a pas véritablement de potentialités locales et les projets IPP[1] n'ont pas produit les effets escomptés, en raison de difficultés de financement.

La conséquence est que, pour l'instant et malgré l'adaptation de la législation, le secteur étatique reste le plus important investisseur dans le secteur de l'électricité, à l'exception du Maroc. En effet, la région méditerranéenne a, jusqu'ici, connu un succès relativement moindre que d'autres régions du monde quant à l'attraction des capitaux privés dans le secteur de l'énergie. Mais l'évolution du contexte global pourrait modifier cette situation, surtout si les pays hôtes disposent de systèmes législatifs stables et attractifs et participent aux accords qui contribuent à la transparence des marchés.

La concrétisation d'objectifs aussi ambitieux pose, outre les problèmes du financement, le défi redoutable du développement technologique et du renforcement des capacités d'études, de construction, de maintenance et d'exploitation, à travers la mise en place effective de réseaux de transfert de technologie permettant le développement d'une ingénierie et d'une industrie locales des équipements électriques pratiquement inexistante aujourd'hui dans les pays du sud.

Les pays du sud de la Méditerranée, qui avait un retard considérable en matière d'accès à l'électricité, notamment en zones rurales, ont réalisé, au cours des trente dernières années, des programmes volontaristes importants de généralisation de l'électrification, comportant des réseaux de distribution mais aussi des moyens de production décentralisés (Diesel, solaire photovoltaïque, etc.), portant ainsi le taux d'électrification à un niveau élevé, aujourd'hui quasiment égal à celui des pays du nord pour le Maghreb par exemple.

[1] IPP (Independent Power Production ou production privée d'électricité)

La boucle électrique méditerranéenne, facteur de paix et de développement

Figure 1 - La boucle électrique méditerranéenne

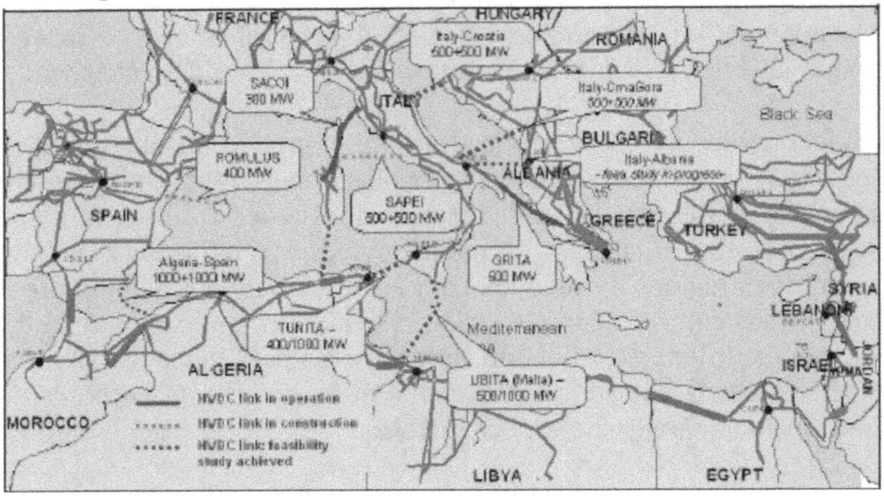

Photo Plan Bleu, 'Infrastructures et développement énergétique durable en Méditerranée : Perspectives 2025"

En ce qui concerne les infrastructures de transport, avec l'achèvement des projets en cours, les pays du Sud et de l'Est de la Méditerranée seront reliés entre eux et à l'Europe dans le cadre de la boucle électrique autour de la Méditerranée Medring[1]. On désigne sous ce vocable l'étude menée sous la supervision du groupe Systmed et dont le but est d'approfondir notamment les résultats de l'étude effectuée par ce groupe et d'évaluer les bénéfices éventuels apportés par un marché libre de l'électricité. L'étude devra également définir les mesures à prendre pour éviter la transmission de perturbations d'une région à l'autre et analyser en détail le fonctionnement des interconnexions probables en 2010.

Les études engagées ont confirmé la faisabilité future d'un système électrique euro-méditerranéen synchronisé, mais la concertation se poursuit au sein du comité méditerranéen de l'électricité (Medelec)[2] à

[1] G. Manzoni : *The Mediterranean Ring* EC Conference " The development of the European networks " Berlin 11-12 December 1997

[2] Medelec regroupe les pays riverains de la Méditerranée membres d'Eurelectric, de l'UCTE, du Comelec (Maghreb), UPDEA (pays africains), UAPTDE (pays arabes)

l'effet d'étudier son opérationnalité, c'est à dire l'intérêt et les conditions d'un fonctionnement coordonné des systèmes électriques nationaux et de définir un cadre de cohérence au sein duquel chaque opérateur, tout en respectant les règles communes, préserve la liberté de ses choix pour le développement de son propre système. Autant de conditions à réunir pour un fonctionnement continu, stable, efficace et solidaire des interconnections et pour la mise en place de marchés régionaux d'électricité.

Pour apporter des réponses pratiques à ces questions, Medelec a mis sur pied deux " groupes de dialogue Nord-Sud " traitant respectivement de la maîtrise et de la compensation des flux de puissance le long de la boucle ainsi que des principes de réglage fréquence-puissance. Ces groupes tirent parti des résultats déjà obtenus par le groupe Systmed et sur l'étude " Mediterranean Ring " (Medring) (étude en cours cofinancée par la Commission européenne et les compagnies électriques) destinée à approfondir certains points mis en évidence dans Systmed. On peut espérer que ce travail commun sur des questions inédites aboutisse à une solution qui soit le fruit d'un transfert de connaissances réciproque entre Nord et Sud.

La réalisation de la boucle électrique autour de la mer méditerranée constitue indéniablement un facteur de paix et de développement pour la région[1]. Il s'agit de l'un des sept projets financés par le programme MEDA dans le secteur énergétique dans le cadre du processus de Barcelone et probablement celui dont la portée est la plus symbolique. Il est aussi au cœur des projets énergétiques concrets par lesquels l'Union pour la Méditerranée peut prendre forme.

Aujourd'hui, il existe quatre sous-ensembles autour de la Méditerranée dans un état de liaison (ou d'intégration) plus au moins avancé mais il n'y a pas encore de continuité électrique sur l'ensemble de la chaîne:

1. Dans les pays de l'Europe méditerranéenne, entre l'Espagne et la Grèce, l'interconnexion entre les réseaux électriques existe et les échanges sont réalisés dans le cadre de l'UCTE qui connecte les 25 pays européens auxquels s'ajoutent la Norvège et la Suisse ;

---

[1] M. Derdevet, « *L'Europe en panne d'énergie – Pour une politique énergétique commune* », Descartes & Cie, Paris 2009

2. Au Sud-ouest de la Méditerranée (Maghreb), l'interconnexion existe entre le Maroc, l'Algérie et la Tunisie et fonctionne en mode synchrone depuis longtemps. Les échanges sont réalisés dans le cadre du Comelec, regroupant les entreprises publiques des 5 pays membres de l'Union du Maghreb Arabe (UMA). La liaison Tunisie - Libye existe mais ne fonctionne pas pour des raisons techniques qui seront explicitées dans la suite. Par contre, le réseau maghrébin est synchroniquement connecté au réseau européen depuis 1997, date de la mise en service du premier câble sous-marin entre le Maroc et l'Espagne. Un deuxième câble a été posé depuis lors et le renforcement de l'interconnexion entre les pays du Maghreb a été parachevé en 2009

3. Sur le flanc Sud-est de la Méditerranée (Machreq), des liaisons existent entre la Libye et l'Egypte, entre l'Egypte, et la Syrie d'une part, la Jordanie, le Liban et la Turquie d'autre part. Ces liaisons sont insuffisantes et il n'y a pas un ensemble électrique cohérent dans cette zone.

4. La Turquie a formulé en 2000 une demande officielle de raccordement à l'UCTE. Des études menées par l'UCTE ont montré la faisabilité de l'interconnexion du réseau turc avec les réseaux européens, à travers la Bulgarie et la Grèce en utilisant les lignes existantes dès 2009. Une intense activité d'alignement du système turc sur les standards de l'UCTE a été entreprise suivie d'une batterie de tests de raccordement synchrone, le test en vraie grandeur étant prévu en 2010. A l'issue de ces tests, une décision sera prise quant au caractère synchrone ou asynchrone du raccordement.

Une fois achevée, la boucle méditerranéenne devra permettre de relier Gibraltar à Istanbul en passant, soit par l'Europe, soit par l'Afrique du Nord, le Proche Orient et la Turquie, ce qui représente une liaison de 8000 km de long. Cette boucle ne manquera pas d'accroître les possibilités de secours entre pays voisins en cas d'urgence, de mieux optimiser les différents plans de production et d'augmenter, dans un contexte de libéralisation du transport d'électricité, les échanges commerciaux entre systèmes électriques contigus.

En réalité, le problème est plus complexe et les conditions de fonctionnement des différents sous-ensembles sont aussi importantes que leurs existences physiques : il ne suffit pas de raccorder bout à bout des réseaux pour avoir une véritable interconnexion avec un fonctionnement stable, efficace et solidaire. Aussi, la réalisation de ce projet se heurte à des difficultés, tant organisationnelles que techniques.

Sur le plan juridique, les systèmes électriques devront s'adapter à la libéralisation du marché de l'énergie et à la séparation des activités de production, de transport et de distribution de l'électricité. Sur le plan technique, la structure et la capacité des réseaux qui entourent la Méditerranée au sud et à l'est sont très différentes du maillage serré des réseaux européens.

Cela s'explique par le fait que les pays européens ont pour la majorité d'entre eux une population dense et assez bien répartie, alors que les pays africains et asiatiques riverains de la Méditerranée ont une superficie bien plus grande pour une population en nombre actuellement similaire, même si celle-ci se répartit essentiellement sur les côtes ou dans les vallées des fleuves. L'expérience européenne a montré, par ailleurs, que la mise en place d'un marché unique ne peut se faire sans un réseau de transport suffisamment développé.

MedRing ou la construction d'un système interconnecté entre trois continents

C'est au début de la décennie 1990 que l'Europe a réellement pris conscience de l'importance croissante de la région méditerranéenne dans la stratégie énergétique des trois continents qui l'entourent. Traversée par des voies de transport d'énergie essentielles, provenant de pays non-européens qui possèdent des ressources énergétiques importantes et une faible demande, vers des pays de l'Union Européenne qui ont une forte demande d'énergie et des ressources moindres.

C'est également le moment choisi par certaines grandes compagnies énergétiques de la région pour créer l'Observatoire méditerranéen de l'Energie (OME) qui devait jouer un rôle essentiel comme cadre de réflexion, d'étude et de concertation sur l'ensemble des questions énergétiques Bans le bassin méditerranéen. Par ailleurs, en 1992 vit le jour l'Association des électriciens méditerranéens Medelec au moment où l'ouverture de voies nouvelles à travers la

Méditerranée pour l'échange d'électricité apparaît comme un élément essentiel pour la sécurité énergétique dans la région.

C'est dans ce contexte que prend naissance le projet qui devait être baptisé « boucle électrique méditerranéenne » ou « MedRing ». Sur la rive sud, on considère un approvisionnement en électricité sûr et efficace comme un ingrédient essentiel pour la croissance économique. Au nord, les pays de l'Union européenne considèrent l'Afrique du Nord comme une source privilégiée de diversification pour les besoins d'énergie de l'Europe, non seulement pour les sources conventionnelles (des réserves gazières et pétrolières en Algérie, en Egypte et en Libye) mais aussi pour le développement des énergies renouvelables (solaire et éolien).

Plus de 55 millions d'euros ont été alloués dans le cadre du programme MEDA au cours des années écoulées pour appuyer l'intégration graduelle des marchés de l'énergie euro-méditerranéens et la BEI a consenti des prêts à concurrence de 2 milliards d'euro pour des d'infrastructures énergétiques dans la région, Dans ce contexte, le projet MedRing apparaît comme fondamental pour l'ensemble de la Région. Il s'agit de relier les réseaux électriques de l'Espagne jusqu'à la Turquie, en passant par le Maroc, l'Afrique du Nord et les autres pays arabes. A partir de la Turquie, le réseau se ferme en boucle sur le réseau européen, via la Grèce ou la Bulgarie.

Un groupe d'experts international nommé Systmed fut créé en 1992 sous l'égide du Comité des grands réseaux et des interconnexions internationales de l'Unipede, de Medelec, de Comelec et de l'UCTE pour donner une vision d'ensemble aux différents projets d'interconnexion dans le Bassin méditerranéen.

Dans le fond, comme en Europe et en Afrique du Nord, les électriciens avaient anticipé la dynamique du partenariat euro-méditerranéen qui devait être lancée plus tard, plus précisément en 1995 à Barcelone, pour " définir un espace commun de paix et de stabilité, construire une zone de prospérité partagée et favoriser la compréhension entre les cultures ainsi que les échanges entre les sociétés civiles ".

Plusieurs études de faisabilité ont déjà été conduites sur le projet. L'étude MedRing (2001-2003), cofinancé par la Commission européenne, a prévu, de manière bien optimiste, la fermeture de l'interconnexion en 2005-06. Elle a aussi recommandé la construction de 10 nouvelles lignes transfrontalières AC, principalement à 500/400 kV, autour du bassin entre 2005 et 2010. Une fois achevée, MedRing accroitrait les possibilités d'échanges d'électricité, à 75 TWh et l'économie d'énergie serait de 12 GWh par an, soit près de 1 milliards d'euro par an. En effet, diverses études ont montré que l'interconnexion réalisée par la boucle méditerranéenne pouvait conduire à des gains de 4 à 5 % sur les coûts de combustible par rapport à une exploitation en réseaux isolés les uns des autres.

En fait, MedRing fait partie de plusieurs projets : l'interconnexion Euro-Maghreb, les liaisons au Maghreb, l'interconnexion Egypte-Tunisie-Libye-Algérie-Maroc (ETLAM), l'interconnexion Egypte-Iraq-Jordanie-Liban-Libye-Syrie-Turquie (EIJLLST) et la liaison Turquie-UCTE. Certaines de ces liaisons forment une partie du Plan d'action EuroMed Energy Action Plan 2008-13

Les projets d'interconnexions électriques en Méditerranée

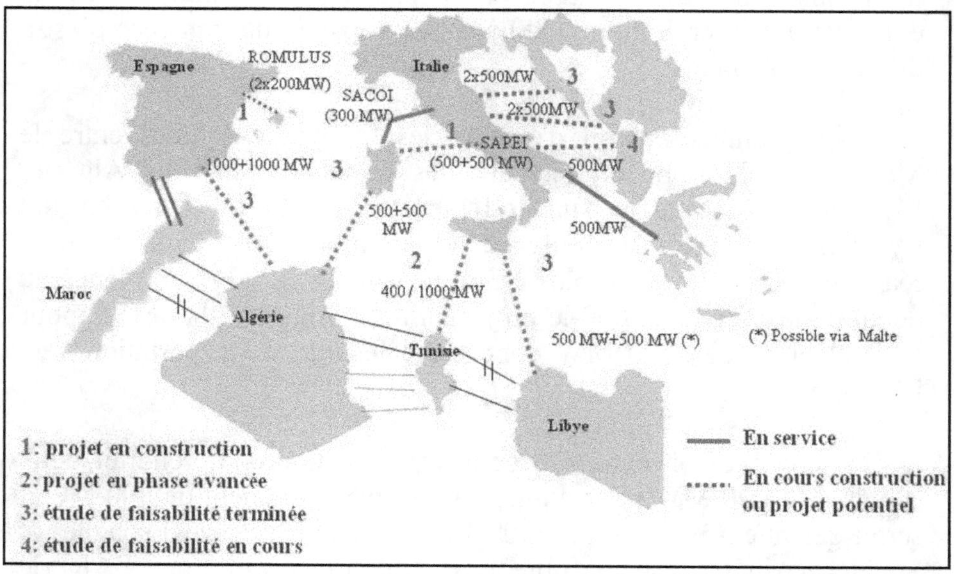

Cahiers du Plan Bleu 6,"Infrastructures et développement énergétique durable en Méditerranée : Perspectives 2025"

Les interconnexions Euro-Maghreb

De nombreuses lignes en 150 kV puis en 220 kV ont été réalisées pour relier les trois réseaux du Maghreb dans les années 1970 et 1980 et l'interconnexion a fonctionné de manière épisodique et à la demande. C'est en août 1997que la première liaison du MedRing a été réalisée, quand le câble sous-marin Espagne - Maroc en 400 kV AC d'une capacité de 700 MW, a été achevé. Ainsi, les réseaux intégrés du Maroc, de l'Algérie et de la Tunisie ont été relié en mode synchrone avec le système UCTE. En juillet 2006, un deuxième câble sous-marin AC a été installé entre l'Espagne et le Maroc, augmentant la capacité à 1.400 MW.

Aujourd'hui, entre l'Espagne et le Maroc, deux câbles de 700 MW chacun, en courant alternatif, sont en service. Il est question d'accroître les capacités de transport de ces deux câbles. Dans cette perspective, un groupe de travail bilatéral entre les autorités espagnoles et marocaines a été mis en place, avec la collaboration de l'Office National de l'Electricité marocain (ONE) et de la *Red Eléctrica de España* (REE), lequel doit proposer la solution la mieux adaptée. Une autre option pourrait être prise en compte, qui consisterait à convertir du courant alternatif au courant continu les liens existants entre le Maroc et l'Espagne (l'utilisation des câbles existants autoriserait alors 3000 MW de capacité de transfert, c'est à dire le doublement)).

Le programme prévoit d'étendre les liaisons existantes entre le Maghreb et l'Europe en incluant des projets de liaisons Algérie-Espagne, Algérie-Italie, Tunisie-Italie et Libye-Italie, toutes en 400 kV. Les études de faisabilité de ces dernières ont été faites et la réalisation est à un stade plus ou moins avancé. L'Algérie a lancé au début de la décennie 2000 le projet intitulé "Algérie 2000 MW" pour la production de 2000 MW dont 1200 destinés à l'exportation vers l'Espagne.

L'interconnexion entre l'Algérie et l'Espagne comprendrait deux câbles de 1 000 MW pour un montant d'investissement de 800 M€ et serait détenue à parts égales (50%) entre RED Electrica (Espagne) et Sonelgaz(Algérie) avec un libre accès aux utilisateurs. Entre l'Algérie et l'Italie, le projet prévoit la construction de deux câbles de 500 MW qui arriveraient en Sardaigne et se connecteraient aux liaisons Italie-Corse et Italie-Sardaigne déjà en service pour un investissement de 700 M€.

De son côté, le gouvernement tunisien a lancé en 2010 le projet Elmed de production en IPP de 1200 MW dont 800 pour l'exportation vers le marché italien via une interconnexion par câble d'une capacité d'environ 1000 MW qui sera réalisée en partenariat entre STEG. (Tunisie) et TERNA (le gestionnaire du réseau italien). Le coût du projet est estimé à 700 M€. Enfin, entre la Libye et l'Italie, il est prévu la réalisation de deux câbles de 500 MW pour un investissement d'environ 900 M€.

Les études préliminaires afférentes à ces différents projets, réalisées par les équipes du cabinet CESI, ont démontré la faisabilité de chacun d'eux[1].

Les interconnexions Maghreb (Projet ETLAM Egypte-Tunisie-Libye-Algérie-Maroc)

Les pays du Maghreb ont aussi renforcé les interconnexions électriques entre eux, surtout en 400 kV, augmentant la capacité d'échanges. Il existe trois lignes entre le Maroc et l'Algérie - deux en 220 kV et deux en 400 kV, la première mise en service en 2006 et la seconde en octobre 2009. L'Algérie et la Tunisie sont connectés par quatre lignes à 90 kV et à 220 kV ainsi qu'une ligne 400 kV, mise en service en 2006. La dorsale en 400 kV qui traverse le Maroc, l'Algérie et la Tunisie fonctionne actuellement en en 220 kV, son passage à 400 kV est prévu d'ici 2011.

L'interconnexion Libye-Tunisie a été achevée en 2003 avec deux lignes en 225 kV.

Entre la Tunisie et la Libye, une première tentative de connexion permanente a été faite le 21 novembre 2005. Elle visait à mettre en synchronisme tous les pays européens et les pays du Sud du Maroc à la Syrie. Cette tentative a du être abandonnée en urgence, car on se dirigeait vers un incident grave dans les pays du Maghreb.

Les analyses *a posteriori* ont mis en évidence des infrastructures de transport insuffisantes et des systèmes de contrôle/commandes insuffisamment performants et cohérents dans les différents pays du Sud. La mise en place des remèdes est en cours et lorsque ce travail sera achevé, un nouveau test sera entrepris, qui se déroulera, cette fois,

[1] B. Cova « *The Development of Network Infrastructures to Foster Electric Energy Markets* » in *Medenergie* N° hors série –Décembre 2003

en deux étapes, dans un premier temps, la connexion à l'UCTE de la seule Libye, puis, un ou deux jours après, celle de tous les autres pays.

Pourquoi opérer en deux étapes ? Le système de transport électrique libyen est un système peu puissant et de très grande longueur (2 500 km) : on peut donc légitimement avoir des doutes sur sa capacité à maintenir le synchronisme entre l'Europe, d'un côté, et l'Égypte, de l'autre. La première partie du test devrait bien se passer, et si la deuxième devait à nouveau mal se terminer, on aurait la preuve expérimentale que le synchronisme n'est pas possible ; il faudrait alors s'orienter vers une liaison asynchrone, en courant continu, entre la Libye et l'Égypte[1].

En attendant une nouvelle tentative, la Libye planifie aussi une liaison 400 kV avec la Tunisie. Elle doit aussi porter à 500 kV la liaison avec l'Egypte (qui formera une partie du projet ETLAM) en 2012.

L'interconnexion des pays du Sud-est méditerranéen (Projet EIJLLST)

Les pays arabes ont constitué sous l'égide de la Ligue des Etats Arabes, l'Union arabe des producteurs et distributeurs d'Electricité qui essaie de promouvoir un grand projet d'interconnexion des réseaux électriques des pays membres, et éventuellement la Turquie financé par le FADES (Fonds Arabe du Développement Economique et Social) pour un montant estimé à 6 Milliards de $[2].

Dans les pays du Sud-est méditerranéen, en particulier, un des projets d'infrastructure électrique clé est l'EIJLLST dont certaines lignes sont déjà opérationnelles : la liaison 400 kV Egypte-Jordanie, la ligne 400 kV Jordanie-Syrie et la ligne 220 kV Libye-Egypte. Ces intercommunications existantes seront augmentées et renforcées dans le cadre du projet EIJLLST, qui prévoit l'interconnexion des pays du

---

[1] *Medring: how DC links enable a full and secure interconnection between Maghreb and Masrheq countries* Juan Manuel Rodríguez, César Puentes, Javier Ojea, Ignacio de la Fuente et Vicente Gonzalez in *MedEnergie* N°24 – Septembre 2007

[2] Keramane A « *Les interconnexions électriques autour du Bassin méditerranéen et leur impact sur les relations Euro-Arabes* » in *Le Pétrole et le Gaz arabes* n°647 du 1er mars 1996, Paris

Maghreb avec l'Egypte et la Libye, avec les pays du Proche-Orient la Syrie, la Jordanie, le Liban, l'Irak et la Palestine ainsi qu'avec la Turquie.

Alors que le Liban, l'Irak et la Palestine ne sont pas une partie du projet de MedRing, l'interconnexion Turquie-Syrie sous EIJLLST en est un élément essentiel. Les 124 km de la liaison 400 kV Syrie-Turquie la liaison ont été achevés en 2003. Cependant, on s'attend à ce que la ligne soit opérationnelle après la connexion de la Turquie au système UCTE.

L'interconnexion Turquie -UCTE

La Turquie insiste depuis longtemps pour son intégration avec le réseau de l'UCTE pendant une longue période de temps pour tirer l'avantage d'un fonctionnement en parallèle synchrone. Plusieurs

Tableau 2 - Les interconnexions électriques entre le Mashreq, la Turquie et la Grèce

Libye	Tobruk	Egypte	Saloum	CA	220	120 MVA	1998	existante
Egypte	Taba	Jordanie	Aqaba	CA	400	550 MVA	1997	existante
Egypte	Rafah	Palestine	Rafah	CA	22	17 MW	--	existante
Jordanie	Suweimeh S/S	Palestine	Jericho**		33 (132)	20 MW	Fev 2008	existante
Jordanie		Syrie		CA	230	55 MVA	1977	existante
Jordanie	Irbed	Syrie	Cheikmiskin	CA	230	267 MVA	1977	existante
Jordanie	Amman North	Syrie	Der Ali	CA	400	1135 MVA	2000	existante
Liban	Anjar	Syrie	Dimas	CA	2x66	110 MVA	1972	existante
Liban	Deir Nebouh	Syrie	Tartus	CA	230	267 MVA	1977	existante
Liban	Kesara	Syrie	Dimas	CA	400	1135 MVA	2000	existante
Syrie	Aleppo	Turquie	Birecik	CA	400	1135 MVA	2007	existante
Turquie	Babaeski	Bulgarie	Maritsa East	CA	400	500 MW		existante
Turquie	Hamitabat	Bulgarie	Maritsa East (III)	CA	400	2000 MW	2002	existante
Turquie	Hopa	Géorgie	Batum	CA	220	300 MW		existante
Turquie	Kars	Armenie	Leninakan	CA	220	300 MW		existante
Turquie	PS3	Irak	Zakho	CA	400 (exploité à 154kV)	500 MW	2002	existante
Turquie	Igdir	Nahcievan	Babek	CA	400	100 MW		existante
Turquie	Dogubeyazit	Iran	Bazargan	CA	154	100 MW		existante
Turquie	Baskale	Iran	Khoy	CA	154	200 MW		existante
Turquie		Grèce		CA	400 kV		achevée 2008, tests 2010	Projet
Grèce	Arachthos	Italie	Galatina	CC	400	500 MW	end 2001	existante
Grèce	Kardia	Albanie	Elbasan	CA	400	600 MW		existante
Grèce	Thessaloniki	Macedonie	Negotino	CA	400	1400 MW		existante

Source: Cahiers du Plan Bleu 6,"Infrastructures et développement énergétique durable en Méditerranée : Perspectives 2025"

études ont été conduites, qui révèle que la connexion synchrone du système électrique turc à l'UCTE est viable par la Bulgarie et la Grèce. La Turquie a déjà deux liaisons 400 kV avec la Bulgarie, une liaison 400 kV avec la Grèce est en construction.

Une première série d'études techniques d'un montant d'1,5 million d'euro pour relier la Turquie au système UCTE a été achevée en avril 2007. La seconde phase de 2,5 million d'euro d'études pour l'amélioration des performances du contrôle de fréquence est actuellement en voie de réalisation et l'achèvement est prévu pour 2010. Tant que le système turc n'est connecté avec l'UCTE, les lignes avec des pays non-UCTE fonctionnent dans un cadre isolé.

La Turquie dispose déjà de plusieurs interconnexions avec ses voisins, notamment avec la Grèce et la Syrie du côté méditerranéen mais aucune de ces liaisons n'assure de continuité électrique, parce qu'elles sont utilisées en « poche » : aujourd'hui, lorsque la Turquie souhaite alimenter un pays voisin, elle déconnecte de son propre réseau de transport une de ses centrales hydroélectriques pour rediriger son débit directement dans le réseau de transport du pays voisin à alimenter.

Les tests de synchronisation, basés sur la technologie de réseau intelligent (smart grid) développée par General Electric (GE), partenaire de l'ARE, ont débuté en septembre 2010 avec succès, grâce à un jumelage turc avec RTE (Réseau de transport d'électricité), filiale d'EDF (France), réalisé sur appel d'offres, dans le cadre d'une opération financée par la Commission européenne. Les tests doivent s'étendre sur un an.

L'interconnexion définitive de la Turquie au réseau européen, annoncée pour septembre 2011, ouvre des perspectives énergétiques et économiques. Pour la durée de ces tests, la capacité d'échanges entre la Turquie et l'UCTE a été fixée à 500 MW dans les deux sens. Une fois la connexion décidée, sa capacité sera de 1 500 MW, dans les deux sens. La nature synchrone ou asynchrone de la solution qui sera retenue pour la connexion entre la Turquie et l'UCTE, conditionne celle des connexions à réaliser entre la Turquie et ses autres pays voisins, en particulier avec la Syrie et, par conséquent avec le bloc LEJSL. En tout état de cause, la décision concernant la liaison entre la Turquie et l'UCTE pourrait être prise cette année et la mise en œuvre pourrait durer deux ans au maximum.

Défis techniques et harmonisation institutionnelle

L'achèvement du MedRing présente plusieurs défis techniques. Il s'agit de relier des réseaux électriques qui ont des caractéristiques opérationnelles et techniques différentes : les réseaux matures existants en Europe fortement maillés, composés de lignes à haute tension, avec des modèles de charge prévisibles avec les réseaux de la Méditerranée du sud, avec des charges plus faibles concentrées dans des secteurs fortement urbanisés et traversant des zones peu habitées, voire désertiques.

Pour assurer la fiabilité et la sécurité d'un système aussi vaste, des mesures doivent être adoptées afin d'éviter la diffusion des perturbations des secteurs affectés aux voisins, notamment l'installation de dispositifs techniques de contrôle et d'amélioration de la sécurité. Il est nécessaire également d'avoir un organe indépendant chargé de veiller à la fiabilité et à la cohérence du système.

Certaines zones constituent des problèmes potentiels : les interconnexions UCTE-Turquie, Libye-Tunisie et Egypte-Libye. L'ouverture de la liaison l'UCTE-Turquie peut causer l'instabilité dans la partie Sud-Est du système en cas d'importation importante de puissance par la Turquie.

Si le nouveau test de la liaison de Libye-Tunisie échoue de nouveau, les pays de la Méditerranée devront opter pour des intercommunications HVDC pour compléter la boucle. Dans cette éventualité, les réseaux AC sur les deux côtés ne devraient pas être synchronisés et pourraient fonctionner à des fréquences différentes, ce qui exigerait des investissements supplémentaires importants.

Pour le moment, les pays d'Afrique du nord sont plus concentrés sur la stabilisation de fréquence relativement économique que la liaison AC offre. Une autre faiblesse dans le système est l'interconnexion entre la Libye et l'Egypte. En raison de contraintes techniques, la 220 ligne kV liant les deux systèmes a actuellement a une capacité d'échange de puissance maximale de seulement 180 MW au lieu des 600 MW prévus au projet. Avec une charge maximum d'environ 20.000 MW, le réseau égyptien est le plus important dans le secteur de la Méditerranée du sud et est donc soumis aux fluctuations les plus fortes.

En plus des défis purement techniques qui consistent à synchroniser les systèmes divers et à assurer des capacités d'interconnexions suffisantes, il y a aussi la question institutionnelle : comment harmoniser les structures institutionnelles différentes dans les secteurs d'électricité des pays de la Méditerranée.

La dérégulation du marché est inégale, l'opérateur historique qui est propriétaire et gestionnaire du système de transmission dans la plupart des cas. Il n'y a pas encore de marché régional d'électricité. De plus, l'approche non-cohérente de la régulation du secteur interne de l'énergie est un obstacle au libre commerce d'électricité dans la région. Par conséquent, il est naturel de réaliser la régulation harmonisée du marché comme premier pas vers l'établissement d'un marché régional.

Une autre préoccupation réside dans les résultats décevants obtenus par rapport aux investissements réalisés jusqu'ici. Les interconnexions réalisées fonctionnent en deçà des capacités et avec un faible volume d'échanges, à l'exception des lisions entre l'Espagne et le Maroc et entre l'Egypte et la Jordanie. D'autre part, les échanges commerciaux au Maghreb et au Mashreq sont faibles, consistant principalement en exportation d'Algérie au Maroc et en Tunisie et l'exportation d'Egypte en Libye.

Une analyse initiale met en évidence que la liaison nord- sud en HVDC n'est pas rentable en raison des coûts énormes d'investissement et du fait qu'entre le nord et le sud les échanges d'énergie sont lourdement influencés par les prix du pétrole et du gaz. Cependant, les programmes récents d'approvisionnement du Nord en énergie renouvelable provenant d'Afrique du Nord donnent à penser que la rentabilité de ces interconnexions peut être justifiée à long terme.

Les études en cours devront apporter des réponses satisfaisantes aux nombreuses questions que pose l'exploitation d'un système aussi complexe : des problèmes techniques (fréquence, stabilité, etc.), institutionnels, commerciaux et de coordination. La solution de ces différents problèmes, complexes certes mais parfaitement solubles dans un délai raisonnable (2015 paraît une échéance réaliste pour une telle construction), devrait ouvrir la voie à un marché libre de l'électricité dans la région méditerranéenne prolongeant vers le Sud le marché unique européen décidé par l'Union européenne.

Un marché euro-méditerranéen de l'énergie en 2015?

Libéralisation et marché maghrébin de l'électricité

Lorsque, au début des années 90, les modes d'organisation traditionnels des industries de l'électricité et du gaz ont été remis en cause, notamment avec l'adoption des directives européennes, sous l'effet conjugué de la libéralisation des économies, des contraintes financières des entreprises publiques et des Etats qui en sont les propriétaires et, il faut le reconnaître, sous la poussée des Institutions financières internationales (Banque Mondiale, FMI), les pays du bassin méditerranéen ont amorcé le même mouvement, pour tenir compte et profiter de la modification de l'environnement macroéconomique international (Besoins de financement, diffusion de la concurrence, nouvelles contraintes de politique économique). Ils ont engagé, en s'appuyant le plus souvent sur le modèle européen et/ou anglo-saxon, des réformes dans le sens de la libéralisation du marché électrique, avec pour objectifs principaux de bénéficier de financements étrangers et de la coopération avec les pays développés dans le cadre d'un partenariat qui assure le transfert des méthodes, de l'expérience et du savoir.

Le tableau joint indique les tendances générales de cette libéralisation dans les principaux pays du Sud et de l'Est de la Méditerranée.

Tableau 3 - Lois du secteur électrique dans les PSEM

	Date	Désintégration verticale	Agence de régulation	Ouverture du marché	GRT indépendant	Accès des tiers au réseau	Distrib. Privée
Algérie	Fév. 2002	oui	CREG	30% en 3 ans	oui	oui	non
Egypte	en cours	non	EUOCPA	non	non	non	non
Jordanie	1999	oui	ERC	non	non	non	oui
Liban	Sept. 2002	oui	NERA	non	oui	non	oui
Libye	-	non	non	non	non	non	non
Maroc	en cours	non	non	non	non	non	oui
Syrie	-	non	non	non	non	non	non
Tunisie	-	non	non	non	non	non	non
Turquie	Mars 2001	oui	EMRA	oui	oui	oui	oui

Source : « *Les réformes institutionnelles dans le secteur énergétique en Méditerranée : un paradigme en question ?* » Benoît Esnault et Rabéa Ferroukhi in *MedEnergie* – N-18 – Janvier 2006

Pour les pays du Maghreb, en particulier, qui disposaient d'une longue tradition d'interconnexion et d'échanges, la question des conditions de création d'un marché maghrébin de l'électricité a déjà été posée au sein du Comelec depuis longtemps et l'idée s'est matérialisée au début des années 90 avec de premiers échanges commerciaux entre opérateurs nationaux. A cette fin, ils se sont attelés à cette tâche nouvelle et ont diversement engagé le processus de libéralisation.

L'Algérie a adopté en décembre 1991 une loi sur les hydrocarbures et sur les ressources minières ouvrant l'amont pétrolier et minier aux compagnies internationales privées. Au Maroc, la production concessionnelle a été adoptée par le gouvernement en 1994, autorisant la réalisation de deux IPP dans un schéma BOT, une grande installation thermique à Jorf Lasfar et un projet éolien (Koudia Al Baïda -Tétouan). En Tunisie également, deux projets IPP ont été autorisés à partir de 1996, une centrale thermique fonctionnant au gaz à Rades et un projet éolien à El Haouaria au Cap Bon. Les deux derniers pays ont engagé de nouvelles réalisations IPP : Tahadart NGCC (385 MW) au Maroc et Barka NGCC (500 MW) en Tunisie en cours de construction. La part de la production IPP au Maroc atteint actuellement les 80%. Il semble que le Maroc vise à prendre progressivement une part dans les consortiums de projet IPP : dans le projet de Tahadart, ONE a pris les 48% après le retrait d'EDF

Au Maroc, la distribution de l'électricité est assurée par la compagnie nationale ONE, les municipalités ainsi que trois distributeurs privés à travers des contrats de concession dans les grandes villes, Rabat, Casablanca et Marrakech. Une nouvelle loi réformant le secteur institue deux marchés parallèles : "un marché libre" et un "marché régulé".

En Tunisie, de nombreux segments de l'industrie électrique sont sous le contrôle de l'Entreprise d'Etat STEG, sauf pour la production depuis 1996. Actuellement, les Autorités tunisiennes n'envisagent pas d'introduire des changements dans l'organisation ou l'actionnariat du système. Et si des changements majeurs devaient intervenir, ajoutent-elles, ils devraient tenir compte des conditions spécifiques locales et non pas être la transposition d'expériences importées.

L'Algérie, pour sa part, s'est dotée en 2002 d'une nouvelle loi sur l'électricité et la distribution publique du gaz naturel par canalisations qui met fin au monopole de la production et de la commercialisation de l'électricité et du gaz naturel pour le marché national et, par voie de conséquence, ouvre ces activités à l'investissement privé et à la concurrence.

Elle prévoit la dérèglementation du secteur, la dé-intégration et la privatisation partielles de l'opérateur historique Sonelgaz En outre, elle confère à tout opérateur le droit de procéder librement à l'exportation et/ou à l'importation de l'électricité et, de ce fait, ouvre la voie à la mise en place éventuelle d'un marché de l'électricité entre les pays du Maghreb et ceux du Sud de l'Europe dont les réseaux sont interconnectés par un câble sous-marin Maroc-Espagne à travers le Détroit de Gibraltar.

Si la production privée d'électricité a déjà été introduite par d'autres pays du sud du Bassin méditerranéen, ce texte fait de l'Algérie l'un des tout premiers pays de la région à franchir le pas vers la création d'un marché ouvert de l'électricité et de la distribution du gaz sur le marché national, à l'horizon 2007 au plus tard, stipulait la loi (Nous en sommes loin aujourd'hui).

Des dispositions précises établissent : la garantie de l'Etat pour le service public et limitation de sa contribution aux régions défavorisées ou à des catégories sociales préalablement identifiées ; l'ouverture à la concurrence et à l'investissement privé pour la production d'électricité sous le régime de l'autorisation ; ouverture à la concurrence et à l'investissement privé pour la commercialisation de l'électricité et du gaz par canalisations sous le régime de la concession ; le libre accès aux systèmes de transport et de distribution pour tous les opérateurs ; la mise en place d'un opérateur système pour coordonner les activités production-transport (dispatching) ; la mise en place d'un opérateur marché pour le marché de gros ; création d'un organe de régulation indépendant la CREG (Commission de régulation de l'électricité et du gaz); la restructuration de Sonelgaz selon le principe de la décomposition de la chaîne de fourniture (unbundling) ; une tarification librement négociée pour les clients éligibles ; une tarification réglementée selon le principe de la péréquation nationale pour les clients captifs et pour les tarifs d'accès au réseau.

En réalité, l'Autorité de régulation (CREG), bien que dotée de larges prérogatives, ne dispose pas d'une réelle autonomie et agit sous la responsabilité directe du ministère de l'Énergie. La transformation la plus perceptible est la restructuration de l'opérateur historique par la création de nombreuses filiales au sein du groupe. Plus de six ans après la promulgation de la loi, il y a peu d'investisseurs privés. La construction du projet à Arzew sous forme de production d'eau dessalée combinée à la production d'électricité (Arzew Independent Water Power Production d'une puissance installée de 336 MW) a démarré en 2003 et devrait être mise en service prochainement.

Ainsi, les trois pays du Maghreb ont effectivement engagé un processus de réformes depuis le milieu de la décennie 1990 selon une démarche déterminée et spécifique à chacun d'eux, sans débat national ni concertation véritable à l'échelle régionale, malgré quelques initiatives privées. En dehors du Maroc où la part du privé dans la production atteint les 70%, l'État reste omniprésent et demeure le plus gros investisseur. Les capitaux privés n'affluent pas et se concentrent essentiellement dans la production. Pourtant, les prévisions sur l'évolution du secteur de l'électricité indiquent clairement que les besoins en investissements dans la production sont importants et qu'une part substantielle de ces besoins pourrait être réalisée par des opérateurs privés sous forme d'IPP.

Cependant, il est apparu récemment que l'enthousiasme pour les projets IPP s'est quelque peu émoussé. En réalité, les IPP sont controversés. Les critiques à leur encontre suggèrent que leurs coûts sont élevés, qu'ils lient les gouvernements par des contrats à long terme immuables et qu'ils exonèrent les producteurs de tout risque commercial et de concurrence. « *Dans ce sens, nous estimons actuellement utile de prendre du recul par rapport à cette formule* », estiment les responsables de la STEG.

En réalité, si les PPA (Power Purchase Agreement ou Accord d'achat d'énergie) semblent effectivement enfermer les pays dans des contrats à long terme qui deviennent un obstacle à la compétition, la libéralisation bute aussi sur d'autres obstacles: la compétition requiert un réseau mature et efficient ainsi qu'un système d'information fiable, ce qui représente un investissement lourd ; d'autre part, les marchés doivent être relativement larges et suffisamment fluides pour favoriser la compétition. Aussi, l'ouverture requiert un espace plus large et c'est tout naturellement que les pays du Maghreb se sont inscrits dans une démarche plus globale au sein de l'ensemble méditerranéen.

Pour ce qui est des conditions économiques et de l'ouverture du marché de la production, la région du Maghreb connaît déjà l'expérience des IPP au Maroc et en Tunisie avec des contrats d'achat de long terme. L'Algérie a essayé l'ouverture du marché aux investisseurs privés en production sans garantie de marché, mais cela n'a pas encore produit tous ses effets. La préférence de l'investisseur privé reste pour la conclusion de contrats garantissant les achats à terme. D'où le recours en première étape à la formule d'investissement en partenariat entre entreprises publiques (Sonatrach et Sonelgaz) tout en laissant la porte ouverte aux futurs investisseurs privés.

Pour le marché maghrébin il est conseillé de se concentrer sur les actions a priori les plus avantageuses: le commerce international, la production et le marché de gros. Contrairement à la situation qui prévalait en Europe lors de l'ouverture des marchés électriques, le Maghreb ne connaît pas actuellement de surcapacité de production qui favoriserait la création d'un marché basé sur la concurrence.

Néanmoins, l'accès inégal à l'énergie primaire pour la production d'électricité et la montée des préoccupations environnementales constituent de véritables contraintes pour les investisseurs. Aussi, les préalables pour la mise en place d'un marché maghrébin peuvent être ainsi explicités : harmonisation du cadre institutionnel et réglementaire; adoption d'une tarification basée sur les coûts; un taux minimum d'indépendance car l'électricité est un produit sans substitut et à demande inélastique.

Dans ce contexte et dans un premier stade, l'embryon de marché maghrébin de l'électricité s'est développé sur la base de contrats commerciaux d'échange entre opérateurs historiques: contrats de court terme et contrats de moyen terme, notamment entre l'ONE et la Sonelgaz. On peut penser que le marché euromaghrébin de l'électricité pourrait démarrer à travers l'interconnexion Espagne/ Maroc et consisterait dans les échanges du Maroc et de l'Algérie avec le marché ibérique aux conditions de ce dernier dans une première étape et ensuite élargie aux interconnexions actuellement en projet entre Algérie Espagne et Italie d'une part et Tunisie d'autre part.

Marché euromaghrébin de l'électricité

La constitution du marché euromaghrébin de l'électricité s'inscrit dans le processus de Barcelone concrétisé, pour l'électricité, par le protocole d'accord de Rome du 2 décembre 2003 qui vise le partenariat régional et l'amélioration de la circulation des produits énergétiques. Comme son titre l'indique, ce protocole vise « l'intégration progressive des marchés d'électricité de l'Algérie, du Maroc et de la Tunisie dans le marché intérieur de l'électricité de l'Union Européenne », avec la possibilité pour la Libye de rejoindre le processus dans le futur.

A cette occasion, la Communauté européenne réitère son appui à l'intégration progressive des marchés des trois pays et confirme la mise à disposition d'un financement sur trois ans pour assurer le rapprochement progressif des cadres réglementaires maghrébins de celui du marché européen, le renforcement des standards de sécurité des réseaux, le développement des activités de négoce et la formation des acteurs.

Les interconnexions entre les pays du Maghreb sont assez développées et les capacités d'interconnexions des réseaux telles que réalisées jusqu'en 2010, avec le renforcement des liaisons 400 kV, paraissent suffisantes pour l'amorce d'un marché régional de l'électricité. Malgré l'extension des liaisons transfrontalières, le niveau des échanges est resté faible par rapport aux capacités offertes par les interconnexions (moins de 15% des capacités) et le potentiel de développement des échanges sur le marché maghrébin reste important.

Déjà à court terme, et avant toute considération d'ouverture du marché, des mesures peuvent être prises pour lancer le marché et cela en développant les échanges transfrontaliers de type commercial et en mettant en place des tarifs de transit pour les échanges. C'est ce qui a été réalisé dans le cadre des accords signés entre Sonelgaz et ONE en juillet 2008.

A plus long terme, le renforcement des interconnexions maghrébines par doublement des lignes existantes et le passage effectif au 400 kV permettrait de renoncer à l'autosuffisance en production d'électricité, de substituer le transport d'électricité à l'importation d'énergie primaire et de coordonner les programmes d'équipement de production. Toutefois, pour garantir un transfert adéquat de puissance et garantir la sécurité, il est nécessaire de veiller à l'adoption de règles de fonctionnement (plans de défense) et de coordination rigoureuses et efficaces entre les gestionnaires des réseaux maghrébins.

Par ailleurs, partant de la volonté exprimée par le protocole de Rome de créer un marché régional de l'électricité regroupant l'Algérie, le Maroc et la Tunisie en vue de son intégration ultérieure au marché de l'Union européenne, les pré-requis pour la création d'un tel marché ont été définis comme suit: la définition d'un niveau d'éligibilité, l'accès des tiers au réseau et la création d'un marché de gros ; le développement d'interconnexions transfrontalières permettant la convergence des prix des marchés ; la coordination des gestionnaires de réseau ; l'harmonisation des cadres juridique et réglementaire, des tarifs basés sur les coûts, une régulation concertée et une incitation aux investissements de capacité.

Un marché euromaghrébin nécessite, en premier lieu, le renforcement des liaisons électriques entre l'Europe et le Maghreb. Cette liaison existe déjà entre le Maroc et l'Espagne. La question se pose de savoir jusqu'à quel niveau il faut porter sa capacité en même temps que sur les conditions techniques et économiques du développement de projets similaires entre Algérie/ Espagne, Algérie/ Sardaigne, Tunisie/ Italie et Libye/ Italie.

Devant la multitude de projets d'interconnexion entre les pays du Maghreb et les pays européens, il convient de mener une étude stratégique évaluant l'avantage comparatif de chaque solution pour chacun des pays partenaires de l'interconnexion (pays européens et pays maghrébins) et proposer un ordre de priorité pour chacun de ces projets.

Il ressort de cette analyse que les systèmes électriques des différents pays sont très interdépendants et qu'ils constituent en fait un vaste système électrique ignorant les frontières. Le moindre incident dans un système donné a un impact sur l'ensemble des autres systèmes. Il est donc nécessaire de mettre en place une panoplie de mesures pour gérer de manière sécurisante ce vaste système et asseoir une coopération et une solidarité entre les différents systèmes.

Ces mesures couvrent des aspects de long terme (critères stricts de planification des systèmes, mesures de protection et plans de défense), de court terme (planification et coordination de l'exploitation) et de gestion en temps réel (suivi et contrôle à distance des systèmes, données en temps réel en particulier sur les systèmes voisins, coordination au niveau régional et national).

Par rapport aux puissances installées dans chaque pays, les capacités des interconnexions sont en général limitées, et il faut reconnaître que le commerce international de l'électricité en Europe se fait plutôt au niveau de marchés régionaux (marché ibérique, France/Belgique/Pays-Bas/Allemagne, marché nordique etc.). Une dizaine d'opérateurs de marchés sont déjà opérationnels dans ces régions avec différents mécanismes de marché (spot market, forward market, zonal prices, adjustment market).

Vers un marché électrique méditerranéen

Il faut rappeler qu'à l'occasion de la 3ème Conférence de l'Euro-Mediterranean Energy Forum qui s'est tenue à Athènes en avril 2003, l'Algérie, le Maroc et la Tunisie ont signé une déclaration d'intention pour la création d'un marché de l'électricité au Maghreb ouvert, transparent et compétitif qui pourrait être intégré au marché européen à l'avenir.

Cette déclaration a été suivie par un Memorandum of understanding signé à Rome à l'occasion du Sommet Euro-méditerranéen de l'industrie énergétique (REMEP - Rome Euro-Mediterranean Energy Platform) le 1er Décembre 2003 qui a recommandé « *la création d'un marché régional de l'électricité adapté aux spécificités des pays concernés, encouragé par l'industrie du Maghreb et tenant compte des spécificités des différents secteurs dans les pays du Maghreb ainsi qu'un renforcement de la coopération dans le cadre du groupe Eurelectric/Comelec* ».

Les ministres maghrébins en charge de l'énergie (Algérie, Libye, Maroc, Mauritanie et Tunisie), réunis le 3 juillet 2008 à Alger, ont abordé les questions liées à la coopération énergétique et notamment le renforcement des échanges d'électricité pour faire émerger un véritable marché régional de l'électricité. Ils ont déclaré que « *L'objectif d'un Maghreb interconnecté est de dépasser le stade actuel des secours mutuels instantanés pour créer un véritable marché maghrébin et développer des accords commerciaux à plus long terme vers l'Europe* ». Les ministres ont également insisté sur la nécessité de promouvoir les énergies renouvelables, notamment l'énergie solaire qualifiée de « clé » au problème de l'énergie au Maghreb. Ils ont abordé la question de l'utilisation de l'énergie nucléaire à des fins pacifiques, préconisant une coopération régionale.

En marge de la de la 8e session du conseil ministériel maghrébin de l'énergie et des mines des ministres du 3 juillet 2008 à Alger, les entreprises publiques électriques marocaine et algérienne ONE et Sonelgaz ont procédé à la signature de deux contrats relatifs aux échanges électriques et au transit d'énergie électrique vers le marché espagnol via le réseau marocain, favorisant une telle ouverture vers l'Europe.

Le premier contrat consiste à établir les termes et conditions techniques et commerciales qui régiront les relations entre Sonelgaz et l'ONE en matière de transit de l'énergie électrique entre les réseaux algérien et espagnol via le réseau marocain. En effet, les interconnexions 400 kV qui relient l'Algérie et le Maroc mises en service en novembre 2008 et en octobre 2009 permettront d'acheminer de grandes quantités d'énergies dans les deux sens, allant jusqu'à 1 000 MW de puissance électrique.

Le second contrat arrête les conditions contractuelles d'échange mutuel de l'énergie électrique entre Sonelgaz et l'ONE et précise les termes et conditions économiques d'achat et de vente d'énergie électrique entre les deux entreprises. Ces échanges peuvent être programmés ou décidés dans l'objectif de se secourir mutuellement en cas d'aléas dans l'un des deux réseaux et à la demande de l'une ou de l'autre des parties.

D'autre part, le Conseil ministériel de l'énergie UMA-UE sur l'électricité s'est tenu le 20 juin 2010 à Alger. Les travaux, auxquels ont pris part les ministres de l'Energie de l'Algérie, la Tunisie et le Maroc ainsi que le Commissaire européen à l'énergie, Günther Oettinger ont porté sur l'intégration progressive des marchés d'électricité de l'Algérie, du Maroc et de la Tunisie dans celui de l'Union européenne, comme prévu par le protocole d'accord signé à Rome en décembre 2003 par les ministres maghrébins chargés de l'Energie (Algérie, Maroc et Tunisie) et la Commission européenne, à l'occasion d'un Conseil des ministres euro-méditerranéen.

Lors de la réunion d'Alger, les ministres maghrébins ont fait le point sur les actions initiées depuis 2007 et adopté un plan d'action pour le marché électrique intégré euroméditerranéen qui fixe de nouvelles actions pour la période 2010-2015. Les ministres ont confirmé « leur volonté de poursuivre les réformes de leurs secteurs énergétiques nationaux » et de « *mettre à profit les possibilités offertes par la coopération bilatérale et multilatérale entre leurs pays respectifs et l'Union européenne afin de mener à bien les réformes et développer leurs secteurs énergétiques nationaux* ». « *L'intégration et l'émergence d'un marché de l'électricité contribueront à la création d'un espace de libre-échange entre les pays méditerranéens et l'UE qui constituera à long terme une passerelle énergétique entre les pays de la rive sud et la rive nord de la Méditerranée* », selon la même déclaration.

Parmi les lignes d'action adoptées, figure l'harmonisation des cadres législatifs permettant l'intégration des marchés maghrébins au marché intérieur européen. La déclaration promet de veiller au développement de ces marchés de l'électricité, d'assurer le développement des échanges commerciaux, de renforcer les compétences des différents opérateurs sur le marché des pays bénéficiaires et enfin d'encourager le développement des énergies renouvelables dans le cadre d'un développement durable dans la région du Maghreb. Le Conseil des ministres a invité la Mauritanie et la Libye, membres observateurs à Alger, à se joindre à lui.

Ces récentes discussions entre les acteurs concernés et les déclarations qui ont suivi laissent penser que ce marché pourrait être créé à l'horizon 2015, même si cette échéance n'est pas facile à respecter, compte tenu de l'état d'avancement d'un tel projet qui suppose l'adoption de règles communes compatibles avec les politiques énergétiques nationales, la mise en place d'une autorité de régulation indépendante des opérateurs dans chacun des pays, l'accès transparent et non discriminatoire au réseau dans tout le Maghreb à un prix acceptable, etc. Autant de conditions inscrites dans la lettre d'intention mais qui sont loin d'être réalisées pour l'instant.

L'objectif final est l'intégration de ce marché régional au marché électrique européen

En ce qui concerne les infrastructures de transport, des projets sont en cours qui renforcent l'interconnexion, dans le cadre de la boucle électrique autour de la Méditerranée MedRing. Néanmoins, si l'extension et le fonctionnement de cette boucle pose quelques problèmes techniques et des adaptations technologiques appropriées, l'intérêt et les conditions d'un fonctionnement coordonné des systèmes électriques européen et maghrébin sont au point.

Il resterait à définir un cadre de cohérence au sein duquel chaque opérateur, tout en respectant les règles communes, préserve la liberté de ses choix pour le développement de son propre système. Autant de conditions à réunir pour un fonctionnement continu, stable, efficace et solidaire des interconnections et pour la mise en place de marchés régionaux d'électricité.

L'Association des électriciens méditerranéens (Medelec), créée en 1992, organise périodiquement des rencontres pour débattre de ces questions techniques et proposer des solutions appropriées.

Au niveau de l'Union européenne, le projet IMME intitulé: « *Intégration progressive des marchés de l'électricité de l'Algérie, du Maroc et de la Tunisie dans le marché intérieur de l'électricité de l'Union européenne* » s'inscrit dans la perspective du partenariat Euro-méditerranéen engagé, dès 1995, dans le cadre du processus de

Barcelone. Il rencontre plus précisément l'objectif général de création d'un espace de libre échange entre les pays Méditerranéens et l'Union Européenne. L'année 2003 fut une étape importante pour la conception de ce projet : Lors de la Conférence Euro-méditerranéenne qui s'est tenue en Crète les 26 et 27 mai 2003 au niveau des Ministres des affaires étrangères, un élan particulier a été donné au partenariat Euro-méditerranéen.

Dans la déclaration finale, figure le texte suivant : « *Les ministres se sont félicités des résultats de la troisième conférence des ministres de l'énergie (Athènes 20 et 21 mai)... Ils ont accueilli favorablement la déclaration adoptée par la Conférence qui rappelle le rôle central du secteur de l'énergie dans la réalisation des objectifs du processus de Barcelone et esquissent les priorités de la coopération régionale en la matière entre 2003 et 2006. Ces priorités portent essentiellement sur la promotion et le développement des réseaux d'énergie transeuro- méditerranéens, la sécurité de l'approvisionnement, la promotion des sources d'énergies renouvelables, ainsi que la sûreté, la sécurité et le financement des infrastructures énergétiques. Eu égard á ces résultats et aux travaux ultérieurs, les ministres ont vivement encouragé le développement régional et infra-régional de l'interconnexion, des infrastructures énergétiques (gaz, électricité et pétrole), les réformes de la politique énergétique et l'émergence d'un marché de l'électricité au Maghreb, grâce á une coopération s'appuyant sur le programme MEDA, la BEI, les IFI ainsi que sur les programmes nationaux des partenaires méditerranéens et des Etats membres* ».

Selon son énoncé, la démarche stratégique est bien en deux temps : d'abord « créer » un marché maghrébin de l'électricité, avant de l' « intégrer » au marché de l'Union Européenne ; d'où le caractère « progressif » du projet. Les objectifs généraux renvoient á la démarche décrite ci-dessus :

Engager une harmonisation du cadre législatif et réglementaire ainsi que de la structure industrielle des pays bénéficiaires pour créer un marché de l'électricité dans et entre les pays bénéficiaires ; Rendre possible l'application des standards européens aux marchés de l'électricité de l'Algérie, du Maroc et de la Tunisie afin de pouvoir les intégrer á celui de l'union Européenne.

De façon plus spécifique, s'agissant de sa mise en œuvre selon une stratégie d'intervention appropriée, le projet a les quatre objectifs suivants : assurer le développement institutionnel ; appuyer les mécanismes d'échanges commerciaux ; renforcer les compétences via la dissémination des connaissances techniques ; soutenir le développement des marchés de l'électricité.

Une réunion s'est tenue à Tunis le 26 mars 2010. Elle a été l'occasion de faire le point de la situation des interconnexions électriques entre la Tunisie, d'une part, l'Algérie et la Libye d'autre part et des actions de formation dans les trois pays du Maghreb central (121 jours de formation à 1153 participants). En outre, de nouveaux projets de coopération sont à l'étude notamment avec l'Italie. Ils concernent la réalisation, par le secteur privé, d'une centrale électrique de 1200 MW (dont les deux tiers seront destinés à l'Italie) et d'un câble sous-marin de 1000 MW pour l'interconnexion électrique.

Dans le cadre de la boucle électrique autour de la Méditerranée (Medring), l'accroissement des échanges et l'amorce d'un marché régional de l'électricité devraient être techniquement faisables grâce à la mise en service d'une ligne à 400 KV actuellement en construction le long de la Méditerranée, alors que la ligne entre la Tunisie et l'Algérie est prévue pour 2010.

La mise en œuvre du projet couvre quatre champs d'intervention reprenant les 4 axes stratégiques définis ci-dessus comme objectifs spécifiques et les actions se répartissent entre les deux volets essentiels du projet : le volet « Formation » et le volet « Etudes et expertises »

Les actions de formation s'inscrivent de façon collatérale dans les objectifs propres á chaque action du projet. Elles concourent á l'atteinte de ces objectifs en permettant une bonne appropriation des concepts par les bénéficiaires et contribuent á l'élaboration d'une stratégie « marchés de l'électricité au Maghreb ».

Les énergies renouvelables, un coup de fouet pour MedRing

Si le projet de boucle électrique méditerranéenne a été conçu au début des années 1990, alors que la production électrique dans les pays méditerranéens, et notamment dans le Sud, provient essentiellement des sources fossiles et plus particulièrement du gaz naturel en pleine expansion, il est évident que la place importante faite récemment aux énergies renouvelables dans la coopération méditerranéenne à travers de nouveaux projets ne peut que donner un coup de fouet supplémentaire à MedRing.

Des projets importants ont été lancés récemment d'origines diverses mais qui concourent à un même objectif : promouvoir l'exploitation du potentiel d'énergie solaire et éolienne existant en Afrique du Nord, voire en Afrique et dans la zone MENA et prévoir l'exportation vers l'Europe d'une partie de l'électricité produite, ce qui conforte l'intérêt de la boucle méditerranéenne. Il en est ainsi du plan solaire méditerranéen (PSM) et de l'initiative Desertec.

Le PSM constitue l'une des initiatives prioritaires de l'UpM. Il s'agit de produire 20 GW de capacités nouvelles de production d'électricité renouvelable à l'horizon 2020 dans les pays du Sud et de l'Est de la Méditerranée, avec des investissements estimés pour la première phase à 44 milliards d'euro.

Le projet Desertec est une initiative privée, inspirée par les universités allemandes, regroupant des compagnies diverses des deux rives de la Méditerranée telles qu'E.on, RWE, Siemens, First Solar, Cevital, et d'autres sociétés du Maghreb. Selon le même principe, il s'agit de construire une cinquantaine de grands centrales thermiques solaires dans la région MENA. Le montant des investissements annoncés est colossal : 400 milliards d'euro pour satisfaire 15 à 17% de la demande européenne en électricité à l'horion 2050.

Interrogé par la presse algérienne lors de la réunion du Conseil UE-Maghreb tenu en juillet 2010 à Alger, le Commissaire européen à l'Energie a déclaré que la Commission européenne soutient le projet Desertec, projet qui, dit-il, « *appartient à notre économie et est initié et financé par de grandes entreprises privées allemandes, espagnoles, italiennes mais nécessite un soutien technique des pouvoirs publics* ». Seulement, il estime que « tout reste à faire dans ce financement privé parce que l'intérêt doit être public ». Il conditionne la réalisation par « *la mise en place d'un cadre législatif, réglementaire et institutionnel, adéquat dans les pays du Maghreb*».

De tels projets nécessitent des moyens de transport de l'électricité produite particulièrement solides entre le Sud et le Nord de la

Méditerranée. On estime à 6 GW la capacité de transfert générée par MedRing lorsque le bouclage complet et les nouvelles liaisons sous-marines envisagées auront été achevés, au moyen des solutions exposées plus haut. Prenant conscience de l'importance de ce problème, la France travaille actuellement à la constitution d'un consortium d'entreprises chargé de développer un vaste réseau de lignes électriques sous la mer Méditerranée, afin d'acheminer l'électricité renouvelable (solaire et éolien notamment) produite en Afrique vers l'Europe.

Ce projet, baptisé « Transgreen », rassemble des producteurs d'électricité, des gestionnaires de réseau électrique et des fabricants de matériel électrique à haute tension. Placé sous l'égide de la première compagnie électrique de la région, EDF, le consortium comprend notamment le gestionnaire du réseau électrique français RTE et des compagnies de fabrication de matériel électrique, telles qu'Alsthom. Curieusement, le projet ne semble pas associer, pour l'instant tout au moins, des compagnies du Sud et de l'Est de la Méditerranée

Le lancement de Transgreen, qui s'inscrit dans le cadre du projet plan solaire méditerranéen (PSM), devrait être annoncé officiellement lors d'une prochaine réunion des ministres de l'Energie des 43 pays de l'Union pour la Méditerranée et entériné à l'occasion du second Sommet de l'Union pour la Méditerranée prévu à Barcelone à l'automne 2010. L'initiative Trangreen anticipe le volet « transport » des deux grands projets de production d'électricité renouvelable au Sud de la méditerranée et en Afrique initiés actuellement et dont une partie serait exportée vers l'Europe : le plan solaire méditerranéen (PSM) et l'Initiative Desertec.

Si ces projets (PSM, Desertec, Transgreen) apparaissent comme intéressants et utiles pour l'avenir de l'ensemble de la région, ils ne peuvent réellement avancer que dans le cadre d'un ensemble global et cohérent et non comme des projets concurrents, leur objectif étant le même : exploiter l'important potentiel d'énergies renouvelables du Sud pour produire de l'électricité et en transporter une partie vers le Nord.

Conclusion

Depuis deux décennies, les électriciens de la Méditerranée se sont attelés, laborieusement mais sûrement, à la construction d'un ensemble de lignes aériennes et de câbles sous-marins sur plusieurs milliers de kilomètres qui devraient en phase finale constituer une boucle électrique fermée. Techniquement, cela est possible : même si de nombreuses questions restent à résoudre, les technologies nouvelles sont à même d'y apporter des solutions satisfaisantes, éventuellement en plusieurs phases, chacune d'elles intéressant une sous-région de l'ensemble euro-méditerranéen (Maghreb, Mashreq, Turquie).

Le projet passionne les électriciens enthousiasmés par les nombreux défis techniques. Il est d'autant plus intéressant pour eux que les nouveaux projets de production d'électricité renouvelable utilisant de nouvelles technologies (installations photovoltaïques diverses, les centrales à miroirs paraboliques à concentration solaire, éoliennes, etc.) fleurissent depuis quelque temps.

Sur le plan économique, le pari est jouable : nous avons vu que la condition de base pour une rentabilité des investissements est que les interconnexions fonctionnent à pleine capacité. Ce qui implique la mise en place d'un marché ouvert sur l'ensemble de la région, c'est-à-dire l'extension du marché unique européen à la rive Sud de la Méditerranée, par étapes également.

Les pré-requis sont : d'une part, le renforcement des interconnexions entre le Nord et le Sud mais aussi entre les pays du Sud eux-mêmes par la concrétisation sur le terrain des projets cités ; d'autre part la mise en œuvre dans un cadre global et cohérent des mesures institutionnelles renforçant la coordination des organes de régulation, l'harmonisation des cadres législatifs et réglementaires, des règles et standards d'exploitation des ouvrages et de fonctionnement des marchés. Enfin, il devient impératif de fixer des délais qui s'imposent à tous pour cette importante réalisation. L'échéance de 2015 paraît tout à fait réaliste pour achever ce grand projet.

En fin de compte, cela nécessite avant tout l'implication forte des pouvoirs publics et une volonté politique réelle de jouer la solidarité et la coopération. Une coopération qui ne saurait se limiter à des importations/exportations d'énergie électrique comme cela a souvent été le cas pour les sources fossiles mais doit s'accompagner d'un véritable partenariat industriel comprenant un transfert de technologie dans les études, l'ingénierie, la fabrication des équipements et l'exploitation des installations.

Les défis de la coopération gazière Europe – Afrique du Nord

Une problématique ancienne et prolifique

Je remercie vivement les organisateurs de cette rencontre de m'avoir invité à partager avec vous quelques réflexions sur une problématique qui nous est familière à la Revue méditerranéenne de l'Énergie. *Medenergie*, que nous avons créée il y a maintenant quinze ans, avec la collaboration de nombreux experts de la Région dont des frères tunisiens ici présents, a précisément pour objectif de développer de telles thématiques et de contribuer ainsi au renforcement de la coopération énergétique entre le Sud et le Nord de la Méditerranée[1].

Cela me procure aussi le plaisir de revoir la Tunisie, ce pays qui m'est très cher, et des amis très proches avec lesquels nous avons effectué des parcours communs ou qui se rejoignent depuis un demi-siècle. En effet, nos premières rencontres entre responsables du secteur de l'énergie dans la Région méditerranéenne remontent aux années 1960.

Sur le plan électrique, nos premiers contacts remontent à l'automne 1962. Tewfik Skandrani, alors directeur de la distribution à la STEG, était venu à Alger en quête d'un transformateur aux caractéristiques spécifiques. Nos rencontres se sont multipliées, en 1964 avec Abdesselam Knani, le premier PDG de la STEG, ensuite en 1969 avec Baccar Touzzani. Nous avons pris alors l'initiative de remettre en état les interconnexions électriques, opération qui s'est poursuivie avec ses successeurs (Kamel Rekik se souvient sûrement dans quel esprit !) et qui continue à ce jour.

Du côté ouest, nous nous sommes retrouvés à Huelva en Espagne, en décembre 1964, avec nos collègues marocains de l'ONE et les

---

[1] Conférence prononcée à l'Atelier organisé par la Fondation Konrad Adenauer à Tunis, le 08 septembre 2015 sur le thème : « *La problématique du gaz naturel dans la région Euromed* »

électriciens espagnols pour étudier les possibilités d'une interconnexion entre le Maghreb et l'Espagne à travers le Détroit de Gibraltar, un projet devenu une réalité depuis 1997.

Au plan gazier, les premiers contacts ont été initiés dès la création de Sonatrach en décembre 1963. J'ai personnellement fait partie des premières délégations de la compagnie nationale algérienne qui ont engagé des discussions préliminaires, en Espagne avec Gas natural de Pedro Duran Farell, en Italie avec Eni qui venait de perdre son dirigeant historique Enrico Mattei et en France avec GDF du président Le Guellec, relatives à l'exportation de gaz naturel de Hassi R'mel alors que l'Algérie n'était encore propriétaire d'aucune installation.

N'oublions pas que la première installation industrielle de liquéfaction de gaz naturel dans le monde a été mise en service sur la rive sud de la Méditerranée, plus précisément à Arzew en 1964 et les premières cargaisons de la CAMEL (Compagnie algérienne de méthane liquide) livrées vers la Grande-Bretagne, puis vers la France au terminal de Montoir de Bretagne.

Ces brefs rappels ne sont pas fortuits, ils nous montrent combien la problématique de la coopération énergétique autour du Bassin méditerranéen est à la fois ancienne et prolifique. Elle a émergé dès les années 50 au moment où ont été découverts en Algérie et en Libye les premiers gisements d'hydrocarbures.

Et dès cet instant, les possibilités d'approvisionnement de l'Europe à partir des ressources naturelles de l'Afrique du Nord sous différentes formes ont commencé à être examinées. C'est donc ce thème que l'on m'a demandé de développer et de discuter avec vous, à savoir « ***La Problématique du gaz naturel dans la région Euromed*** » avec un focus sur l'Afrique du Nord et particulièrement sur l'Algérie qui en est l'un des principaux acteurs

Alors, allons droit au but : qu'attend de nous l'Europe et, en contrepartie, qu'attendons-nous de l'Europe?

L'Europe présente un déficit structurel croissant en gaz naturel

Tableau 1 – Le mix énergétique de l'Europe

	2014	2035
Pétrole	37%	
Gaz naturel	22%	27%
Charbon	17%	
Nucléaire	12%	
Hydroélectrique	5%	=
Autres Renouvelables	7%	27%

L'Europe, ce Vieux Continent comme on l'appelle communément, est composé de vieilles nations riches, fortement industrialisées et grosses consommatrices d'énergie sous différentes formes : pétrole (37%), gaz naturel (22%), charbon (17%), nucléaire (12%), énergie hydroélectrique et plus récemment de l'éolien et du solaire, etc…). C'est l'un des plus gros consommateurs mondiaux de gaz naturel, après les Etats-Unis et au niveau de la zone MENA où il y a de gros producteurs qui gaspillent beaucoup.

Comme elle n'a que de faibles réserves, essentiellement en Norvège, aux Pays-Bas et au Royaume-Uni et qu'elle en produit très peu, elle est le premier importateur mondial. Les principaux pourvoyeurs de l'UE en gaz sont la Russie (43,5% en 2014), la Norvège (30,5%) et l'Afrique du Nord (Algérie et Libye avec près de 12%), suivis par Qatar (7% en 2014 mais dont la part augmente chaque année alors que celle de l'Afrique du Nord diminue). Aujourd'hui, le taux de dépendance de l'Europe est de près de 50% mais les perspectives à long terme aggravent cette tendance.

Le tableau 2 montre que, malgré ses efforts en matière d'efficacité énergétique et de développement des énergies renouvelables, la demande européenne, augmente – avec un taux de croissance très faible il est vrai (+0,6%). L'Europe envisage de faire croître la part du gaz naturel dans son mix de 22% actuellement à 27% à l'horizon 2035 au détriment des autres fossiles. La consommation augmente alors que la production baisse à un taux supérieur (-2,1%), en

Norvège, en Hollande et au Royaume Uni, par conséquent les importations vont augmenter.

Tableau 2-Natural Gas Prospects in Europe

Bcm/yr	2013	2020	2035	Taux de croissance
Gas Demand	512	532	585	+0,6%
Gas Production	272	235	170	-2,1%
Imports	240	297	415	
External Dependance	47%	56%	71%	

Source : Medium & Long Term Natural Gas Outlook Cedigaz, February 2015

Les importations gazières de l'Europe

Aujourd'hui, l'UE importe 240/260 milliards de mètres cubes, les importations passeront à environ 300 milliards en 2020, à plus de 400 milliards en 2035. La dépendance énergétique de l'UE en gaz va donc s'accentuer et passer de 47% aujourd'hui à près de 60% en 2020 et plus de 70% en 2030, quel que soit le pays qui approvisionne.

L'Europe doit se rendre à l'évidence : en matière gazière, elle présente un lourd déséquilibre structurel caractérisé par 3 chiffres: 2% des réserves mondiales, 7% de la production (Norvège, Pays-Bas et Royaume Uni) et 14% de la consommation. Elle a de plus en plus besoin de gaz, elle en produit de moins en moins, ce qui l'amène à en importer de plus en plus.

De fait, l'Europe est le premier importateur mondial de gaz naturel, les principaux pourvoyeurs de l'UE en gaz étant la Russie (43,5% en 2014), la Norvège (30,5%) et l'Afrique du Nord (Algérie et Libye avec près de 12%), suivis par Qatar (7% mais dont la part augmente chaque année alors que celle de l'Afrique du Nord diminue)

Pendant longtemps, l'Europe s'est parfaitement accommodée de la dépendance au gaz russe : l'apogée de cette promiscuité a été atteint lors de la mise en service du gazoduc Russie-Allemagne à travers la Baltique avec l'ex-chancelier Schroeder comme président de la société mixte du gazoduc. Mais, depuis la crise ukrainienne de 2008, attisée par les rivalités russo-européennes dans l'ancienne province soviétique et les sanctions qui ont suivi et il faut bien l'avouer, sous la pression forte et constante des Etats-Unis, l'UE prend quelques distances et tente de réduire sa dépendance vis-à-vis du grand voisin de l'Est.

C'est ainsi que, récemment, l'UE a affiché une volonté de créer l'Union de l'énergie et la sécurité énergétique est devenue l'une des priorités de sa politique énergétique. Le commissaire européen à l'Énergie et à l'action climatique, l'Espagnol Miguel Arias Cañete, a précisé que l'Europe prépare un plan d'action pour réduire la dépendance actuelle de l'Europe vis-à-vis de la Russie, qui assure actuellement 43,5 % des livraisons de gaz à l'UE, devant la Norvège (30,5 %) et l'Algérie (10%).

A cet effet, la Commission propose de renforcer les liens et les contrats existants avec la Norvège et l'Afrique du Nord et de se tourner vers les pays d'Europe Centrale et Orientale, d'Asie Centrale, du Moyen Orient et de la Méditerranée et de soutenir la création de hubs avec les pays d'Europe Orientale (Grèce, Bulgarie, Turquie) et/ou en Afrique du Nord (Je ne crois pas personnellement à un hub en Algérie).

Et la question du pont énergétique en Méditerranée revient à l'ordre du jour. Il s'agit d'un « serpent de mer », un concept conjoncturel que l'on convoque épisodiquement et, plus particulièrement, en période de crise. Effectivement, après l'accentuation de la crise entre la Russie et l'Europe suite à la crise Ukrainienne, les initiatives se succèdent, beaucoup de réunions, de projets de plateformes de gaz, électricité, efficacité énergétique en Méditerranée, des idées de hubs en Méditerranée, etc.

Dans sa stratégie pour la sécurité énergétique adoptée le 28 mai 2014, la Commission européenne soulignait l'importance stratégique de la mer Méditerranée pour son approvisionnement en énergie. Elle soulignait que l'UE devrait entamer un dialogue commercial et politique renforcé avec des partenaires en Afrique du Nord et de la Méditerranée orientale afin de créer, en particulier, cette plate-forme de gaz en Europe du Sud de la Méditerranée. Le Président Barroso était à Alger en juillet 2014 et un partenariat énergétique stratégique entre l'Algérie et l'UE a été signé.

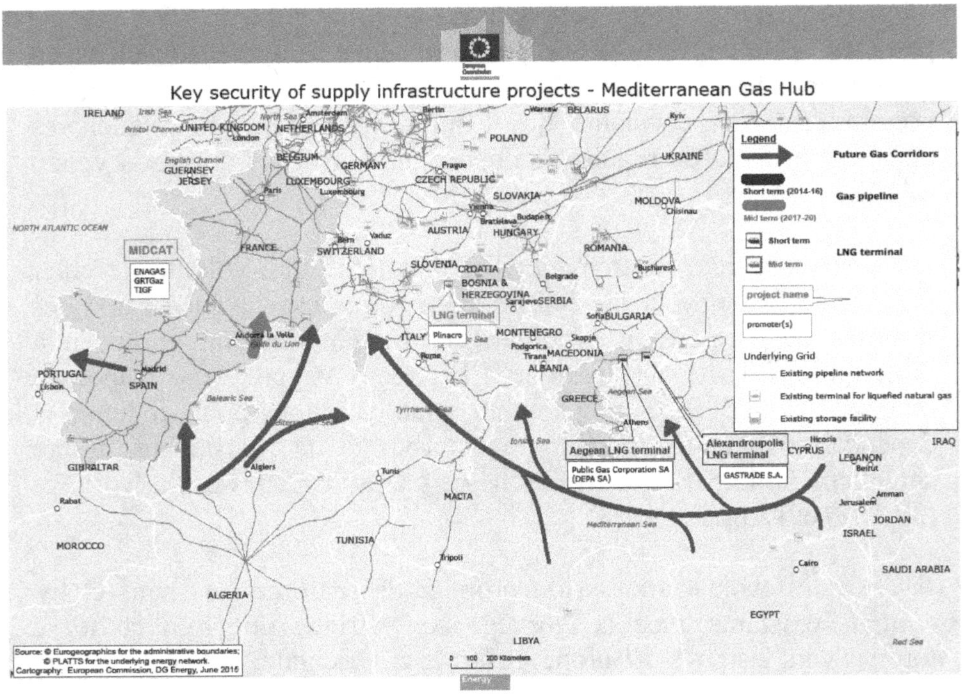

De retour d'un voyage à Alger au mois de mai dernier, le commissaire européen à l'Énergie et à l'action climatique, Miguel Arias Cañete, a fait une véritable déclaration d'amour. *« L'Algérie pourrait jouer un rôle essentiel dans le plan global de la Commission pour diversifier ses approvisionnements en gaz naturel.* » a-t-il déclaré lors d'un entretien avec un groupe de journalistes à Bruxelles au début juin soulignant les « *possibilités considérables* » dont dispose l'Algérie pour aider l'UE à diversifier ses approvisionnements en gaz naturel, insistant sur le fait que ce pays recèle des réserves non exploitées, à la fois conventionnelles et non conventionnelles (essentiellement du gaz de schiste).

Il a même suggéré que la Commission européenne organise au début de 2016 un forum d'entreprises pétrolières et gazières pour les inciter à s'engager de manière plus déterminée dans la recherche /exploration en Algérie. Cet axe de coopération a été confirmé dans la stratégie pour l'Union de l'énergie et la Commission a mis en place quelques instruments dont :

1. Le partenariat stratégique signé avec la Turquie et l'Algérie
2. La plateforme gazière en Méditerranée dont l'OME assure la coordination

3. Le projet de hub gazier méditerranéen

Dans ce contexte, que peut faire concrètement l'Afrique du Nord, essentiellement l'Algérie, la Libye et l'Egypte même si, pour l'instant, elle importe elle-même des quantités de gaz additionnelles pour ses propres besoins (mais d'importantes découvertes ont été faites récemment en offshore par le groupe italien Eni)

Le rôle de l'Afrique du Nord dans l'approvisionnement en gaz de l'UE

L'Afrique du Nord est actuellement le 3e fournisseur de l'Europe après la Russie et la Norvège même si sa part ne fait que diminuer depuis quelques années, en raison de la baisse de la demande mais surtout pour des motifs de diversification. Quelles prévisions pour l'avenir ?

Le tableau 3 « *Natural Gas in North Africa* », montre que l'Algérie a produit en 2014 plus de 78 milliards de m3, elle n'en a consommé que 37,5. 84% des exportations algériennes vont vers l'Europe (Ce chiffre a dépassé les 90 % dans le passé mais les pays européens ont diminué leurs prélèvements en raison de la crise économique mais aussi pour des motifs de diversification). L'Egypte a consommé quasiment toute sa production, donc n'exporte quasiment rien. La Libye - malgré la situation politique dramatique que vit le pays actuellement - a exporté environ 6 milliards de m3 en direction de l'Italie via le gazoduc Green Stream (Les 100% des exportations). L'Afrique du Nord destine donc la quasi-totalité de ses exportations (85%) vers l'Europe.

Tableau 3 – Natural Gas in North Africa (Bcm/yr)

	Algeria	**Egypt**	**Libia**	**Total**
Production	78,3	48,7	12,2	139,2
Consumption	37,5	48,3	6,2	92,0
Exports	40,7	0,4	6,0	47,1
Exports Europe	34,1	0,0	6,0	40,1
% Exports Europe	84%	0%	100%	85%

Source : BP Statistical Review June 2015

Le tableau 4 – European'Gas Imports From North Africa donne les détails des exportations des pays d'Afrique du Nord vers chacun des pays d'Europe. Les exportations se font soit par gazoduc, soit par GNL. La France a choisi le GNL, l'Italie et l'Espagne, les gazoducs.

Quatre gazoducs relient l'Afrique du Nord à l'Europe, deux relient l'Algérie à l'Espagne, un relie l'Algérie à l'Italie, et un gazoduc relie la Libye à l'Italie. En 2014, l'Afrique du Nord a exporté plus de 40 milliards de m3 vers l'Europe, dont plus de 25 par gazoducs, le reste sous forme de GNL. Ces gazoducs ont une capacité considérable et sont loin d'être saturés. En termes d'infrastructures, la capacité d'exportation des pays d'Afrique du Nord vers l'Europe dépasse le double (85 milliards de m3) des volumes exportés (40 milliards de m3).

En termes de réserves pour l'avenir, le tableau 5- North Africa Gas Reserves illustre le potentiel de production en Afrique du Nord. Pour l'ensemble de la région, les réserves sont de l'ordre de 8 000 milliards de m3 en gaz conventionnel et estimées à 27 000 milliards de m3 pour le gaz non conventionnel, *shale gas* plus précisément. Les estimations de ressources non conventionnelles doivent être prises avec prudence : on sait ce qu'il est advenu de celles annoncées pour la Pologne mais le potentiel existe et est certainement important.

Tableau 4 - European'Gas Imports From North Africa

Bcm/yr	Algeria (Pipes)	Algeria LNG	Libya (Pipe)	Total
France		4,4		4,4
Italy	6,2	0,1	6,0	12,3
Spain	11,1	4,9		16,0
Turkey		4,1		4,1
UK		0,5		0,5
Others	2,2	0,6		2,8
Sub-total	19,5	14,6	6,0	40,1
Total		34,1	6,0	40,1

Source : BP Statistical Review, June 2015

Le document prospectif intitulé *Medium & Long Term Natural Gas Outlook* publié en février 2015 par Cedigaz indique une production probable de *Shale gas* en Algérie de 12 milliards de m3/an à partir de 2020. En d'autres termes les ressources existent en Afrique du Nord d'autant plus que de l'avis de tous les experts le sous-sol de la region est nettement sous-exploré, non seulement en Algérie mais dans les autres pays du Maghreb en particulier dans l'offshore marocain, tunisien et égyptien (L'Eni vient encore de faire une importante découverte).

Tableau 5- North Africa Gas Reserves

Bcm	**Proven Reserves (end of 2014)** (1)	**Shale Gas potential** (2)
Algeria	4 500	20 000
Egypt	1 800	2 800
Libya	1 500	3 500
Morocco	------	600
Tunisia	100	500
Total	7 900	27 400

Sources : (1) BP Statistical Review June 2015
(2) : EIA/ARI World Shale Gas & Oil Resource Assessment June 2013

Les possibilités de découvertes nouvelles dans le conventionnel sont réelles alors que le potentiel en gaz de schistes est l'un des plus prometteurs au monde. Les réserves techniquement récupérables de gaz non-conventionnel de la région sont estimées à trois à quatre fois supérieures aux réserves conventionnelles restantes. L'offshore profond de la Méditerranée et de la côte africaine de l'Atlantique peut également nous réserver de bonnes surprises. Aussi on peut considérer que les ressources en hydrocarbures en Afrique du Nord existent pour satisfaire les besoins propres mais aussi pour contribuer à l'approvisionnement de l'Europe.

En ce qui concerne mon pays plus particulièrement, on peut s'attendre à un accroissement des possibilités d'exportation de 12 Gm3/an et à 10 Gm3/an supplémentaires d'économies du fait de l'important programme de 22 GW en renouvelables (les économies globales ont été estimées à 300 Gm3). On peut s'attendre donc à ce que les capacités d'exportation par gazoducs en Méditerranée et par méthaniers soient saturées à partir de 2020.

Rappelons qu'aujourd'hui, l'infrastructure imposante construite pour l'exportation du gaz naturel est nettement supérieure aux volumes exportés aujourd'hui : 7 usines GNL d'une capacité de 45 Gm3/an quatre en Algérie, deux en Egypte et une en Libye et de 4 gazoducs de plus de 58 Gm3/an, soit une capacité supérieure à 100 Gm3/an.

En termes de perspectives à long terme, l'Europe aura à importer 415 milliards de m3 de gaz à l'horizon 2035 mais les fournisseurs potentiels ne manquent pas. Outre les pourvoyeurs actuels (plus d'une dizaine) et dont les volumes d'exportation peuvent être accrus compte tenu de leurs capacités comme l'Iran, Qatar et l'Afrique du Nord (Pour 60 Gm3 soit environ 15%), il y aura de nouveaux fournisseurs notamment les Etats-Unis en gaz non conventionnels, l'Australie, l'Afrique de l'Est, les Pays entourant la Caspienne en particulier le Turkménistan. La part de la Russie sera certainement réduite même si le volume des importations va probablement se stabiliser.

Les réseaux gaziers méditerranéens

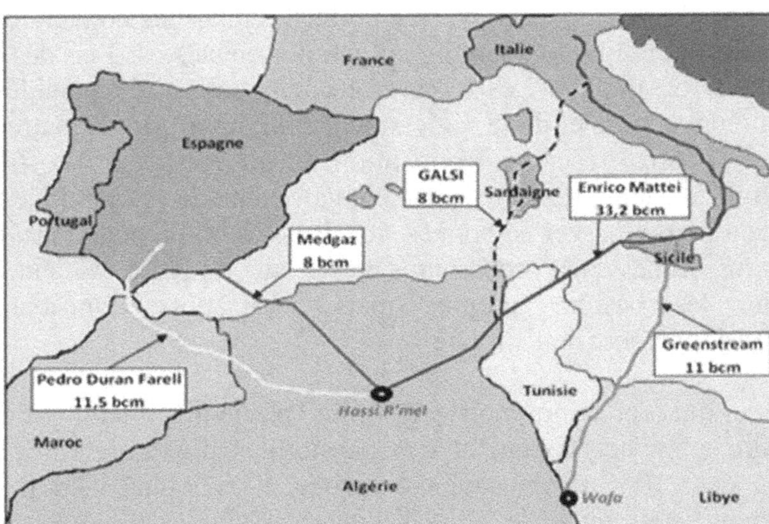

OME-GEM N°12 December 2014

Les défis de la coopération gazière en Euromed

Par conséquent, le problème de la sécurité des approvisionnements gaziers dans la Région Euromed ne se pose pas en termes de ressources et de capacités. Il s'agit, d'une part pour les pays producteurs d'Afrique du Nord, d'adopter des politiques appropriées de valorisation de la production gazière et d'autre part pour la coopération Euromed de relever un certain nombre de défis redoutables. Lesquels ?

Pour les pays producteurs :

- Maîtrise de la consommation interne par des efforts substantiels en matière d'efficacité énergétique, y compris par une réforme du régime des subventions en vigueur qui favorise le gaspillage sans protéger les plus démunis. Les tendances actuelles sont suicidaires : l'Egypte consomme toute sa production gazière et en Algérie, la consommation domestique de gaz naturel augmente de 5% par an ce qui portera la consommation totale à 75 Gm3/an en 2030 si cette tendance se maintient! (Installations de dessalement d'eau de mer à grande échelle gaspillage d'énergie) ;
- Développement des énergies renouvelables ; tous les pays producteurs de la région proposent actuellement des plans ambitieux de développement des énergies renouvelables, ce qui leur permet de préserver la ressource gaz pour l'exportation.
- Poursuivre et renforcer l'effort d'exploration et de production des hydrocarbures conventionnels et non conventionnels en faisant plus largement appel à la coopération internationale ;
- Affronter les problèmes environnementaux et d'acceptabilité sociale, celui du gaz non conventionnel de manière scientifique et en parfaite symbiose avec les aspirations légitimes des populations ;
- Bâtir un développement durable qui s'appuie non sur la gestion d'une rente-ressource mais par la valorisation de la connaissance et par la construction d'une base industrielle, économique et sociale saine.

Du côté des pays du Nord, il faut cesser de considérer les pays exportateurs comme des pourvoyeurs de ressources naturelles auxquels on fait appel en cas de difficulté ou de crise mais comme de véritables partenaires stratégiques en prenant en compte leurs préoccupations.

L'Europe doit assumer pleinement son statut de gros consommateur d'un gaz naturel qu'elle ne possède pas et qu'elle doit importer. A commencer par relativiser cette notion de dépendance. On parle de dépendance de l'Europe vis-à-vis des pays producteurs, mais la dépendance des pays producteurs vis-à-vis de l'Europe est plus grave, de l'ordre de 100% ou 90% (et non 30% ou 40%).

N'est-il pas temps de changer de paradigme et de passer du concept de dépendance à celui d'interdépendance ? Plutôt que de véhiculer ces conceptions obsessionnelles de la sécurité qui, à la longue, jettent le discrédit sur le producteur ou l'exportateur, ou bien de dépendance qui de fait établit un lien à sens unique alors que cette dépendance est bel et bien à double sens.

La sémantique est importante. Quand on parle de sécurité, les pays du sud de la Méditerranée n'ont jamais failli à leurs obligations contractuelles. L'Algérie exporte son gaz depuis un demi-siècle, le GNL depuis 1964, et depuis 1983 par le gazoduc Enrico Mattei. A aucun moment, il n'y a eu une quelconque interruption dans les livraisons de gaz, même dans les années 90, lorsque le pays a traversé des situations dramatiques, ni une utilisation du gaz à des fins politiques.

De la nécessité de repenser les relations entre pays exportateurs et importateurs

Les problèmes pour l'ensemble de la zone euro-méditerranéenne relèvent essentiellement du climat de confiance, d'un partenariat permanent, durable et pas seulement en période de crises: l'Europe parle de sécurité d'approvisionnement, les producteurs demandent en retour une sécurité de la demande. En effet, il est impossible de demander aux pays producteurs de faire des investissements de long terme alors que l'Europe s'engage simultanément à faire du tout renouvelable et à diminuer sa dépendance envers les pays producteurs.

De plus, les infrastructures tels que les gazoducs ou les usines de liquéfaction nécessitent des investissements considérables qui nécessitent des engagements fermes de longue durée, l'Europe devrait pouvoir assurer en contrepartie des risques une sécurité de la demande, par exemple en intégrant risques et assurances dans les partenariats stratégiques. L'Union de l'énergie pourrait d'ailleurs constituer un cadre pour la définition d'objectifs clairs et la mise sur pieds de partenariats stratégiques pour assurer une sécurité de la demande et des approvisionnements et ainsi instaurer un climat de confiance pour les investissements.

Lors de l'appel d'offres lancé par l'Algérie en 2014, par exemple, les compagnies européennes ont été absentes (Total, Statoil..). Ce sont les sociétés asiatiques, chinoises et russes qui sont intervenues pour faire de la recherche et de l'exploration. Il faut que les compagnies européennes s'impliquent et prennent des risques dans ces investissements.

Le gaz n'est pas un marché banal, il nécessite un cadre et des contrats à long terme avec un prix rémunérateur. On ne peut pas continuer à avoir des prix volatils, notamment avec l'arrivée du gaz de schiste aux Etats-Unis qui a fait chuter les prix, et des conditions de production qui ne sont pas les mêmes partout. L'ère du gaz bon marché est révolue. Cette réalité doit être prise en compte dans toute tentative de mettre de l'ordre dans les conditions de valorisation du prix du gaz naturel en Afrique du Nord, que ce soit pour l'approvisionnement du marché domestique ou pour, selon le cas, les exportations ou importations de quantités supplémentaires.

L'exploitation des ressources naturelles dans un pays comme l'Algérie doit absolument se traduire par un développement industriel qui rende l'Algérie plus indépendante de la rente des hydrocarbures. Cela nécessiterait un échange technologique avec les compagnies, auquel les compagnies occidentales sont très réticentes.

Pour conclure, je vous invite à observer attentivement la carte des infrastructures gazières, établie pour les besoins du Plan Bleu en Méditerranée. Elle regorge d'infrastructures gazières de toutes sortes, des gazoducs à travers la Méditerranée, des usines de liquéfaction au Sud en Algérie, en Libye et en Egypte, des installations de regazéification en Espagne, en France, En Italie, en Grèce, en Turquie. Je dirai le hardware est là, il reste à affiner le software par une coopération accrue.

Conclusion

Les conditions existent. En effet, il se trouve que, autour de la Méditerranée, les ressources énergétiques sont abondantes et concentrées dans la partie méridionale alors que les pays de la partie septentrionale qui ont de grands besoins et la plus forte consommation disposent, eux, de la technologie, des ressources humaines, de l'expérience du développement et des moyens financiers.

Cette distribution des richesses suggère l'idée que la nature a fait les choses de manière telle que s'imposent naturellement aux pays des deux rives la complémentarité, le travail en commun, la coopération, la solidarité avec les défis que crée cette situation particulière. Des défis, il y en a beaucoup effectivement et ils sont de taille et pour les uns et pour les autres. Il faut les transformer en projets communs à réaliser ensemble !

La transition énergétique, un levier pour l'intégration du Maghreb ?

Introduction

Avec une population de 83 millions d'habitants aujourd'hui qui atteindra 110 millions en 2030, durablement attachés aux mêmes civilisations, parlant les mêmes langues, ayant la même culture[1], le Maghreb (Maroc, Algérie, Tunisie)[2] constitue un grand ensemble homogène avec des Etats qui ont une longue histoire commune, dont la plus récente puise sa source dans la lutte de libération engagée pour l'accession à la liberté et à l'indépendance, acquise entre 1956 et 1962.

Situé au Nord de l'Afrique et aux portes de l'Europe, avec une façade sur la Méditerranée et une autre sur l'Atlantique, le Maghreb jouit d'une situation géostratégique privilégiée qui lui confère des ouvertures sur l'Amérique, l'Europe, le Moyen-Orient et l'Asie. Il est doté de richesses naturelles variées, d'infrastructures solides et surtout de ressources humaines de qualité, avec un potentiel intellectuel remarquable constitué par des élites et cadres compétents, formés dans des universités et grandes écoles nationales et/ou internationales, dotés d'une double culture à la fois orientale et occidentale, particulièrement appréciés à l'étranger, autant dans les entreprises qu'au sein des Institutions régionales et internationales.

Malgré de sérieux et innombrables atouts, les Etats qui constituent cet ensemble, important à tous égards, n'arrivent pas à décoller sur le plan économique et peinent à dépasser un taux de croissance du PIB de 4%, inférieur à la moyenne de l'Afrique, ce qui ne suffit pas pour faire face aux problèmes de développement d'une population très jeune en pleine croissance, encore moins pour prétendre passer au rang de puissance émergente. Le commerce interrégional ne dépasse

---

[1] Contribution pour *Medenergie* n° 49 - Janvier 2016

[2] L'ensemble régional institutionnel dénommé l'Union du Maghreb arabe (UMA), créé en 1989, englobe, en outre, la Libye et la Mauritanie.

pas les 3% et le retard enregistré dans l'intégration du Maghreb coûte entre 1,5 et 2% de croissance du PIB à chacun des 3 pays[1].

Pourtant, à l'heure de la mondialisation et des grands ensembles, la solution existe. Elle est dans l'intégration et, en particulier, autour de l'énergie. Bien que, et peut-être parce que, l'énergie est répartie inégalement entre les différents Etats du Maghreb elle pourrait, paradoxalement, créer des liens d'interdépendance et favoriser l'intégration.

Cette affirmation s'appuie sur l'expérience vécue dans les années 1970 dans le secteur de l'énergie électrique qui sera détaillée ci-après. Elle prend en considération une réalité caractérisée par l'intérêt commun, par des traditions de coopération solides dans ce domaine et par un enchevêtrement de réseaux électriques et gaziers très denses entre les trois pays.

Situation énergétique du Maghreb

La consommation d'énergie primaire est caractérisée, d'une part, par une forte croissance, d'autre part, par la prédominance des énergies fossiles. Elle a atteint près de 70 millions de tonnes équivalent pétrole (Mtep) en 2011, l'Algérie comptant pour 60% du total, suivie par le Maroc (25%) et la Tunisie (15%). Entre 2000 et 2011, elle a cru au taux annuel moyen de 4% soit le double du taux moyen mondial, malgré la faible croissance en Tunisie (3%). Le Maroc et l'Algérie ont enregistré, pour leur part, les plus fortes croissances avec respectivement 5% et 4% (Tableau 1)

Comparée à la consommation mondiale, la consommation totale des 3 pays du Maghreb ne compte que pour à peine 0,5% (Tableau 1). La consommation moyenne par habitant demeure faible et inférieure à la moitié de la consommation mondiale par habitant, même si elle a progressé entre 2000 et 2011 dans les trois pays (Figure 1). Seule la consommation moyenne de la Tunisie, qui a mis en œuvre dès le milieu de la décennie 1980 des programmes vigoureux de maîtrise de la demande, a progressé à un rythme inférieur à celui de la consommation moyenne mondiale sur la période.

---

[1] Safir Nadji, *Que veut le Maghreb ?* in Revue Futuribles, N°398, Janvier 2014

Tableau 1: Consommation d'énergie primaire 2000-2011 (Mtep)

	Algérie	Maroc	Tunisie	Maghreb	Monde
2000	27	10	7	44	10 082
2005	32	13	8	53	11 532
2010	40	16	10	66	12 905
2011	42	17	10	69	13 113
Taux de croissance	4%	5%	3%	4%	2%
% Maghreb	60%	25%	15%	100%	

Source: AIE- World Energy Statistics and Balances

La consommation électrique totale, qui a dépassé 77 TWh en 2011 soit l'équivalent de 10% de la consommation totale, connaît, depuis quelques années, des taux de croissance à deux chiffres en même temps que le déplacement de la pointe vers l'été, à cause de la demande croissante d'électricité pour la climatisation

En contrepartie, la production totale d'énergie du Maghreb dépasse très largement les besoins. En 2011, l'Algérie seule a produit 152 Mtep[1] soit plus du double de la consommation totale du Maghreb et la Tunisie 6 Mtep, soit les 60% de sa propre consommation. Le Maroc, quant à lui, importe les 95% de ses besoins.

[1] La production pétrolière de l'Algérie, qui avait atteint près de 2 millions de barils/jour (Mb/j) en 2007, a régulièrement décliné depuis pour se situer à près de 1,6 Mb/j en 2013, selon le BP statistical review 2014 publié en juin. La production gazière a suivi la même tendance avec 78,6 milliards de mètres cubes (Gm3) en 2013 après avoir culminé à 88,2 Gm3 en 2005.

Figure 1: Consommation d'énergie primaire par habitant (tep)

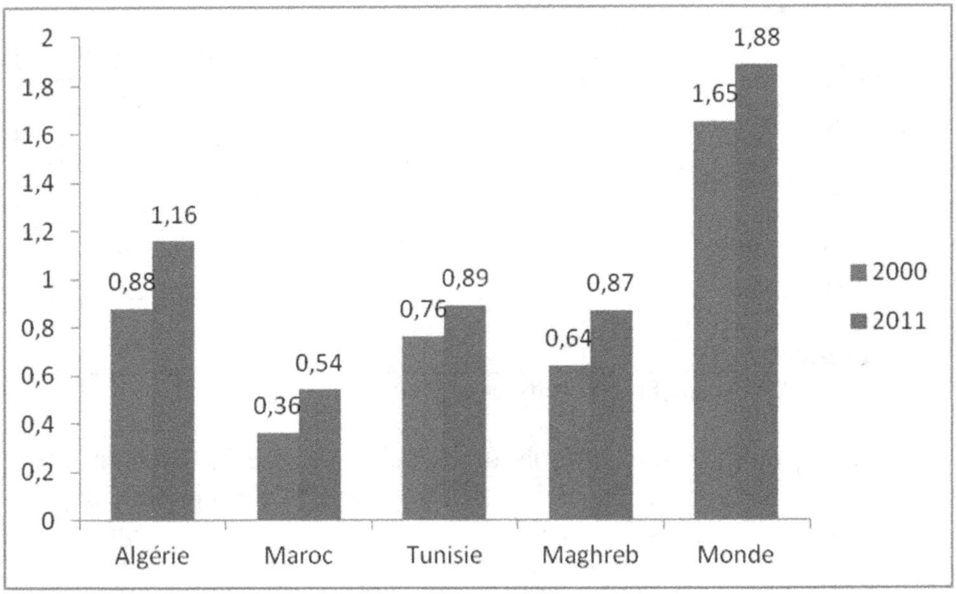

Source: AIE : Key World Energy Statistics 2013

Prédominance des énergies fossiles

Le tableau ci-dessous montre qu'en 2011 la part des énergies fossiles dans la consommation d'énergie primaire au Maghreb était de 97%: pétrole (48%), gaz (44%) et charbon (5%).

Tableau 2 - Composition du mix énergétique (%)

	Algérie	Maroc	Tunisie	Maghreb
Pétrole	40	73,7	40	48
Gaz	59	4,0	45,2	44
Charbon	0,96	18,0	0	5
Hydro	0	1,0	0	0,3
Biocarburants & déchets	0,04	2,9	14,6	2,6
Solaire/Eolien	0	0,4	0,2	0,1
Total	100%	100%	100%	100%

Source: Bilans énergétiques des ministères de l'énergie, 2011

Par pays, la situation est plus diversifiée: le pétrole domine au Maroc (74% de la consommation totale d'énergie) alors que la contribution du gaz naturel est prépondérante en Algérie (59%) et en Tunisie (45%). La consommation de charbon est limitée essentiellement au Maroc, où elle constituait un peu plus de 18% de la consommation totale d'énergie primaire. Le Maroc est le seul pays de la région à exploiter et à construire encore des centrales électriques fonctionnant au charbon.

Le gaz naturel occupe une place privilégiée car il est abondant en Algérie (il y en a un peu en Tunisie aussi) et constitue un vecteur majeur de coopération avec l'Europe. L'expansion du réseau régional de gazoducs, qui avait pour finalité l'approvisionnement du marché européen (Italie d'abord, Espagne et Portugal ensuite, la France ayant préféré l'approvisionnement en GNL par méthaniers), a entrainé une intégration plus importante entre les réseaux gaziers, algérien et tunisien d'abord en 1983, algérien et marocain ensuite en 1997.

Néanmoins, si les interconnexions gazières ont permis des avancées certaines en matière d'approvisionnement et d'environnement, elles n'ont pas constitué un facteur déterminant de la coopération maghrébine, jusqu'à présent tout au moins, les recommandations des différentes conférences régionales relatives à la mise en œuvre de projets communs de développement énergétique et d'opérations de partenariat intermaghrébin n'ayant pas toujours été suivies d'effet.

La part des énergies renouvelables est très marginale

A l'échelle du Maghreb, les énergies renouvelables (ER) comptait pour à peine plus de 3% de la consommation d'énergie primaire en 2011, avec 0,3% pour l'hydraulique, 2,5% pour les biocarburants/déchets et 0,1% pour le solaire/éolien. Par comparaison, les énergies renouvelables ont contribué en 2011 pour 13,2% de la consommation d'énergie primaire mondiale[1] dont 2,3% d'hydraulique, près de 0,5% de solaire et éolien, et 10% de biocarburants et déchets. Il faut noter qu'au Maghreb: (a) les biocarburants/ déchets comptaient pour 87% de la contribution totale des ER, suivie par l'hydraulique

---

[1] Les statistiques relatives à la pénétration des énergies renouvelables à l'échelle mondiale diffèrent selon les sources. Les chiffres présentés ici proviennent du «World Energy Statistics and Balances, 2013» de l'AIE, source principale des statistiques utilisées pour les pays du Maghreb.

10% et le solaire/éolien 3% ; (b) la quasi-totalité des biocarburants/ déchets est consommée en Tunisie[1] (Tableau 3).

Tableau 3 - Place des EnR dans la consommation d'énergie primaire en 2011 (en %)

	Algérie	**Maroc**	**Tunisie**	**Maghreb**
Hydro	0,1	0,95	0,05	0,3
Biocarburants & déchets	0,04	2,90	14,0	2,7
Solaire/ Éolien	0	0,35	0,10	0,1
% de la CEP	0,1%	4,2%	14,2%	3,1%

Source: AIE - World Energy Statistics and Balances, 2013

Par pays, l'Algérie compte la part d'ER la plus faible avec 0,1% (hydraulique et biocarburants/déchets), suivie dans l'ordre croissant, par le Maroc 4,2% (biocarburants/déchets et hydraulique) et la Tunisie 14,2% (99% biocarburants/déchets). Le solaire et l'éolien ont des contributions négligeables dans tous les pays, sauf au Maroc où ils comptent pour 8% du total des énergies renouvelables.

Efficacité énergétique

L'intensité énergétique, exprimée en tep par dollar constant 2005, est au niveau de la moyenne mondiale au Maroc et en Tunisie, mais supérieure en Algérie, ce qui confirme un manque d'efficacité comme d'ailleurs dans la plupart des pays producteurs et exportateurs d'hydrocarbures (Figure 2).

[1] Durant la conférence du Comelec dédiée aux renouvelables en novembre 2012, la consommation de biocarburants/déchets en Tunisie a été contestée, à juste raison, et jugée excessive.

Figure 2 - Intensité énergétique (tep/2005 US k$)

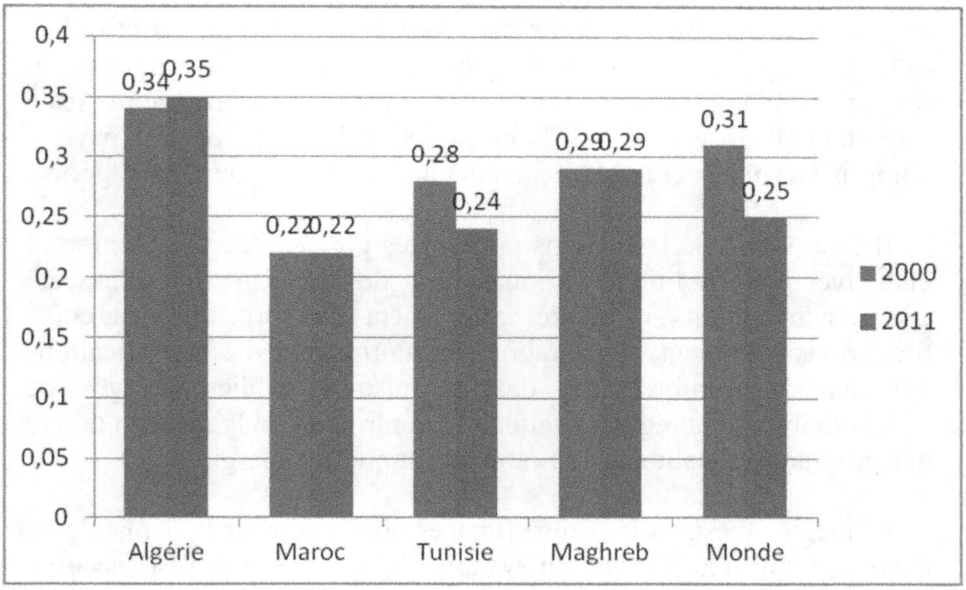

Source: AIE - World Energy Statistics and Balances, 2013

Certes, les résultats relatifs à la maîtrise de la demande en énergie sont loin d'être satisfaisants, surtout en ce qui concerne l'Algérie, mais il faut souligner une prise de conscience précoce et des mesures institutionnelles et réglementaires importantes: création d'agences spécialisées (Agence nationale pour la maîtrise de l'énergie ANME en Tunisie en 1985, Agence pour la promotion et la rationalisation de l'utilisation de l'énergie APRUE en Algérie en 1985 et Agence nationale pour le développement des énergies renouvelables et de l'efficacité énergétique ADEREE au Maroc en 2009); adoption de lois et règlements sur la maîtrise de l'énergie.

L'une des conclusions du séminaire organisé par les Institutions internationales à Marrakech en 1991[1] décrivait ainsi la situation: *«Les*

[1] Séminaire organisé à Marrakech du 10 au 14 juin 1991 par le programme conjoint PNUD /Banque Mondiale d'assistance à la gestion du secteur de l'énergie en collaboration avec les Ministères de l'énergie de l'Algérie, du Maroc et de la Tunisie et dont les conclusions restent pertinentes. Cette rencontre reste l'une des plus importantes tenues sur la coopération énergétique au Maghreb.

trois[1] *pays du Maghreb ont commencé à intégrer la maîtrise et la rationalisation de la demande d'énergie comme composante de leur politique énergétique ; l'expérience tunisienne, bien que perfectible, apparaît cependant comme la plus avancée».* Cette constatation demeure valable aujourd'hui car le potentiel d'efficacité reste important (Il est estimé à 20% de la demande) dans tous les pays, y compris la Tunisie et le Maroc, mais tout particulièrement en Algérie.

Il faut noter que les actions principales préconisées pour renforcer et activer cette politique régionale lors du séminaire n'ont pas été entièrement mises en œuvre: alignement des prix sur les coûts d'approvisionnement; élaboration de normes et de spécifications communes; renforcement des organismes publics chargés de l'élaboration, de la réglementation, du contrôle et de la mise en œuvre des programmes nationaux de rationalisation de l'énergie.

L'une des mesures les plus efficaces pour maîtriser la demande en énergie a trait à la réforme du système de soutien généralisé, accordé aux produits énergétiques sous différentes formes.

Concernant le soutien aux tarifs des produits énergétiques en particulier, il faut signaler que si les experts dans les entreprises publiques, en charge de la distribution de l'électricité et du gaz[2], ont soulevé dès les années 1970-80 la question de la corrélation entre l'efficacité énergétique et la politique des prix, la taxation et les subventions des produits énergétiques, les dirigeants politiques ont constamment adopté des postures populistes et les prix restent rigoureusement administrés et particulièrement bas, au regard des coûts et des standards internationaux.

Une telle politique, sensée protéger les consommateurs les plus modestes, favorisent au contraire les plus aisés qui consomment plus et, surtout, incite au gaspillage des ressources énergétiques. C'est ainsi qu'en Algérie, les subventions dépassent les 10% du PIB (elles dépassent le budget de l'éducation et de la santé réunis) comme dans la

---

[1] Le séminaire était basé sur une étude intitulée ALTUMA (ALgérie, TUnisie, MAroc), financée par le département Industrie et Énergie de la Banque mondiale et la Région EMENA (Europe Middle East and North Africa) de l'époque.

[2] *Énergie et développement - l'effet tunnel*. N. Berrah, alors directeur général adjoint de Sonelgaz, en charge du développement, in *Revue de L'Énergie* No 356 août/septembre 1983.

plupart des pays de la zone MENA (Middle Est & North Africa)[1]. Elles sont moins élevées au Maroc (1%) et en Tunisie (3%) mais grèvent lourdement les budgets (la facture énergétique du Maroc dépasse les 13% du PIB).

Le gouvernement tunisien, issu de la Révolution de 2011, s'est engagé résolument et courageusement sur la voie de la suppression des subventions et de l'augmentation des tarifs depuis le début de l'année 2014, en s'attaquant d'abord aux industries énergivores ensuite aux gros consommateurs domestiques. Le gouvernement marocain semble emprunter la même voie même s'il ne va pas aussi loin en décidant, en 2012, une augmentation de 20 % des prix à la pompe, des produits pétroliers destinés aux ménages et du fuel industriel, dans le cadre d'une réforme générale de la caisse de compensation, chargée de réguler les prix à la vente de certains produits de première nécessité.

Le gouvernement algérien, quelque peu anesthésié par l'embellie financière due à l'augmentation des revenus pétroliers[2], n'a pas encore modifié la politique en la matière, malgré les sollicitations pressantes formulées régulièrement par les dirigeants des entreprises publiques.

En tout état de cause, tout le monde s'accorde à dire que les augmentations des tarifs domestiques des produits énergétiques, si elles sont amplement justifiées, doivent néanmoins préserver les intérêts des catégories sociales à faible revenu, dans le cadre de tarifs sociaux ou autres moyens ciblant de manière précise les populations à soutenir.

L'empreinte carbone est limitée

Les émissions de gaz carbonique par habitant ont augmenté de 2,06 à 2,21 tonnes de CO_2 de 2000 à 2011 alors que la moyenne mondiale a progressé de 4,1 à 4,5 tCO_2 par habitant. Malgré cette augmentation, les émissions des 3 pays demeurent donc significativement inférieures à la moyenne mondiale (Figure 3).

[1] IMF Report subsidies 2013
[2] Entre 2000 et 2011, le PIB de l'Algérie a été multiplié par 2,8.

Figure 3: Émissions de gaz carbonique par habitant (tCO_2/habitant)

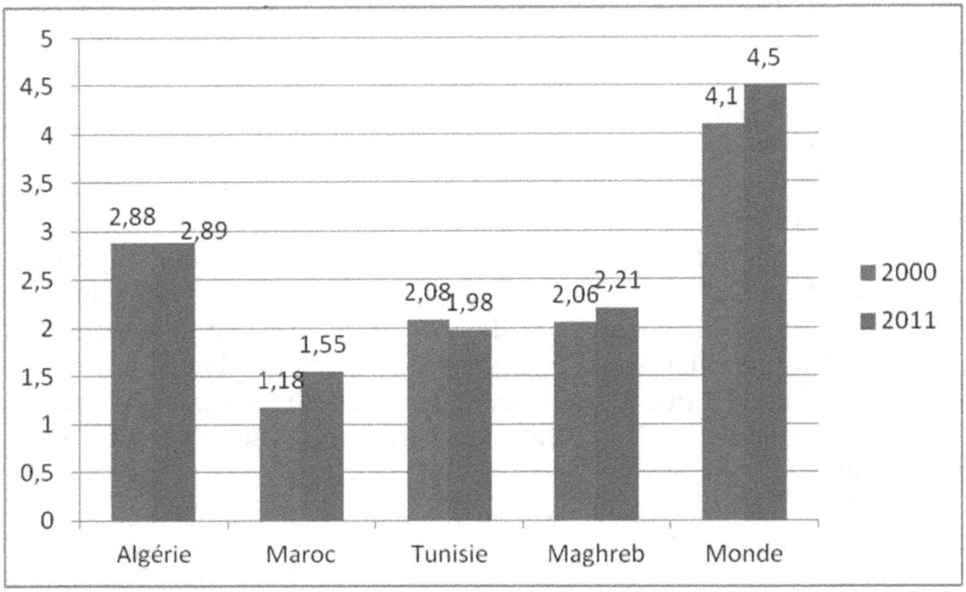

Source: AIE : Key World Energy Statistics 2013

L'intensité carbone par unité de PIB (Figure 4) est nettement inférieure à la moyenne mondiale en 2011. Elle a baissé dans les 3 pays, en particulier en Algérie dont l'intensité a diminué de 50% entre 2000 et 2011 en raison d'une augmentation considérable du PIB liée à la hausse des prix du pétrole et aussi aux gros efforts pour réduire le volume des gaz torchés.[1]

Il est évident que les pays du Maghreb, comme tous les pays en développement, ont droit au développement, ce qui induit des besoins énergétiques importants. Toutefois, ils n'ont pas à suivre l'exemple des pays industrialisés qui ont commencé à consommer abondamment de l'énergie à bon marché, voire à gaspiller, tout en polluant avant de décider de lutter contre les émissions de gaz à effet de serre.

[1] *La réduction des volumes de gaz brûlés: l'action de Sonatrach pour le développement durable* - Rabah Nadir Allouani et Redouane Haddadji in *Medenergie* N°10-Janvier 200

Figure 4: Intensité Carbone ($kgCO_2$/2005 US$)

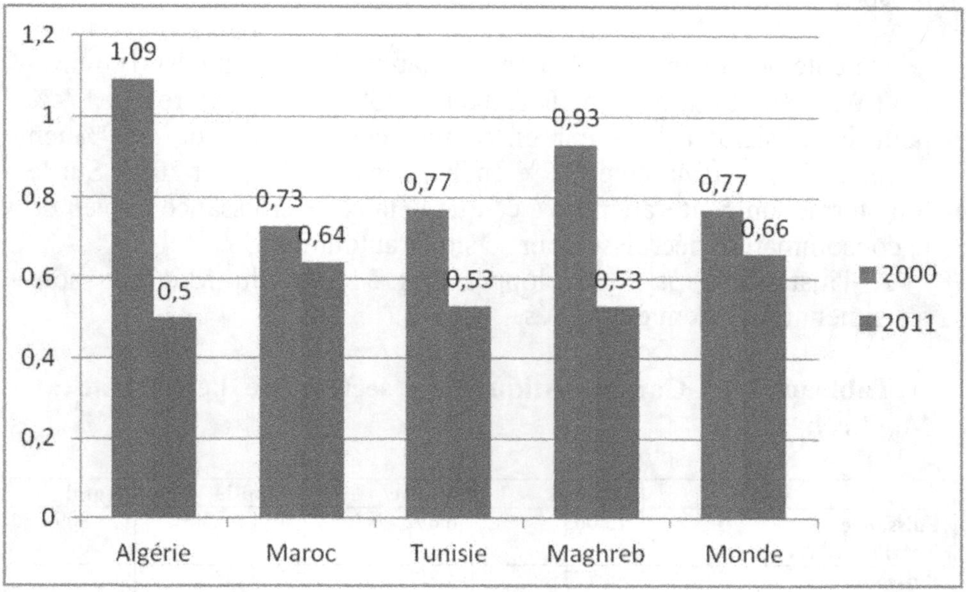

Source: AIE : Key World Energy Statistics 2013

Un secteur électrique puissant

A la fin de l'année 2012, la capacité de production électrique était de près de 24 GW dont 55% en Algérie, 28% au Maroc et 17% en Tunisie (Tableau 4). La puissance maximale appelée (ou pointe), qui s'est déplacée depuis quelques années de l'hiver vers l'été dans les trois pays en raison d'un appel de puissance important dû à la climatisation, a connu une croissance exceptionnelle de 14% en Algérie, un taux plus modéré de 5% au Maroc et de 2,3% en Tunisie entre 2011 et 2012.

La production est principalement d'origine thermique, les centrales fonctionnant à 99% au gaz naturel en Algérie et en Tunisie, avec un mix charbon/produits pétroliers au Maroc à 90%. Si les centrales électriques sont en quasi-totalité la propriété des compagnies publiques ou de leurs filiales en Algérie et en Tunisie, les installations privées réalisées au Maroc dans le cadre de la libéralisation du secteur interviennent pour 70% de la production totale.

Il faut signaler que les échanges entre les pays maghrébins sont marginaux au regard des potentialités des interconnexions existantes.

Par contre, le Maroc a importé 18% de ses besoins en électricité d'Espagne en 2012.

Du côté de la demande, la consommation d'électricité est d'environ 85 TWh, répartie à 50% pour l'Algérie, 33% pour le Maroc et 17 % pour la Tunisie. Elle a enregistré un accroissement de 10,9% en Algérie, 7,4% au Maroc et 7,7% en Tunisie entre 2011 et 2012. Sur le long terme, on peut s'attendre à ce que le taux de croissance moyen de la consommation décroisse pour se situer autour de 5%

A l'instar des pays développés, les 3 pays du Maghreb sont quasiment totalement électrifiés.

Tableau 4 - Caractéristiques du secteur de l'électricité au Maghreb

	Algérie	Maroc	Tunisie	Total
Puissance installée (MW)	13 003	6 692	4 114	23 809
Puissance appelée (MW)	9 777 (le 02 août)	5 280 (le 08 août)	3 353 (le 11 juillet)	
Production totale (GWh) **- Thermique vapeur** **- Turbine à gaz** **- Cycle combiné** **- Renouvelables** **- Hybrides gaz-Solaire** **- Diesel**	54 086 9 422 24 075 18 623 389 1 159 416	26 356 15 413 1 666 6 201 2 544 533	16 781 5 443 2 370 8 663 306	97 223
Consommation totale (GWh)	43 150	27 561	14 066	84 777
Croissance de la conso 2012/2011	10,9%	7,4%	7,7%	
Nombre de consommateurs	7 428 843	4 716 602	3 384 131	
Consommation/hab (KWh)	1 142	845	1 302	
Longueur des réseaux (Km) **- Réseau transport HT** **- Réseau distribution MT/BT**	 23 779 269 461	 21 854 238 330	 5 971 152 729	

Source: Comelec. *Bulletin statistiques 2012.*

L'interconnexion des réseaux électriques et le Comelec

La situation du Maghreb dans le domaine de l'énergie est aussi marquée par un acquis de taille, l'interconnexion complète des réseaux électriques et l'existence d'un organisme de coordination permanent. Les conclusions du séminaire de Marrakech de 1991, cité plus haut, mettaient en relief cet avantage en ces termes: « *Le secteur électrique demeure le secteur d'avant garde dans le domaine de la coopération maghrébine. Très tôt, des actions ont été menées par les entreprises d'électricité afin d'harmoniser les règles d'exploitation des réseaux et profiter des complémentarités des systèmes pour réduire les coûts de gestion. Il faut cependant noter qu'elles demeurent modestes par comparaison aux gains engendreraient une gestion et un développement intégrés des systèmes* ».

En effet, dès le mois de juin 1973, bien avant la constitution de l'Union du Maghreb Arabe (UMA) en 1989, les entreprises publiques d'électricité des trois pays, l'office national marocain de l'électricité (ONE), la société nationale algérienne de l'électricité et du gaz (Sonelgaz), la société tunisienne de l'électricité et du gaz (STEG) ont décidé la création du Comité maghrébin de l'Electricité Comelec[1], immédiatement entérinée par le Conseil permanent consultatif maghrébin (CPCM) qui regroupe les ministres de l'Economie des 3 pays.

Les compagnies des deux autres pays ont rejoint le Comité: Sonelec (Mauritanie) en 1975 et Gecol (Libye) en 1989 après la constitution de l'UMA, formant ainsi le groupe spécialisé le plus ancien de l'Union, dont les missions consistent à promouvoir et coordonner, à l'échelle maghrébine et vis à vis des institutions internationales, les relations sur les plan technique, économique, commercial, industriel, du management, de la formation et des relations sociales. Dans ce cadre, des actions concrètes et efficaces ont été conduites en commun:

- renforcement des lignes d'interconnexion et développement des échanges électriques avec pour finalité d'assurer une solidarité des réseaux tout en évitant les risques de propagation d'incidents graves.
- programmes d'équipement et étude de projets communs, diffusion d'un schéma directeur à long terme du réseau maghrébin; projets de station de pompage ou même de centrale nucléaire

---

[1] Keramane A. *Les échanges d'électricité: de l'interconnexion maghrébine aux liaisons entre réseaux électriques méditerranéens* in *L'Energie et sa distribution: pétrole, gaz naturel, électricité,* 1996 Encyclopédie de la Méditerranée - Editions Jaca Book (Milan) en italien- - Edisud (Paris) en français et Alif (Tunis) en arabe

- élaboration et mise à jour permanente d'une carte du réseau électrique maghrébin, y compris le réseau de distribution impliquant l'alimentation des villages frontaliers à partir du réseau le plus proche et dans les conditions technico - économiques les plus favorables; la première action et probablement la plus symbolique a été l'alimentation du village tunisien martyre de Sakiet Sidi Youcef à partir du réseau algérien ou du village marocain de Figuig à partir du réseau algérien à Beni Ounif;
- utilisation commune des structures de formation électriques et gazières;
- promotion de l'intégration industrielle maghrébine, de l'intervention des bureaux d'études et entreprises de travaux et de fabrication de matériel électrique du Maghreb, à travers notamment le renforcement de la fonction engineering.

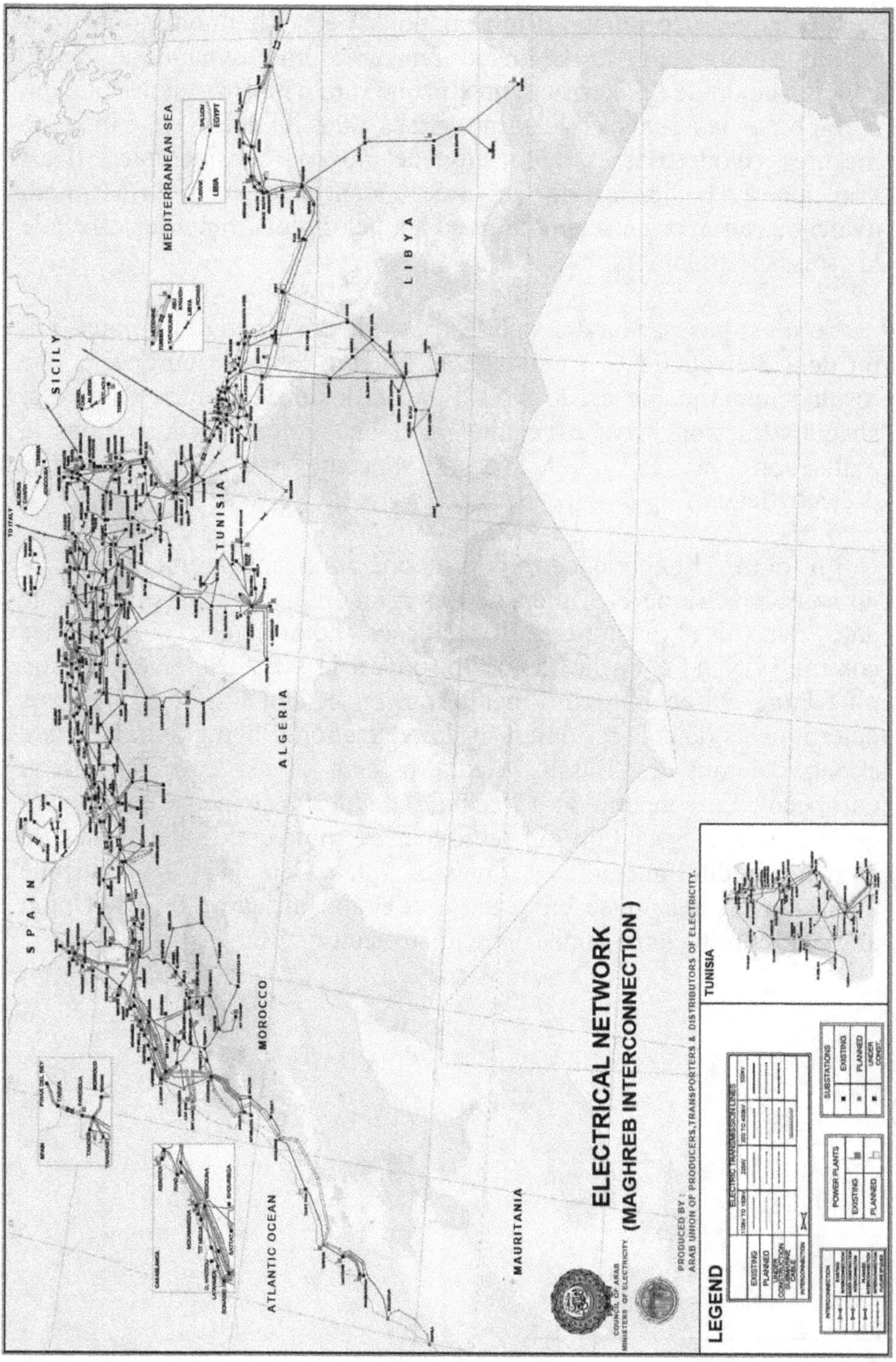

Carte du réseau électrique maghrébin

L'échange constant d'informations et l'harmonisation des politiques au sein du Comelec ont créé une dynamique de la généralisation de l'électrification en zone rurale mais aussi urbaine qui a impliqué les Etats et les Entreprises dans la mise en œuvre de mesures vigoureuses et l'allocation de moyens considérables. Il est vrai que, au lendemain de leur indépendance, les pays du Maghreb avaient à rattraper un retard colossal auquel il faut ajouter les effets de la croissance démographique.

Ce n'est pas par hasard que les pays du Maghreb ont aujourd'hui un taux d'électrification comparable à celui des pays européens. Ce résultat remarquable est le fruit d'une réflexion commune, même si chacun des trois pays a ensuite suivi une voie spécifique pour la réalisation et le mode de financement des programmes d'électrification.

En outre, l'expérience de la coopération maghrébine dans le domaine électrique et l'intensité des relations entretenues de longue date avec les institutions spécialisées homologues européennes comme l'UNIPEDE ou la CIGRE ont ouvert la voie à une coopération plus large à l'échelle euro-méditerranéen et constitué des éléments déterminants dans la réflexion sur la réalisation d'une grande ceinture électrique autour du Bassin Méditerranéen, interconnectée au réseau européen[1]. La coopération à l'échelle méditerranéenne se fait au sein de Medelec, Association qui regroupe les compagnies électriques du Bassin méditerranéen. De même que Comelec a contribué puissamment à la mise en place de l'Union africaine et de l'Union arabe des producteurs et distributeurs d'électricité

[1] Keramane A., *La boucle électrique et le marché euro-méditerranéen de l'électricité* in *Medenergie* N°36 – Septembre 2011

Les interconnexions électriques au Maghreb

Pays	Liaison	Tension (KV)	Longueur (Km)	Date
Algérie - Maroc	Ghazaouet - Oujda	225	47	Achevée en 1975 En service 1988
	Tlemcen - Oujda	225	64	1992
	Hassi Ameur - Bourdim	400	232	2009
Maroc-Espagne	Meloussa-Puerto de la Cruz (1)	400	61	1997
	Meloussa-Puerto de la Cruz (2)	400	61	2005
Algérie-Tunisie	El Aouinet-Tadjerouine	90	60	1969
	El Aouinet-Tadjerouine	220	60	
	El Hadjar-Fernana	90	35	1969
	Djebel Onk-Metaloui	150	65	1984
	Cheffia-Jendouba	400		2014
Tunisie-Libye	Medenin-Abou Kammech	220	110	Achevée en 2003
	Tataouin-Rouiss	220	165	Achevée en 2003

Source: Comelec

Aujourd'hui, les réseaux électriques des Pays du Maghreb sont puissamment reliés entre eux et sont aussi interconnectés au réseau européen depuis 1997, date à laquelle le réseau électrique marocain a été connecté au réseau espagnol par un câble sous-marin à travers le Détroit de Gibraltar, doublé par un second câble en 2005 portant la capacité de transit à 1400 MW. Il est prévu un renforcement des interconnexions électriques en 400 KV et, malgré tous les obstacles - alors que la frontière est fermée entre les deux pays depuis 20 ans - une nouvelle liaison a été mise en service en septembre 2009 entre l'Algérie et le Maroc qui permet des échanges d'électricité plus importants Il est vrai que, pour des raisons politiques, les échanges d'énergie se situent à un niveau limité et que, globalement, l'interconnexion fonctionne bien en deçà de ses possibilités et des espérances, même si le développement des échanges sur une base marchande, en particulier, entre la Sonelgaz et l'ONE, a intensifié les échanges intermaghrébins de façon temporaire.

Les trois pays du Maghreb veulent, malgré tout, s'acheminer vers la réalisation d'un marché maghrébin de l'électricité qui permettra ensuite leur pleine intégration au marché européen. A l'issue d'une réunion du Conseil des ministres maghrébins de l'Energie) qui s'est tenue à Alger le 20 juin 2010, les participants ont adopté la « Déclaration d'Alger » par laquelle ils s'engagent à poursuivre leurs efforts pour harmoniser les cadres législatif et réglementaire ainsi que les conditions techniques et économiques d'un marché «*non discriminatoire, transparent*» et qui fera «*l'objet d'une tarification adéquate*».

L'étape suivante sera la mise en place graduelle d'un marché de l'électricité euro-méditerranéen, tenant compte de la situation particulière de chacun des pays et évitant de transposer des modèles importés. En effet, dans le cadre du dialogue euro-méditerranéen, il a été décidé lors d'une réunion des ministres de l'Energie du Bassin méditerranéen tenue à Rome, en 2003, d'accélérer le processus d'intégration du réseau électrique du Maghreb dans le réseau européen.

Si l'Algérie et le Maroc ont déjà adopté un cadre législatif ouvert à la création à la création d'un marché euromaghrébin de l'électricité, la Tunisie envisage de suivre, en mettant fin au monopole de fait exercé par la STEG, opérateur historique et quasiment unique pour l'instant.

Les ressources énergétiques

Les pays du Maghreb disposent d'un atout de tout premier ordre: des ressources énergétiques relativement abondantes et nettement supérieures à leurs besoins[1] bien qu'elles soient inégalement réparties. En effet, les réserves en hydrocarbures, concentrées en Algérie pour l'instant, constituent un potentiel important susceptible de satisfaire non seulement l'ensemble de leurs besoins mais aussi une bonne partie de ceux des pays européens. Ainsi, les réserves prouvées de pétrole brut et de condensats s'élèvent à 1.555 millions de tonnes, dont 1500 en Algérie et 55 millions en Tunisie, soit un peu moins de vingt années de production au rythme actuel pour chacun des deux pays. Les réserves prouvées en gaz naturel sont officiellement de 4.500 milliards de mètres cubes en Algérie[2] soit 55 années de

[1] surtout si l'on inclut celles de la Libye voisine, membre de l'UMA

[2] Le volume affiché des réserves de gaz, qui n'a pas varié depuis 2001, est contesté par certains géologues et experts algériens. Nous nous en tiendrons aux chiffres publiés par Statistical Review of World Energy, édition de juin 2014.

production au rythme actuel et de 120 milliards de mètres cubes en Tunisie, soit une quarantaine d'années de production.

En réalité, ces estimations sont plutôt pessimistes. Tous les experts s'accordent à dire que le sous-sol de la région maghrébine est très nettement sous-exploré et que les ressources restant à découvrir permettraient d'accroître le potentiel actuel d'au moins 50%, notamment en matière d'hydrocarbures non conventionnels, dans l'offshore et dans les zones où aucune découverte n'a été faite jusqu'à présent, comme au Maroc. Cela nécessite un effort plus grand et des investissements plus importants en matière d'études, de recherche et d'exploration.

A cette fin, tous les Etats de la région ont modifié sensiblement leur législation et pratiquent une politique active d'encouragement à la recherche et à l'exploration sous forme de partenariat qui semble d'ailleurs commencer à porter ses fruits puisque des dizaines de compagnies pétrolières internationales de tous les continents sont engagées dans des programmes de recherche/exploration/développement, en partenariat avec les sociétés nationales.

Tableau 5 - Estimations des ressources en hydrocarbures non conventionnels

	Gaz de schiste (Milliard de m^3)	Huile de schiste (Milliard de barils)
Algérie	19 796	5,7
Maroc	560	0,2
Tunisie	644	1,5
Total	21 000	7,4

Source: EIA/ARI *World Sale Gas and Shale Oil Resource Assessment*, June 2013. La conversion des volumes de gaz sur la base d'1 cubic foot = 0,028 m^3.

Sur le plan des ressources énergétiques, il faut signaler que des informations récentes, publiées par l'US Energy Information Administration en juin 2013 font état de ressources non conventionnelles importantes[1], surtout en *shale gas*, plus particulièrement dans le sud algérien de l'ordre de plus de 20.000 milliards de m^3, ce qui donnerait d'après des calculs sommaires et préliminaires des réserves récupérables d'environ 2.000 milliards de m^3.

Le gouvernement algérien a déjà donné son feu vert, tout en demandant aux opérateurs de veiller à la préservation de l'environnement. De son côté, la Sonatrach a engagé des études avec des sociétés spécialisées pour étudier les conditions d'exploitation de ce potentiel gazier. Il est évident qu'au-delà des questions soulevées par les problèmes d'environnement et d'opportunité - tranchés rapidement sans véritable débat - cette nouvelle manne permettra, non seulement de satisfaire les besoins du Maghreb mais aussi de contribuer à l'approvisionnement de l'Europe, à laquelle le lient 4 importants gazoducs à travers la Méditerranée.

Cependant, il faut noter que si la Tunisie profite réellement du transit et est devenue un gros consommateur de gaz, diminuant ainsi sa facture énergétique tout en utilisant un combustible moins polluant, le Maroc n'en bénéficie pas vraiment[2]. On se trouve devant une situation aberrante : le Maroc est importateur net d'électricité d'Espagne[3], laquelle est produite à partir du gaz arrivant de Hassi R'Mel, via le Maroc. Logiquement, c'est donc le Maroc qui, éventuellement en association avec l'Algérie si les volumes le justifient, devrait être exportateur net d'électricité vers l'Espagne et pas l'inverse. A tout le moins, les échanges pourraient être équilibrés comme entre les pays du Maghreb. Il n'y a aucune justification technique ou économique à cette situation. Hélas, l'explication est dans la méfiance réciproque entretenue des deux côtés, au détriment des intérêts des deux peuples.

Pour l'exploitation et la gestion des ressources énergétiques, les trois pays du Maghreb s'appuient sur des compagnies publiques: Sonatrach (Société nationale de transport et de commercialisation des

---

[1] EIA/ARI World Sale Gas and Shale Oil Resource Assessment, June 2013

[2] Le Maroc consomme à peine 1,3 milliards de m3 de gaz par an pour la production d'électricité par cycle combiné provenant d'une part, des droits de passage du gazoduc GME vers l'Espagne, d'autre part, d'un contrat d'achat de 640 millions de m3 de gaz/an pour une durée de 10 ans signé en 2011 entre l'ONEE et Sonatrach.

[3] Le Maroc importe 15 à 20% de ses besoins en électricité

hydrocarbures) en Algérie, ONHYM (Office national des hydrocarbures et des mines) au Maroc et ETAP (Entreprise tunisienne des activités minières) en Tunisie, agissant soit pour propre compte, soit en partenariat avec des compagnies pétrolières internationales.

Ces sociétés entretiennent des relations bilatérales commerciales, d'échanges d'information et même un début de partenariat. C'est ainsi que Sonatrach et ETAP ont constitué une filiale 50/50, dénommée Numhyd (Numidie Hydrocarbures) qui effectue de la recherche /exploration avec un certain succès dans les deux pays. Les ministres de l'Energie de l'UMA se réunissent périodiquement pour assurer la coordination entre les 5 pays de l'Union et promouvoir des projets communs.

Enfin, il faut souligner, au titre des atouts, l'existence de structures de formation dans le secteur de l'énergie nombreuses et de qualité dans les trois pays, comme par exemple, l'Institut algérien du pétrole à Boumerdès (Algérie), l'Ecole des mines et phosphates à Rabat (Maroc), l'Institut méditerranéen des énergies renouvelables à Tunis.

Le développement des énergies renouvelables

Outre les combustibles fossiles, les pays du Maghreb dispose aussi d'un potentiel considérable d'énergie renouvelable, notamment solaire, mieux réparti qu'ils pourraient exploiter en commun. Le rayonnement solaire est formidable : il oscille, selon les estimations, entre 1900 kWh/m^2/an sur la côte et 3200 kWh/m^2/an dans le désert saharien. La durée de l'ensoleillement se situe entre 2700 et 3600 h/an.

L'éolien constitue également une grande richesse, notamment en Tunisie (zone du Cap Bon au nord), au Maroc (dans le nord dans la région de Gibraltar et sur les côtes atlantiques du sud) et en Algérie dans le sud-ouest saharien. Les vitesses moyennes du vent varient de 6 à 11 m/s. La région dispose aussi d'un potentiel important de biomasse et probablement de ressources géothermiques en Algérie et au Maroc.

Et, si les énergies fossiles prédominent nettement dans la satisfaction des besoins des pays du Maghreb aujourd'hui (gaz naturel pour l'Algérie et la Tunisie, pétrole et charbon pour le Maroc), il y a une prise de conscience très nette de la nécessité d'organiser une transition intelligente pour des raisons et à un rythme qui sont différents d'un pays à un autre, mais dont les effets sont rigoureusement identiques et les mesures à prendre similaires: promouvoir des mesures d'économie d'énergie et développer les énergies renouvelables.

Des actions intéressantes ont déjà été engagées pour diversifier le mix énergétique et réduire la dépendance aux ressources conventionnelles tout en développant des solutions vertueuses sur le plan environnemental.

Les pouvoirs publics mettent progressivement en place des programmes de développement des ER ainsi que des cadres institutionnels et réglementaires appropriés destinés à faciliter la diffusion de ces technologies. Des programmes ambitieux sont en outre structurés de façon à favoriser l'émergence de filières industrielles régionales qui s'appuieront à terme sur des pôles de recherche scientifique et technologique et sur un tissu d'acteurs universitaires.

Pour le Maroc, qui n'est pas doté pour l'instant de ressources fossiles malgré d'immenses efforts de recherche /exploration, le développement des ER est un choix qui s'est imposé tout naturellement. C'est ce qui explique sans doute que le Royaume ait pris une longueur d'avance sur ses voisins. La première installation éolienne (Koudia El Baida, Tanger) a été lancée dès 1994 et mise en service en août 2000. Actuellement, 280 MW d'éolien et 2 MW de solaire sont en exploitation tandis que 750 MW d'éolien et 160 MW de solaire sont en construction, à Ouarzazate notamment.

Un plan éolien de 2 GW ainsi qu'un plan solaire de 2 GW à l'horizon 2020 ont été décidés, une loi sur les Renouvelables promulguée et une agence spécifique pour la mise en œuvre du plan solaire (MASEN) créée. L'objectif affiché par le Maroc est d'atteindre les 42% de la production d'électricité en renouvelables, y compris l'hydraulique, en 2020.

Il en est de même pour l'Algérie qui ambitionne d'atteindre les 40% en 2030. A cette fin, le gouvernement a adopté en février 2011un programme national de 12 GW (l'équivalent de la capacité totale installée en 2011) en ER pour ses besoins propres à l'horizon 2030 (dont 7,2 GW pour le solaire thermique, 2,8 GW de photovoltaïque et 2 GW en éolien).

Une capacité complémentaire de 10 GW est envisagée pour l'exportation vers l'Europe, sous réserve de conditions d'accès au marché européen garantissant une rentabilité suffisante. Le projet algérien prévoit de localiser la fabrication des équipements avec l'objectif d'atteindre un taux d'intégration industrielle d'au moins 50 % sur l'ensemble de la chaîne de valeur des technologies solaires (PV, CSP[1]) et éolienne. Les réalisations les plus importantes sont la centrale hybride gaz-solaire de Hassi Rmel d'une puissance de 120 MW dont 30 en solaire et la ferme éolienne d'Adrar de 10 MW. Un Fonds alimenté par 0,5% des recettes pétrolières[2] a été constitué et une loi sur l'efficacité énergétique et les énergies renouvelables promulguée.

La Tunisie, pionnière dans la région en matière de maîtrise de la demande, a pour objectif d'atteindre 30% d'électricité à partir des renouvelables à l'horizon 2030. Le gouvernement a adopté une stratégie de développement se fondant notamment sur l'adoption d'un cadre réglementaire favorisant la mobilisation des investissements privés dans le domaine des ER et la restructuration du Fonds national de maîtrise de l'énergie par la révision des systèmes de subvention destinés à appuyer l'investissement et la consolidation de la coopération internationale .

Le plan solaire tunisien prévoit d'atteindre une capacité installée en 2030 de l'ordre de 4.000 MW (l'équivalent de la capacité installée en 2011). La puissance électrique d'origine renouvelable à fin 2012 était d'environ 250 MW, essentiellement éolien (245 MW) et PV (5 MW). Plusieurs projets sont actuellement en cours d'étude : une centrale CSP de 50 MW d'ici 2016, des installations photovoltaïques de 23 MW dès 2015 et un stockage par STEP[3] de 400-500 MW d'ici 2018 à Oued El Melah pour contribuer à résoudre les problèmes d'intermittence.

---

[1] PV: solaire photovoltaïque; CSP: solaire thermique à concentration (Concentrated Solar Power)

[2] S'il convient de se féliciter de la création d'un tel Fonds, il faut reconnaître que le montant est nettement insuffisant et devrait être multiplié par 10 au moins pour garantir le financement du programme ambitieux d'énergies renouvelables, estimé en première approximation à 120 milliards de dollars

[3] STEP: station de transfert d'énergie par pompage

Ces programmes nationaux sont accompagnés par des projets régionaux d'envergure, comme le Plan solaire méditerranéen (PSM), décidé par l'Union pour la Méditerranée lors de sa création en 2008, qui prévoit l'installation de 20 GW de nouvelles capacités à partir de sources renouvelables en 2020 et le projet Medgrid qui étudie le développement des réseaux électriques et des interconnexions Sud/Sud et Nord/Sud par des câbles sous-marins à travers la Méditerranée.

L'objectif principal du projet PSM-Medgrid est la satisfaction des besoins énergétiques des pays du Maghreb et le transport d'une partie de l'électricité produite vers les pays européens, facteur améliorant la rentabilité économique et financière des projets. L'exportation de l'électricité verte vers l'Europe est rendue possible grâce à l'article 9 de la directive européenne sur les énergies renouvelables.

Ainsi, depuis plusieurs années, les pays du Maghreb se sont lancés, chacun de son côté, dans de vastes programmes d'énergies renouvelables, notamment solaire, pour satisfaire leurs besoins croissants en électricité et prévoient même d'exporter une partie de l'électricité verte produite en profitant des facilités accordées par l'Union Européenne aux Etats membres. Néanmoins, une coopération semble se dessiner.

En effet, la cinquième conférence générale du Comité maghrébin de l'Electricité (Comelec) qui s'est tenue les 13 et 14 novembre 2012 à Tunis, sous le thème général : "*Les Energies renouvelables : ressource stratégique et facteur d'intégration des systèmes électriques du Maghreb*" a regroupé les dirigeants au niveau le plus élevé des compagnies électriques des pays du Maghreb ainsi que des représentants des sociétés électriques européennes d'électricité, des institutions méditerranéennes et internationales, des organismes financiers et de nombreux experts internationaux qui ont débattu autour des problématiques des ER comme ressource stratégique, de leur intégration dans le réseau électrique, des études de faisabilité des projets et enfin de la formation, l'industrie locale et la recherche scientifique en tant que facteurs clés de réussite.

La rencontre a conclu à la nécessité d'une coopération plus étroite des opérateurs et d'une meilleure intégration des systèmes pour le déploiement des énergies renouvelables à l'échelle de la région. *« Les ressources importantes du Maghreb en énergies renouvelables, particulièrement le solaire, demeurent très peu mises en valeur. La coopération et la mise en commun des moyens pour le développement de ces énergies devraient constituer l'une des plus importantes priorités régionales »,* a recommandé la conférence de Tunis dans ses conclusions.

Quel avenir énergétique pour le Maghreb?

Le défi de la croissance de la demande et de l'efficacité énergétique

Le potentiel d'économies d'énergie et de carbone est considérable. Plusieurs estimations fiables montrent que, sur les vingt prochaines années, un potentiel de l'ordre de 20 % de la consommation est réalisable, probablement plus si les prix de l'énergie continuent d'augmenter. La Tunisie a montré la voie au cours des vingt dernières années.

Néanmoins, avec une population fortement croissante - malgré les efforts certains accomplis en matière de maîtrise démographique- une urbanisation constante et de forts besoins en développement, la demande en énergie va croître à un taux annuel moyen compris entre 3 % (si on tient compte de gains importants en efficacité énergétique) et 4% (moyenne enregistrée sur la période 2000-2011). Par conséquent, elle se situera entre 120 et 145 Mtep/an pour l'ensemble du Maghreb à l'horizon 2030.

.

La composition du mix énergétique

Comment faire face à une demande aussi importante? En tenant compte des tendances passées et des stratégies arrêtées par les différents pays: un taux de croissance annuelle de la consommation électrique d'au moins 5% avec l'utilisation du cycle combiné gaz pour la production électrique, le développement des renouvelables (entre 30% et 42% de la production d'électricité à l'horizon 2030), on peut raisonnablement formuler les hypothèses sur le mix énergétique telles que représentées sur le schéma suivant: 52% pour le gaz naturel, 35% en pétrole, 8% en renouvelables y compris hydraulique et 5% en charbon. Les fossiles continueraient à prédominer à hauteur de 92%

(au lieu de 97% en 2011) mais le gaz naturel supplante le pétrole et la part des renouvelables augmenterait à 8% (au lieu de 3% en 2011)

Sur le long terme, on peut s'attendre à ce que le taux de croissance moyen de la consommation électrique se situe autour de 5%, ce qui donnerait une capacité globale installée de 60 GW en 2030, dont 36 GW environ de nouvelles capacités réparties comme suit : un tiers au moins en renouvelables, solaire et éolien essentiellement ; un peu d'hydraulique et du thermique charbon au Maroc ; le reste viendrait pour une bonne part de cycles combinés gaz en raison des performances de cette technologie. La moitié de la production tunisienne et le tiers de la production algérienne sont déjà fournis actuellement par cette filière.

Répartition prévisionnelle de la demande d'énergie primaire par source d'énergie (Horizon 2030)

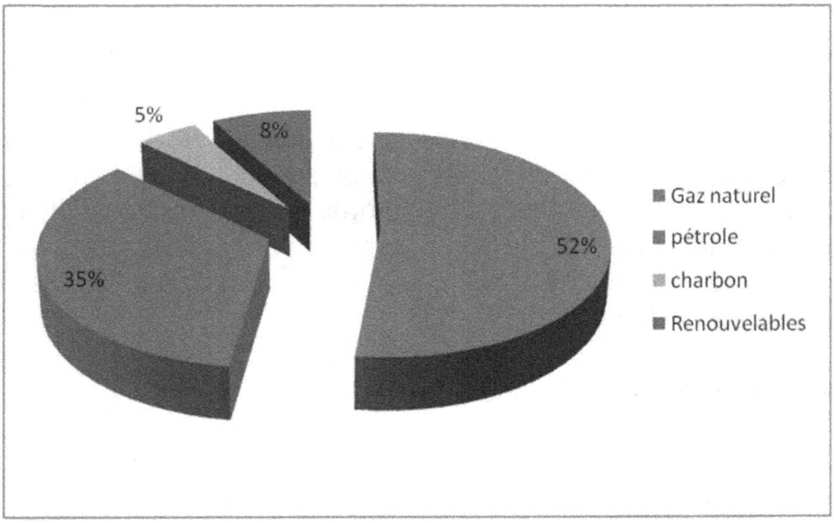

Le gaz jouera sans aucun doute un rôle de plus en plus important en raison des réserves importantes existant dans la région, de ses avantages environnementaux indéniables, de ses performances technique et économique pour la production d'électricité par cycle combiné et des infrastructures nombreuses reliant les 3 pays entre eux et avec l'Europe.

Il peut contribuer efficacement à asseoir un avenir énergétique commun, en association avec le solaire, une technologie déjà testée au Maroc et en Algérie, par un déploiement rapide des centrales électriques hybrides dans la période de transition vers une exploitation des ressources solaires à des conditions financières acceptables.

Les débats sur le «fracking», liés à l'environnement et la disponibilité de l'eau, ne doivent pas être éludés mais abordés en toute sérénité et de manière pragmatique. L'Algérie est déjà à l'ère du gaz, de même que la Tunisie, qui produit une partie de ses besoins. Le Maroc envisage la construction d'un terminal GNL qui lui permettrait de recevoir du GNL du Qatar, en plus du gaz algérien arrivant le gazoduc Magreb Europe GME (baptisé Pedro Duran Farell). En outre, les Autorités marocaines nourrissent un espoir raisonnable de faire des découvertes de gaz sur la côte atlantique[1].

La part du pétrole dans le bilan énergétique est importante surtout au Maroc qui importe la quasi-totalité de ses besoins mais l'introduction massive du gaz naturel et des renouvelables devrait atténuer cette tendance et diminuer sensiblement la part du brut dans le mix.

Le charbon reste utilisé au Maroc qui a des traditions et des projets de construction de centrales à charbon. Ses partisans invoquent un coût moins élevé et moins volatile que celui du pétrole. Néanmoins, il faut noter que le coût de la production de l'électricité à base de charbon dépend aussi de la taille du programme et des technologies envisagées et qu'il n'intègre pas les coûts environnementaux qui peuvent être désastreux, surtout pour un pays à vocation touristique.

Le nucléaire Les trois pays du Maghreb s'intéressent à la technologie nucléaire et ont engagé, chacun de son côté, des études de faisabilité avec l'Agence internationale de l'énergie atomique (AIEA) et avec des pays ayant une grande expérience dans le domaine (France, USA, Russie, etc.). La question avait même été abordée au sein du Comelec au milieu des années 70. L'Algérie et la Maroc ont installé des réacteurs de recherche pour assurer la formation de cadres et techniciens et lancé des applications dans le domaine agricole et de la santé.

---

[1] Interview d'Abdelkader Amara, ministre marocain de l'Énergie à l'Usine Nouvelle février 2014

Périodiquement, des annonces sont faites par mais il n'y aucun projet précis. Il s'agit d'une industrie de haute technologie exigeante en compétence, en savoir-faire et en maîtrise organisationnelle qui nécessite de grands moyens qu'ils soient institutionnels, industriels ou financiers, et des ressources humaines et scientifiques de haut niveau. Elle comporte des risques connus et identifiés et exige des conditions draconiennes pour sa mise en œuvre: volonté politique et stabilité, adhésion des populations, des moyens financiers importants, une base industrielle solide, un réseau électrique de taille appropriée, une autorité de sûreté réellement indépendante qui impose de bonnes performances, la transparence et l'acceptation des contrôles.

Autant de conditions qu'un pays du Maghreb seul peut difficilement réunir mais qui, dans un cadre régional, pourrait être une solution. Compte tenu des délais de réalisation, il paraît peu probable de voir sur le réseau maghrébin une centrale nucléaire d'ici 2030. Au-delà de cette échéance, cela est possible et pourrait constituer le cas type de projet structurant exigeant une coopération maghrébine complète et confiante, adossée à un partenariat industriel et technologique avec un pays développé ayant l'expérience dans ce secteur. Le réseau électrique des 3 pays qui totaliserait une puissance installée d'environ 60 MW en 2030, pourrait intégrer les tranches nucléaires les plus puissantes sans risque électrique majeur.

Les énergies renouvelables constituent une ressource importante pour le Maghreb qui s'est engagé de manière volontariste dans leur développement, même si elles ne remplaceront pas les sources fossiles. En effet avec les ambitions affichées de produire entre 30 et 42% d'électricité verte en 2030, on arrive à peine à 8% de la demande globale d'énergie, y compris l'hydraulique dont les développements seront limités au Maroc et à quelques projets STEP.

Par conséquent, à l'instar du triptyque 20/20/20/ de l'Union Européenne, les pays du Maghreb devraient adopter des objectifs de long terme encore plus volontaristes en matière de renouvelable pour amorcer une véritable transition énergétique. Il est vrai que les renouvelables posent un problème de coût pour l'immédiat et surtout, comme le nucléaire, un grand défi technologique et industriel.

La décision de développer le solaire, et plus particulièrement le CSP au Maghreb avec un certain volontarisme, est intéressante à suivre car le CSP constitue une technologie naissante, abordable et plus accessible que les technologies conventionnelles, le nombre de patentes la concernant étant relativement moins élevé[1]. Le CSP peut constituer pour les pays du Maghreb une nouvelle et réelle opportunité d'intégration des systèmes énergétiques avec comme corollaire la possibilité d'être activement impliqués dans le développement d'une industrie verte. De plus, l'exemple de la première tranche de Ouarzazate et celui de la centrale hybride-solaire de Hassi Rmel laissent à penser que les coûts de production peuvent devenir compétitifs à moyen terme avec l'augmentation de la taille des centrales et la baisse des coûts inhérente aux progrès technologiques.

Passer de la coopération à l'intégration

Si, pour l'instant, chaque pays tente de réaliser son programme seul en s'appuyant sur la coopération et les financements internationaux[2], les jalons d'une coopération maghrébine dans le domaine des renouvelables ont été posés par la cinquième conférence générale du Comité maghrébin de l'Electricité de Tunis.

Deux faits importants, survenus ces dernières années, confortent cette décision stratégique. Le premier est la convergence des secteurs de l'électricité et de l'eau (qui a conduit jusqu'à la restructuration de certaines entreprises publiques [3]) avec : d'une part le dessalement, déjà fortement ancré en Algérie et qui semble se profiler dans les autres pays du Maghreb, d'autre part le STEP. Le second est l'apparition des pointes d'été dans tous les pays à cause de la demande croissante d'électricité pour la climatisation, coïncidant ainsi avec les périodes de production maximale du solaire.

---

[1] Berrah N. *Déploiement des Énergies renouvelables au Maghreb: mythe ou opportunité?* in *Medenergie* N°44 - Mai 2014

[2] Pour l'instant, chacun des 3 pays nourrit l'illusion qu'il pourra s'en tirer seul dans un tête-à-tête inégal avec l'Europe notamment, alors qu'un Maghreb uni constituerait un partenaire plus solide et plus crédible.

[3] Au Maroc, l'Office national de l'électricité (ONE) a récemment absorbé les activités de l'ancien office national de l'eau potable et est devenu l'Office national de l'électricité et de l'eau potable (ONEE), consacrant la convergence électricité-eau. En Algérie, Sonelgaz a créé, en partenariat avec Sonatrach, une filiale AEC qui a réalisé une dizaine de grandes usines de dessalement combinée avec la production électrique.

La coordination des programmes d'ER, particulièrement le solaire, et l'intégration progressive des systèmes permettront un déploiement à l'échelle régionale plus important que la somme des programmes dans chacun des pays individuellement pour satisfaire une demande croissante, réduire les coûts et enfin exporter les surplus sur une base marchande en tenant compte des externalités environnementales.

L'intégration créera aussi une taille de marché critique qui renforcera la position du Maghreb pour négocier le transfert de technologie, mettre les efforts de recherche et développement en commun pour la maîtriser. Elle est aussi essentielle, avec une ouverture ultérieure vers le Machrek et l'Europe, pour le déploiement à grande échelle des renouvelables et le développement des capacités industrielles en partenariat sur une base régionale.

Globalement, on peut considérer que le bilan de la coopération maghrébine en matière d'énergie est positif, même s'il est en deçà des potentialités et des aspirations légitimes. Il y a des réalisations tangibles même si elles sont insuffisantes: le fonctionnement régulier du Comelec quarante ans après sa création, l'interconnexion des réseaux électriques, de puissantes liaisons gazières, le partenariat dans la recherche/exploration des hydrocarbures, les contrats d'exportation/importation d'électricité et de gaz naturel, la solidarité entre les entreprises d'électricité en cas défaillance de l'un des systèmes, etc. On doit reconnaître que beaucoup reste à faire au regard du formidable potentiel existant et des bénéfices significatifs à retirer d'une intégration plus complète des systèmes énergétiques de la Région.

De nombreuses conférences sont organisées régulièrement sur ce thème et aboutissent à la même conclusion: les pays du Maghreb doivent passer le plus rapidement possible de la coopération à une véritable intégration. Une intégration régionale bien conçue peut la renforcer dans un cadre collectif d'interdépendance et d'utilisation commune des ressources et des moyens. Elle est nécessaire à l'ère de la mondialisation et des nouvelles menaces qui pèsent sur la paix et la sécurité dans la région.

En conclusion, on peut affirmer que l'avenir énergétique du Maghreb est dans une véritable intégration régionale et dans une stratégie alternative, devant conduire en 2030 à un mix énergétique plus diversifié, et orientée vers des actions énergiques dans des domaines privilégiés : maîtrise de la demande en énergie et amélioration de l'efficacité énergétique tout particulièrement en Algérie ; réduction de la part des énergies fossiles par un développement intensif des énergies renouvelables (Solaire et éolien principalement) ; intensification de l'effort de recherche/exploration des hydrocarbures qui seraient, pour une bonne part, préservés pour les générations futures; lancement d'études pour l'introduction de l'énergie nucléaire qui devrait prendre le relais des hydrocarbures; mise en place de filières industrielles dans les équipements énergétiques, en particulier les renouvelables, en misant sur la formation, la recherche et l'appropriation des technologies.

Une telle stratégie nécessite un effort courageux, gigantesque dans le cadre d'une coopération loyale et surtout dans un élan collectif soutenu par une coopération à la fois sud-sud et nord-sud accrue. Naturellement, cela suppose une vision globale et concertée et un climat de confiance - qui font cruellement défaut aujourd'hui - et des efforts importants, orientés dans différentes directions.

Il appartient aux dirigeants des pays du Maghreb de créer un tel climat, de transcender leurs divergences, de promouvoir les réformes politiques, économiques, institutionnelles et de bonne gouvernance indispensables. Il s'agit là d'une aspiration profonde et sincère des peuples des trois pays.

Dans ce contexte, l'énergie sera, sans aucun doute, un facteur décisif d'intégration et de développement significatif, en faisant jouer les synergies et en utilisant l'expérience commune. Et, dans un cadre intégré, les ressources de la région permettent non seulement de faire face aux besoins énergétiques locaux mais peuvent contribuer à ceux de l'Europe voisine qu'il s'agisse du gaz ou de l'électricité verte dans le cadre des projets en cours dans le bassin méditerranéen.

La régulation des industries électriques et gazières au Maghreb

Introduction

Les pays du Maghreb ont pris conscience très tôt de l'importance des industries électriques et gazières pour leur développement économique et social. Ils ont adopté, à cet effet, l'organisation en vigueur dans l'ensemble du Bassin méditerranéen il y a une quinzaine d'années encore, un modèle qui reflétait une volonté clairement affichée de faire de l'énergie un bien public au service du développement économique et social, dans une optique de souveraineté, d'indépendance, de cohésion nationale et de justice sociale.

Malgré la diversité de leurs systèmes politiques, ils ont, comme les pays européens, créé de grandes entreprises d'Etat auxquelles ils ont confié le monopole de la production, du transport et de la distribution de l'électricité et du gaz (Sonelgaz en Algérie, ONE au Maroc et STEG en Tunisie).

Verticalement intégrées, ces sociétés ont constitué, malgré leurs lacunes et insuffisances, des instruments efficaces de mise en place de l'infrastructure énergétique nécessaire pour le développement et des outils d'exécution d'importants programmes sociaux d'électrification rurale et, en ce qui concerne Sonelgaz et STEG, de distribution publique du gaz naturel.

Sur le plan régional, ces entreprises ont constitué dès 1973, bien avant la création de l'Union du Maghreb Arabe (UMA), le Comité maghrébin de l'énergie électrique (Comelec), réalisé l'interconnexion des réseaux électriques des trois pays du Maghreb et assuré la coordination et une certaine harmonisation des politiques dans le domaine électrique. Plus de trente ans après, le Comelec continue à fonctionner, malgré les difficultés et incertitudes des activités de l'UMA, et à jouer un rôle éminent dans l'espace euro-méditerranéen.

Lorsque, au début des années 90, les modes d'organisation traditionnels des industries de l'électricité et du gaz ont été remis en cause, notamment avec l'adoption des directives européennes, sous l'effet conjugué de la libéralisation des économies, des contraintes financières des entreprises publiques et des Etats qui en sont les propriétaires et, il faut le reconnaître, sous la poussée des Institutions financières internationales (Banque Mondiale, FMI), les pays du Maghreb ont amorcé le même mouvement, pour tenir compte et profiter de la modification de l'environnement macroéconomique international (Besoins de financement, diffusion de la concurrence, nouvelles contraintes de politique économique).

L'objet de cet article[1] est de faire le point sur les réformes en cours ou envisagées et d'analyser leur impact sur la situation actuelle et futur du secteur de l'électricité et de la distribution du gaz au Maghreb.

Situation du secteur électrique dans les pays du Maghreb

Le tableau 1 illustre la situation actuelle et les prévisions de croissance des principales caractéristiques du secteur de l'énergie électrique.

[1] Contribution pour le bulletin *Liaison Energie -Francophonie, Québec (Canada) N°80 - 3e trimestre 2008,*

Tableau 1 - Situation du secteur électrique dans les pays du Maghreb

	Algérie	Maroc	Tunisie	Total	Maghreb/Monde
Population (millions hab.)					
2005	33	30	10	73	
Prévisions 2020	41	36	12	89	
Taux de croissance annuelle (%)	1,4	1,2	1	3,6	
PIB (milliards US$)					
2005	206	41	24	271	0,5%
Prévisions 2020	414	58	37	509	
Taux de croissance annuelle (%)	5,7	2,3	2,9		
Puissance installée (MW)					
2005	7496	5236	3257	15989	0,6%
Prévisions 2020	18085	8597	7473	34155	
Taux de croissance annuelle (%)	6	3,4	5,7	5,3	
Production (Twh)					
2005	36,3	19,2	13,7	69,2	0,4%
Prévisions 2020	73,2	31,5	31,4	136,1	
Taux de croissance annuelle (%)	4,8			4,7	
Nombre de consommateurs (milliers)	5 826	5540	2753	14 119	
Consommation/hab. (KWh)					
2005	1091	640	1370		
Prévisions 2020	1780	875	2617		
Longueur du réseau HT (Km)	17421	18920	5423	41 764	

Source : OME – Mediterranean Energy Perspectives 2008

Par référence aux standards internationaux, la situation du secteur de l'électricité au Maghreb (Algérie, Maroc et Tunisie) présente des caractéristiques normales, comparables à celles des autres régions du monde. La part de la puissance installée par rapport au total mondial

(0,6%) et de l'énergie produite (0,4%) est tout à fait cohérente avec celle de la PIB (0,5%).

Pour l'ensemble des trois pays, dont la population atteint 73 millions d'habitants, la puissance électrique installée en 2005 est voisine de 16 000 MW, et l'énergie produite est de 69 milliards de KWh, chiffres légèrement supérieurs à ceux du Portugal d'aujourd'hui. Néanmoins, la consommation spécifique par habitant qui, en moyenne, est légèrement inférieure à 1000 KWh, reste très faible par rapport à la moyenne des pays du nord de la Méditerranée (dans la proportion de 1 à 10), ce qui met en relief la différence importante de niveau de développement entre le Maghreb et l'Europe.

En termes de perspectives, les prévisions à l'horizon 2020, établies par les compagnies membres, indiquent plus qu'un doublement de ces paramètres, ce qui représente un taux de croissance annuelle de 5,3% pour la capacité installée et de 4,7% pour la production.

De grands projets sont en cours de réalisation, parmi lesquels on peut citer les plus importants: pour l'Algérie, les projets de centrales à cycle combiné d'une puissance totale de 1200 MW (Mégawatts) chacune à Terga et à Koudiet Eddraouch (la mise en service est prévue à l'horizon 2012) ainsi que les turbines à gaz (dont la mise en service est prévue entre février et septembre 2009) de Relizane (2 × 150 MW), Batna (2 × 130 MW), Larbaa (2 × 140 MW), les centrales d'Alger et de Annaba, d'une puissance totale de 2×40 MW chacune ; au Maroc, la centrale à cycle combiné de Tahadart (385 MW) au nord près de Tanger; en Tunisie, la centrale à cycle combiné de Barka (500 MW).

Outre la satisfaction des besoins nouveaux, les réalisations de nouvelles centrales sont aussi destinées à remplacer des installations de production ayant un âge supérieur à 20 ans et susceptibles d'être déclassées pour une capacité totale de 5700 MW (2931 en Algérie, 1517 au Maroc et 1255 en Tunisie), soit le tiers du potentiel actuel de production. Cette opération permettra aussi d'améliorer le rendement du parc de production et de réduire les émissions de CO_2.

Le gaz naturel s'est progressivement substitué au pétrole comme combustible. En effet, la construction des deux grands gazoducs transméditerranéens alimentant l'Italie en passant par la Tunisie et l'Espagne en transitant par le Maroc, a donné une nette impulsion à l'utilisation du gaz dans les pays de transit, alors que l'Algérie, pays producteur disposant de réserves importantes dans le sud, avait amorcé cette substitution dès les années 1970.

Pour autant, le Maroc, pays à forte tradition charbonnière, n'a pas abandonné cette filière et envisage de retenir le charbon "*comme cœur du mix électrique avec une optimisation des ressources en gaz disponibles, un apport d'appoint de l'éolien, le recours aux interconnexions sur la base d'un arbitrage économique et la mobilisation du potentiel national en hydroélectricité*"[1].

Pour faire face au problème de l'eau devenu crucial dans l'ensemble du Bassin méditerranéen, l'Algérie a lancé au début de la décennie un programme d'installations de dessalement d'une capacité de 2 millions m3/jour en 2011 dont la moitié a déjà été réalisée, permettant d'alimenter en eau potable les villes côtières, en particulier la capitale Alger (Centrale électrique d'El Hamma avec 200.000 m3 par jour inaugurée en avril 2007) et Oran (Centrale électrique de Mersat El Hadjadj avec 500.000 m3/jour). En plus de ces deux dernières, treize autres stations sont en construction actuellement et devront être réceptionnées au cours des années 2009, 2010 et 2011. De leur côté, le Maroc et la Tunisie ont adopté la solution de petites unités de dessalement en utilisant les énergies renouvelables éolien et solaire photovoltaïque.

Dans le domaine de la maîtrise de l'énergie et des énergies renouvelables, les trois pays ont à leur actif quelques modestes réalisations, à l'exception de la Tunisie qui réduit de 1% par an la demande. Par contre, ils affichent leur détermination à promouvoir le solaire et l'éolien avec des projets très ambitieux.

Par ailleurs, au cours des deux dernières années, les trois pays du Maghreb ont signé de nombreux accords pour l'introduction d'électricité nucléaire, pour certains combinée avec le dessalement de l'eau de mer. Compte tenu des délais nécessaires pour la mise en œuvre de tels programmes (Elaboration d'une législation complète et détaillée, mise en place d'une instance de sûreté, formation de longue durée pour le personnel assurant le contrôle de la construction et la surveillance du fonctionnement, etc.), la mise en service de centrales

[1] Benkhadra A., ministre marocain de l'Énergie et des Mines, MAP , Rabat, 8juillet 2008

nucléaires ne peut être raisonnablement envisagée avant au moins 15 ans, c'est-à-dire à l'horizon 2025.

Le réseau électrique à haute tension a une longueur totale de plus de 40 000 Km dont 1500 en 400 Kilovolts destinés à renforcer les interconnexions entre les pays du Maghreb d'une part, entre le Maghreb et l'Europe de l'autre. En effet, l'interconnexion existe entre le Maroc, l'Algérie et la Tunisie depuis les années 70. La liaison électrique entre le Maghreb et l'Europe existe depuis 1997 au moyen de deux câbles sous-marins Espagne-Maroc, à travers le Détroit de Gibraltar.

Le nombre de consommateurs raccordés au réseau électrique est de plus de 14 millions pour l'ensemble de la région. Il paraît légitime de souligner l'effort considérable entrepris par les pays du Maghreb pour venir à bout du problème de l'accès à l'électricité considéré comme vecteur du développement économique, social et culturel.

Après la création du Comelec au début des années 70 et avec l'interconnexion des réseaux des pays du Maghreb, l'échange constant d'informations et l'harmonisation des politiques ont créé une dynamique de la généralisation de l'électrification ; élaboration et mise à jour permanente d'une carte du réseau maghrébin, y compris le réseau de distribution impliquant l'alimentation des villages frontaliers à partir du réseau le plus proche et dans les conditions technico-économiques les plus favorables.

Chacun des 3 pays a adopté une démarche spécifique tout en s'appuyant sur les principes généraux communs : démarche globale et intégrée ; engagement national et intervention forte de l'Etat ; planification avec un souci constant d'équilibre régional; implication de l'entreprise publique gestionnaire du réseau; mobilisation de moyens humains et allocation de ressources financières importantes ; utilisation lorsque cela est possible de techniques décentralisées ; responsabilisation des collectivités locales et des citoyens.

C'est ainsi que l'Algérie avec son PNE (Plan national d'électrification), le Maroc avec son PERG (programme d'électrification rurale globale), la Tunisie avec ses plans nationaux de développement, ont réussi non seulement à rattraper le retard accumulé durant la période coloniale mais à porter le taux d'électrification au niveau de celui des pays développés (96%).

Les réformes : ouverture à la concurrence et au secteur privé

Au début de la décennie 1990, les pays du Maghreb ont amorcé, à l'instar de l'Europe et du reste du Bassin méditerranéen, des réformes dans le sens de la libéralisation du marché électrique, avec pour objectifs principaux de bénéficier de financements étrangers et de la coopération avec les pays développés dans le cadre d'un partenariat qui assure le transfert des méthodes, de l'expérience et du savoir (Tableau 2)

Tableau 2 – Législation du secteur électrique

	Algérie	**Maroc**	**Tunisie**
Référence légale	Loi du 05 février 2002	En cours	Loi sur les IPP
Séparation juridique	Oui	Non	Non
TSO distinct	Oui	Non	Non
Autorité de régulation	CREG	Non	Non
Ouverture du marché	30% dans 3 ans	Non	Non
ATR	Oui	Non	Non
Production privée	Oui depuis 2002	Oui depuis 1994, à 70%	Oui depuis 1996
Distribution privée	Non actuellement, la loi prévoit des concessions	Oui dans 3 grandes villes	Non

L'Algérie a adopté en décembre 1991 une loi sur les hydrocarbures et sur les ressources minières ouvrant l'amont pétrolier et minier aux compagnies internationales privées. Au Maroc, la production concessionnelle a été adoptée par le gouvernement en 1994, autorisant la réalisation de deux IPP dans un schéma BOT[1], une grande installation thermique à Jorf Lasfar et un projet éolien (Koudia Al Baïda -Tétouan). En Tunisie également, deux projets IPP ont été autorisés à partir de 1996, une centrale thermique fonctionnant au gaz à Rades et un projet éolien à El Haouaria au Cap Bon.

Les deux derniers pays ont engagé de nouvelles réalisations IPP : Tahadart NGCC (385 MW) au Maroc et Barka NGCC (500 MW) en Tunisie en cours de construction. La part de la production IPP au Maroc atteint actuellement les 80%. Il semble que le Maroc vise à prendre progressivement une part dans les consortiums de projet IPP : dans le projet de Tahadart, ONE a pris les 48% après le retrait d'EDF

Au Maroc, la distribution de l'électricité est assurée par la compagnie nationale ONE, les municipalités ainsi que trois distributeurs privés à travers des contrats de concession dans les grandes villes, Rabat, Casablanca et Marrakech. Une nouvelle loi réformant le secteur est en préparation depuis plusieurs années, qui instituerait deux marchés parallèles : "un marché libre" et un "marché régulé".

En Tunisie, de nombreux segments de l'industrie électrique sont sous le contrôle de l'Entreprise d'Etat STEG, sauf pour la production depuis 1996. Actuellement, les Autorités tunisiennes n'envisagent pas d'introduire des changements dans l'organisation ou l'actionnariat du système. Et si des changements majeurs devaient intervenir, ajoutent-elles, ils devraient tenir compte des conditions spécifiques locales et non pas être la transposition d'expériences importées.

L'Algérie, pour sa part, s'est dotée en 2002 d'une nouvelle loi sur l'électricité et la distribution publique du gaz naturel par canalisations[2] qui met fin au monopole de la production et de la commercialisation de l'électricité et du gaz naturel pour le marché national et, par voie de conséquence, ouvre ces activités à l'investissement privé et à la concurrence.

[1] BOT (Build, Operate, Transfer). Une société privée bénéficie d'une concession BOT pour financer, réaliser et assurer l'exploitation du projet pendant la durée de la concession. A la fin de la durée de la concession le projet revient au Gouvernement

[2] Loi n°02-01 du 5 février 2002 relative à l'électricité et à la distribution du gaz par canalisations, publiée au JORADP n°08 du 6 février 2002

Elle prévoit la dérèglementation du secteur, la dé-intégration et la privatisation partielles de l'opérateur historique Sonelgaz En outre, elle confère à tout opérateur le droit de procéder librement à l'exportation et/ou à l'importation de l'électricité et, de ce fait, ouvre la voie à la mise en place éventuelle d'un marché de l'électricité entre les pays du Maghreb et ceux du Sud de l'Europe dont les réseaux sont interconnectés par un câble sous-marin Maroc-Espagne à travers le Détroit de Gibraltar.

Si la production privée d'électricité a déjà été introduite par d'autres pays du sud du Bassin méditerranéen, ce texte fait de l'Algérie l'un des tout premiers pays de la région à franchir le pas vers la création d'un marché ouvert de l'électricité et de la distribution du gaz sur le marché national, à l'horizon 2007 au plus tard[1].

Des dispositions précises établissent : la garantie de l'Etat pour le service public et limitation de sa contribution aux régions défavorisées ou à des catégories sociales préalablement identifiées ; l'ouverture à la concurrence et à l'investissement privé pour la production d'électricité sous le régime de l'autorisation ; ouverture à la concurrence et à l'investissement privé pour la commercialisation de l'électricité et du gaz par canalisations sous le régime de la concession ; le libre accès aux systèmes de transport et de distribution pour tous les opérateurs ; la mise en place d'un opérateur système pour coordonner les activités production-transport (dispatching) ; la mise en place d'un opérateur marché pour le marché de gros ; création d'un organe de régulation indépendant la CREG (Commission de régulation de l'électricité et du gaz); la restructuration de Sonelgaz selon le principe de la décomposition de la chaîne de fourniture (unbundling) ; une tarification librement négociée pour les clients éligibles ; une tarification réglementée selon le principe de la péréquation nationale pour les clients captifs et pour les tarifs d'accès au réseau.

En réalité, l'Autorité de régulation (CREG), bien que dotée de larges prérogatives, ne dispose pas d'une réelle autonomie et agit sous la responsabilité directe du ministère de l'énergie. La transformation la plus perceptible est la restructuration de l'opérateur historique par la création de nombreuses filiales au sein du groupe. Plus de six ans

---

[1] Keramane A. *La libéralisation du secteur de l'électricité en Algérie : un design audacieux* in Medenergie N°7 – Avril 2003

après la promulgation de la loi, il y a peu d'investisseurs privés. La construction du projet à Arzew sous forme de production d'eau dessalée combinée à la production d'électricité (Arzew Independent Water Power Production d'une puissance installée de 336 MW) a démarré en 2003 et devrait être mise en service prochainement.

Ainsi, les trois pays du Maghreb ont effectivement engagé un processus de réformes depuis le milieu de la décennie 1990 selon une démarche déterminée et spécifique à chacun d'eux, sans débat national ni concertation véritable à l'échelle régionale, malgré quelques initiatives privées[1]. En dehors du Maroc où la part du privé dans la production atteint les 70%, l'État reste omniprésent et demeure le plus gros investisseur. Les capitaux privés n'affluent pas et se concentrent essentiellement dans la production. Pourtant, les prévisions sur l'évolution du secteur de l'électricité indiquent clairement que les besoins en investissements dans la production sont importants et qu'une part substantielle de ces besoins pourrait être réalisée par des opérateurs privés sous forme d'IPP.

Cependant, il est apparu récemment que l'enthousiasme pour les projets IPP s'est quelque peu émoussé. En réalité, les IPP sont controversés. Les critiques à leur encontre suggèrent que leurs coûts sont élevés, qu'ils lient les gouvernements par des contrats à long terme immuables et qu'ils exonèrent les producteurs de tout risque commercial et de concurrence. « *Dans ce sens, nous estimons actuellement utile de prendre du recul par rapport à cette formule* »[2], estiment les responsables de la STEG.

En réalité, si les PPA semblent effectivement enfermer les pays dans des contrats à long terme qui deviennent un obstacle à la compétition, la libéralisation bute aussi sur d'autres obstacles: la compétition requiert un réseau mature et efficient ainsi qu'un système d'information fiable, ce qui représente un investissement lourd ; d'autre part, les marchés doivent être relativement larges et suffisamment fluides pour favoriser la compétition. Aussi, l'ouverture requiert un espace plus large et c'est tout naturellement que les pays

---

[1] La revue *Medenergie* avait organisé, en octobre 2003 à Alger, un colloque (boycotté par le ministre de l'Énergie Chakib Khelil) dont l'un des objectifs principaux était de promouvoir la concertation entre les compagnies énergétiques du Maghreb, à la lumière des expériences de libéralisation en cours en Europe.

[2] Ben Arfa, O., PDG de la STEG, interview à Medenergie n°11-Avril 2004

du Maghreb se sont inscrits dans une démarche plus globale au sein de l'ensemble méditerranéen

Un marché euro-méditerranéen de l'énergie ?

A l'occasion de la 3ème Conférence de l'Euro-Mediterranean Energy Forum qui s'est tenue à Athènes en avril 2003, l'Algérie, le Maroc et la Tunisie ont signé une déclaration d'intention pour la création d'un marché de l'électricité au Maghreb ouvert, transparent et compétitif qui pourrait être intégré au marché européen à l'avenir. Cette déclaration a été suivie par un Memorandum of understanding signé à Rome à l'occasion du Sommet Euro-méditerranéen de l'industrie énergétique (REMEP - Rome Euro-Mediterranean Energy Platform) le 1er Décembre 2003 qui a recommandé « *la création d'un marché régional de l'électricité adapté aux spécificités des pays concernés, encouragé par l'industrie du Maghreb et tenant compte des spécificités des différents secteurs dans les pays du Maghreb ainsi qu'un renforcement de la coopération dans le cadre du groupe Eurelectric/Comelec* ».

Les ministres maghrébins en charge de l'énergie, réunis début juillet 2008 à Alger, ont abordé les questions liées à la coopération énergétique et notamment le renforcement des échanges d'électricité pour faire émerger un véritable marché régional de l'électricité. Ils ont déclaré que « *L'objectif d'un Maghreb interconnecté est de dépasser le stade actuel des secours mutuels instantanés pour créer un véritable marché maghrébin et développer des accords commerciaux à plus long terme vers l'Europe* » [1]. A l'occasion de cette rencontre, deux contrats de transit et d'échange d'énergie électrique ont été signés entre Sonelgaz et l'ONE, favorisant une telle ouverture vers l'Europe.

Ces récentes discussions entre les acteurs concernés et les déclarations qui ont suivi laissent penser que ce marché pourrait être créé en 2009, même si cette échéance paraît peu probable, compte tenu de l'état d'avancement d'un tel projet qui suppose l'adoption de règles communes compatibles avec les politiques énergétiques nationales, la mise en place d'une autorité de régulation indépendante des opérateurs dans chacun des pays, l'accès transparent et non discriminatoire au réseau dans tout le Maghreb à un prix acceptable,

---

[1] Algérie presse service APS, Alger, 3 juillet 2008

etc. Autant de conditions inscrites dans la lettre d'intention mais qui sont loin d'être réalisées pour l'instant.

L'objectif final est l'intégration de ce marché régional au marché électrique européen

En ce qui concerne les infrastructures de transport, des projets sont en cours qui renforcent l'interconnexion, dans le cadre de la boucle électrique autour de la Méditerranée MEDRING. Néanmoins, si l'extension et le fonctionnement de cette boucle pose quelques problèmes techniques et des adaptations technologiques appropriées, l'intérêt et les conditions d'un fonctionnement coordonné des systèmes électriques européen et maghrébin sont au point. Il resterait à définir un cadre de cohérence au sein duquel chaque opérateur, tout en respectant les règles communes, préserve la liberté de ses choix pour le développement de son propre système. Autant de conditions à réunir pour un fonctionnement continu, stable, efficace et solidaire des interconnections et pour la mise en place de marchés régionaux d'électricité.

L'Association des électriciens méditerranéens (Medelec), créée en 1992, organise périodiquement des rencontres pour débattre de ces questions techniques et proposer des solutions appropriées.

Conclusion

En conclusion, il est possible d'affirmer que les trois pays du Maghreb, pris dans leur ensemble malgré la situation différente d'un pays à un autre et pour autant qu'ils arrivent à surmonter leurs différends politiques, disposent des ressources naturelles, des potentialités humaines et managériales, des infrastructures énergétiques et des traditions d'interconnexion et de coopération pour faire des industries électriques et gazières un des éléments moteurs de leur développement économique et social. La croissance annelle moyenne de ce secteur, de 5 à 6%, implique un doublement de la production à l'échéance 2020 ainsi que des extensions des réseaux de transport à haute tension et de distribution, notamment en zones rurales, ce qui induit des besoins de financement importants.

La concrétisation d'objectifs aussi ambitieux pose, outre les problèmes du financement, le défi redoutable du développement technologique et du renforcement des capacités locales d'études, de construction, de maintenance et d'exploitation, à travers la mise en place effective de réseaux de transfert de technologie permettant le développement d'une ingénierie et d'une industrie locale des équipements électriques et gaziers, pratiquement inexistante aujourd'hui.

Les réformes entreprises depuis une quinzaine d'années au Maghreb ont ouvert la voie à un tel partenariat avec les pays industrialisés. Elles doivent être consolidées et poursuivies, avec une participation plus active des compétences et ressources locales, avec la mobilisation effective des potentialités intellectuelles, matérielles et financières qui constituent un élément essentiel de la réussite des réformes, sous une forme qui n'est pas l'importation de modèles anglo-saxons ou européens inadaptés, mais selon une voie propre qui respecte les spécificités et traditions de ces pays et la volonté des citoyens.

Parmi ces spécificités, on ne peut ignorer la nécessité d'une intervention mesurée de la puissance publique ainsi que la sauvegarde des entreprises publiques qui ont constitué le lieu d'accumulation des compétences, de l'expertise et de l'ingénierie, qui ont servi d'élément moteur pour le développement d'un embryon d'industrie nationale et qui jouissent d'une bonne réputation auprès des citoyens.

En raison de la capacité de paiement des consommateurs limitée, les autorités pratiquent une politique de prix bas pour les petits consommateurs et la péréquation des tarifs au client domestique comme élément déterminant d'unité nationale, de cohésion sociale et de lutte contre la pauvreté. Aussi, la coexistence de deux marchés, un marché libre pour les gros clients et un marché régulé pour les petits consommateurs semble t-elle être la solution appropriée ?

Pour les investisseurs étrangers, en plus d'une législation stable propre aux industries électriques et gazières, il y a lieu d'accorder des garanties politiques et institutionnelles, en particulier : Transparence dans les procédures d'obtention des contrats de réalisation des installations BOT, DOT, ou autres formules d'acquisitions y compris le processus de privatisation des entreprises publiques ; Indépendance réelle des Autorités de régulation garantissant les règles d'ATR et de non discrimination ; Indépendance des Institutions judiciaires garantissant l'impartialité en cas de recours ou de contentieux. Dans le nouveau contexte de la mondialisation, l'espace naturel d'une telle évolution pour les pays du Maghreb est celui créé par l'Union pour la Méditerranée.

L'Énergie en Afrique
Enjeux et perspectives

Introduction

Cet article[1] a pour objet de présenter quelques réflexions découlant d'une étude sur la situation de l'Afrique et sur ses perspectives en matière énergétique, susceptibles de contribuer à une réflexion plus large et éventuellement conduire à des propositions et des pistes pour des groupes de travail plus spécialisés. Deux remarques préliminaires s'imposent en introduction.

La première est qu'il s'agit d'une contribution axée essentiellement sur les problématiques énergétiques et pas sur le développement global de l'Afrique, même si certaines données générales sont reprises accessoirement à titre d'information.

Car, si on pressent bien que l'énergie peut et doit jouer un rôle important dans le développement de l'Afrique il y a, naturellement, d'autres facteurs tout aussi importants qui ne seront pas abordés ici dans le détail et qui pourraient faire l'objet de contributions spécifiques, comme par exemple les problèmes financiers ainsi que la question lancinante des ressources humaines et de l'exode des cerveaux.

La seconde remarque préliminaire est que l'Afrique n'est évidemment pas uniforme. C'est un immense Continent, composés de pays très différents les uns des autres, de petits Etats comme Sao Tome et Principe, les Iles du cap vert ou la Guinée Équatoriale et de grands Etats à l'image du Nigeria ou de l'Egypte ; il y a des pays pauvres comme le Burundi ou le Liberia et d'autres plus riches à l'instar de l'Afrique du Sud, le

---

[1] Conférence au Club 2100 à Paris, le 24 novembre 2010, avec le parrainage du Cigre. Les données quantitatives ont été mises à jour pour *Medenergie*, N°42- Septembre 2013.

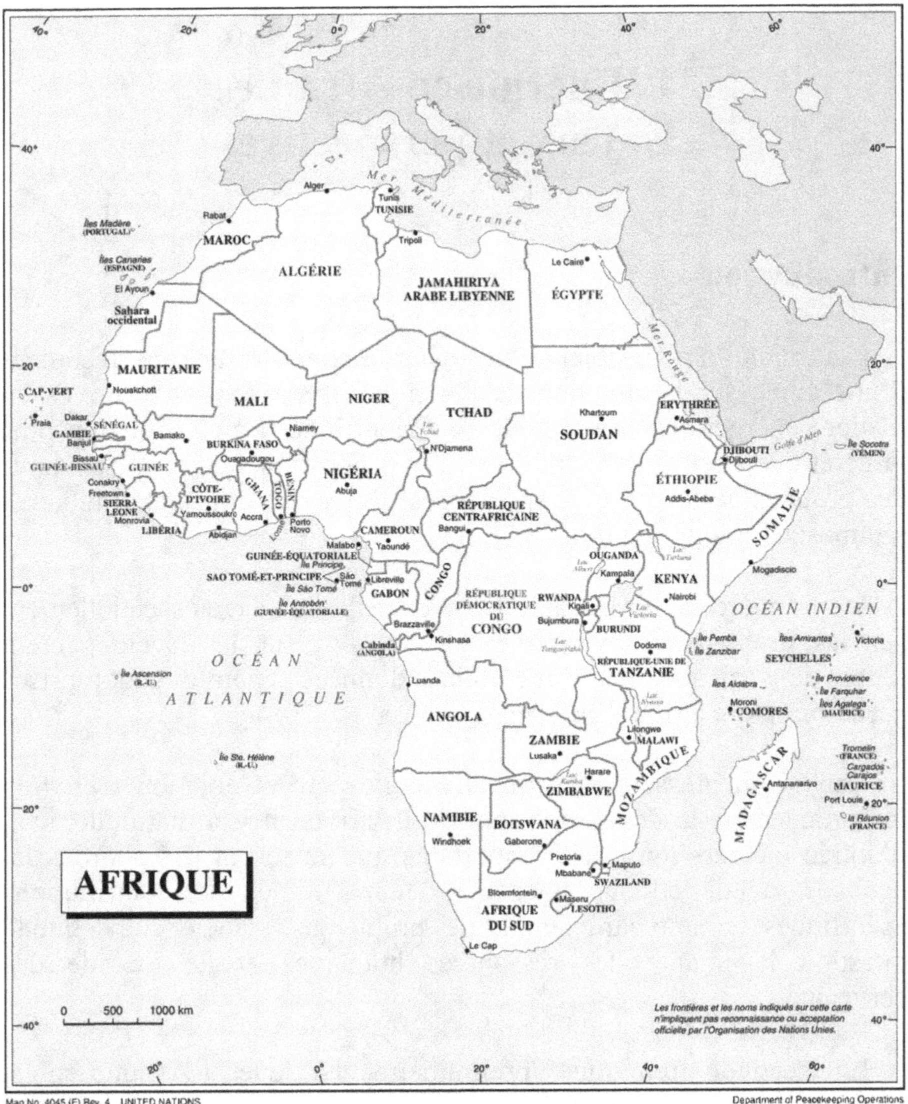

Carte 1 - L'Afrique est un immense Continent composé de pays très différents les uns des autres

Botswana, la Guinée Équatoriale, le Gabon ou la Libye; certains croissent très faiblement comme le Tchad, la Côte d'Ivoire, la Guinée, la Guinée-Bissau, le Togo, l'Érythrée.., qui ont un taux inférieur à 3 %, (voire négatif pour le Zimbabwe) et d'autres évoluent avec une croissance forte, comprise entre 8 % et 10 % comme c'est le cas pour l'Éthiopie, la Tanzanie, le Ghana ou le Mozambique.

Néanmoins, malgré ces différences notables, il nous semble possible de dégager quelques tendances générales, lourdes et caractéristiques de l'ensemble du Continent (Carte 1).

Il y a cinquante ans, plus précisément en octobre 1963, j'avais eu le privilège d'assister, en qualité de représentant de l'Algérie, à la première rencontre à l'échelle de l'ensemble du Continent africain sur le thème de l'énergie, sous l'égide de la Commission économique pour l'Afrique (UN/ ECA) des Nations-Unies.

Consacrée à la question de l'électrification, considérée déjà comme une priorité, la réunion s'était tenue à Addis-Abeba en Ethiopie, fraîchement intronisée comme capitale de l'Afrique, dans cette grande salle des conférences où avait été signée quelques mois auparavant la Charte portant création de l'Organisation de l'Unité Africaine (OUA)[1].

Durant près d'une semaine, dans cette atmosphère enthousiaste, pour ne pas dire euphorique, qui a suivi la décolonisation de l'Afrique et l'institution officielle d'une organisation commune à l'ensemble des pays de la Région, les représentants des compagnies électriques africaines, dont la plupart des directeurs généraux, ont débattu des questions techniques, économiques, financières et humaines relatives à l'effort gigantesque à fournir pour arriver à électrifier tout le Continent. Les participants mesuraient l'ampleur de la tâche mais ils y croyaient.

Effectivement, la conférence a abouti à de nombreuses recommandations couvrant tous les aspects. Trois d'entre elles méritent d'être rappelées aujourd'hui en raison de leur pertinence particulière: la création d'une Agence africaine de l'Energie (C'était 10 ans avant l'Agence Internationale de l'Energie d'Henry Kissinger !) ; la nécessité de développer les réseaux électriques et en particulier les interconnexions électriques entre Etats africains ; le lancement d'un vaste programme de formation des cadres dans ce secteur.

---

[1] L'OUA a été créée en mai 1963. Elle a changé de statut en juillet 2002 pour devenir l'Union Africaine (UA)

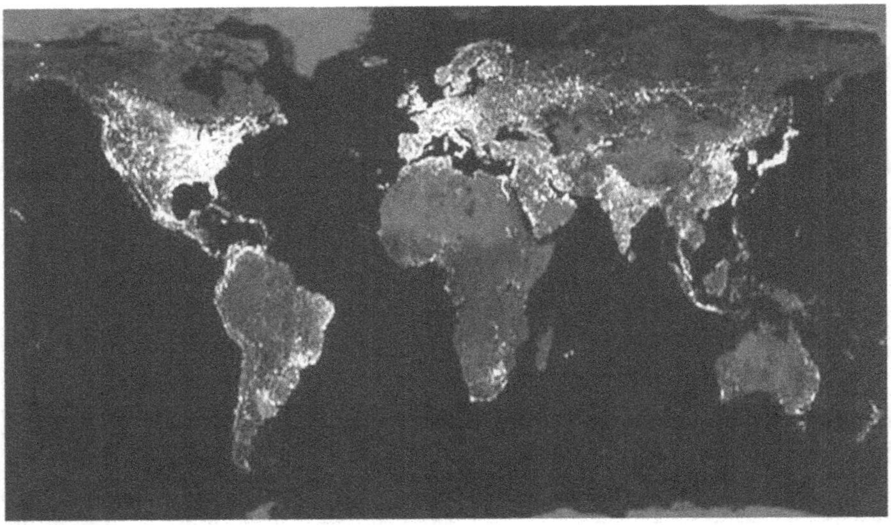

Carte 2 - L'Afrique subsaharienne est la région la moins électrifiée du globe

Force est de constater que la mise en œuvre de ces recommandations a été plutôt lente et bien tardive. Elle est effective seulement à partir des années 1990 et plus précisément, depuis le début du second Millénaire.

C'est le triste paradoxe dans lequel vit notre Continent : d'une part, une prise de conscience précoce et combien lucide de l'importance de l'énergie dans le processus de développement économique et social, l'identification rapide des maux et des obstacles à surmonter et, malheureusement, une incapacité chronique à résoudre ces problèmes dans des délais appropriés c'est-à-dire courts compte tenu de leur caractère d'urgence.

Les participants à la conférence africaine de l'énergie électrique d'octobre 1963 ne s'attendaient certainement pas alors à ce qu'un demi-siècle après, le Continent présente l'image de la région du globe la moins électrifiée (Carte 2).

L'Afrique est le Continent le plus pauvre de la Planète

Avant d'aborder les problématiques énergétiques, il paraît utile de rappeler quelques données générales. Avec une population d'un milliard d'habitants, soit 16% de la population mondiale, l'Afrique est le Continent le plus pauvre de la planète, avec moins de 3% du PIB mondial. Plus des 60% de la population africaine vivent aujourd'hui avec moins de 2 dollars par jour.

Pourtant, au cours de la première décennie du siècle présent, l'Afrique a connu une croissance économique constante avec un taux moyen de 5,5%, bien supérieur au taux moyen du PIB mondial sur la période (3,7%) et pratiquement le double de celui de l'Europe. Mais ce taux est nettement inférieur aux 7 à 8% jugés nécessaires pour atteindre les objectifs du Millénaire.

D'autre part, la redistribution de la croissance ne se fait pas de manière équitable : le taux de pauvreté est resté stable à 50% depuis un quart de siècle, selon le rapport de la Banque mondiale ! La croissance démographique vigoureuse, avec un accroissement naturel de la population de 2,8% en 2008, ne peut à elle seule expliquer cette situation, d'autant plus que la jeunesse de la population et le taux d'urbanisation très fort enregistré peuvent constituer des atouts sérieux pour la croissance et le développement.

En réalité, le continent africain ne semble pas constituer un cadre attractif pour les investissements et les flux financiers. Le taux des investissements directs extérieurs (IDE) est très faible, à peine 3% du montant des IDE à l'échelle mondiale alors que 17% des investissements américains sont engagés en Amérique latine, et que le Japon consacre 20% des siens à l'Asie. L'aide publique au développement reste bien inférieure aux engagements pris par le G8 lors de sa réunion consacrée à l'Afrique en 2005 malgré une tendance à la croissance.

Le commerce mondial décline de manière constante. Il est passé de 8% en 1990 à 2 % en 2009, et comporte essentiellement des exportations de matières premières et de produits agricoles avec l'Europe en premier lieu, la Chine en 2ème position. L'Afrique présente une très faible insertion dans le commerce mondial, essentiellement dans les grands pays (Afrique du Sud, Egypte) et ceux de l'OPEP (Nigeria, Angola, Algérie, Libye) et une faible intégration des économies régionales et des investissements intra-régionaux.

La situation de pauvreté se traduit aussi par une faible consommation en énergie : 3,2% de la consommation mondiale en énergie primaire pour une population de 16 %. La consommation par an et par habitant en moyenne de 0,7 tep ; elle n'atteint la tep que dans quatre pays : l'Afrique du Sud, l'Algérie, la Libye et le Gabon, alors qu'elle est de 4 tep dans les pays de l'OCDE et de 8 aux USA. Plus des 60% de la population n'ont pas accès à l'énergie commerciale et la ressource énergétique la plus répandue est la biomasse.

Ainsi, près de 600 millions de personnes en Afrique ont comme combustible primaire de cuisson la biomasse, ce qui génère une forte pression sur les ressources forestières qui connaissent une dégradation importante de leur potentiel, accentuée par la sécheresse et la désertification. Les ministres africains, en charge du Développement durable de l'énergie ont lancé en 2004 à Nairobi le Réseau africain des énergies renouvelables pour la lutte contre la désertification qui rassemble des organismes opérant dans les domaines des énergies renouvelables et de la désertification dans le but de renforcer la coopération et d'harmoniser les mesures visant à promouvoir les énergies renouvelables.

Il est vrai que l'Afrique subit de plein fouet les conséquences désastreuses des changements climatiques. C'est le continent qui pâtit le plus sévèrement des effets du changement climatique, tout en abritant le moins de pollueurs. L'Afrique subsaharienne ne compte que pour 4 % des émissions mondiales de gaz à effet de serre mais l'Afrique du Sud est classée treizième pollueur de la planète.

L'Afrique est tenue à l'écart des négociations climatiques, en raison du manque d'expérience, de compétences et de ressources ce qui la rend dépendante des grandes nations dans les négociations internationales de la Chine, des pays arabes, des Etats-Unis ou encore de la France.

Pour avoir une situation complète de l'Afrique en matière énergétique, il est nécessaire de dresser un état des lieux à la fois de ses ressources énergétiques, aussi bien en énergies fossiles qu'en énergies renouvelables, mais aussi de sa consommation énergétique, des conditions d'accès à l'énergie et de sécurité d'approvisionnement des pays africains qui reflètent beaucoup mieux l'état de leur sous-développement.

Pourtant, l'Afrique dispose de ressources énergétiques importantes

Pourtant, l'Afrique ne manque pas de ressources naturelles. Elle détient une part relativement importante des réserves mondiales en ressources fossiles, en uranium, en énergie hydroélectrique et en sources renouvelables, notamment le solaire et la biomasse.

Elle constitue un pourvoyeur important en matières premières et en pétrole en particulier pour les économies développées : 20% des importations américaines en pétrole proviennent de l'Afrique de l'Ouest et ce chiffre pourrait être porté à 25% en 2015 ; l'Afrique fournit à l'Europe les 35% de ses importations en gaz et les 25% en pétrole. En outre, elle est en train de devenir le pourvoyeur des pays émergents, en particulier la Chine et l'Inde : la Chine dépend de l'Afrique pour 20% de ses importations pétrolières.

En ce qui concerne les énergies fossiles, l'Afrique détient 8 % des réserves mondiales prouvées de pétrole (Tableau 2), 7 % des réserves en gaz (Tableau 3) et 3,7 % des réserves en charbon, essentiellement en Afrique du Sud et accessoirement au Zimbabwe. Cela représente 18 milliards de tonnes de pétrole et 15.000 milliards de mètres cubes de gaz. L'Afrique détient également les 17% des réserves mondiales en uranium (904 000 tonnes d'uranium) (Tableau 4) ainsi qu'un potentiel considérable en énergies renouvelables : hydroélectrique particulièrement, mais aussi éolien, solaire et géothermique.

Tableau 1- Les ressources énergétiques de l'Afrique

	Réserves (% monde)	Production (% monde)	Conso (% monde)
Pétrole	8,0	10,4	3,9
Gaz	7,0	6,2	3,4
Charbon	3,7	3,7	2,7
Uranium	17	17	0,5
Hydro	10	0,7	3,0

Sources: Pétrole et gaz: BP June 2013, Nucléaire: AIE; AEN/OCDE; WNA; Hydro: WEC

Tableau 2 - Les ressources pétrolières de l'Afrique

	Réserves (milliard barils)	% mondial	Production (millier b/j)	Conso (millier b/j)
Libye	47,1	2,9 %	479	
Nigeria	37,2	2,3 %	2457	
Angola	13,5	0,8 %	1746	
Algérie	12,2	0,7 %	1729	345
Soudan	6,7	0,4 %	453	
Egypte	4,3	0,3 %	735	709
Gabon	3,7	0,2 %	245	
R. D. Congo	1,9	0,1 %	295	
Guinée Equatoriale	1,7	0,1 %	252	
Tchad	1,5	0,1 %	114	
Tunisie	0,4		78	
Autres	2,2	0,1 %	221	2282 (547 RSA)
Total Afrique	132,4	8,0 %	8.804	3.336

Source: *BP Statistical Review of World Energy June 2012*

Tableau 3 - Les ressources gazières de l'Afrique

	Réserves (Gm3)	% (monde)	Production (Gm^3/an)	Conso (Gm^3/an)
Nigeria	5.100	2,5 %	39,9	
Algérie	4.500	2,2 %	78,0	28,0
Egypte	2.200	1,1 %	61,3	49,6
Libye	1.500	0,7 %	4,1	
Autres	1.200	0,6 %	19,4	32,2 (4,3 RSA)
Total Afrique	14.500	7,1 %	202,7	109,8

Source: *BP Statistical Review of World Energy June 2012*

Tableau 4 – L'uranium en Afrique

	Réserves (% mondial)	Production (% mondial)	Conso (% mondial)
Afrique du Sud	5,5 %	1,1 %	0,5 %
Namibie	5,3 %	9,1 %	
Niger	5,0 %	6,4 %	
Autres	0,9 %	0,2 %	
Total Afrique	16,7 %	16,8 %	0,5 %

Source: AIE; AEN/OCDE; WNA

Les richesses naturelles sont inégalement réparties sur le continent : pour les hydrocarbures, l'Afrique du Nord (Algérie, Libye et Egypte), l'Afrique Centrale (Tchad et Soudan) et l'Afrique de l'Ouest (Nigéria, Guinée Equatoriale, Angola, Gabon, Cameroun et Côte d'Ivoire) rassemblent les ressources en pétrole et en gaz (Le Golfe de Guinée est particulièrement prolifique et, selon les experts, il n'a certainement pas livré le secret de tout ce qu'il renferme). Le charbon est localisé principalement en Afrique Australe et surtout en Afrique du Sud (qui en détient 98%), au Botswana et au Zimbabwe. Les réserves en uranium sont concentrées essentiellement en Afrique du Sud, en Namibie et au Niger

Le potentiel hydroélectrique de l'Afrique est énorme, il est estimé à 10% des réserves mondiales (près de 2000 TWh/an) dont plus de 40% en RD Congo, 25% en Afrique de l'Ouest et 23 % en Afrique du Nord (Tableau 5). Il est vrai que le continent compte certains des plus grands cours d'eau au monde : le Nil, le Congo, le Niger, la Volta, le Zambèze, le Sénégal. Seule une infime partie de ce potentiel (8%) est développée pour l'instant mais de nombreux projets existent et attendent d'être réalisés. Ainsi, à eux quatre, la RDC, l'Ethiopie, Madagascar et le Cameroun disposent d'un potentiel de production d'énergie hydroélectrique suffisant pour satisfaire le double de la totalité des besoins en électricité du Continent.

Ainsi, s'il est vrai que la répartition des ressources est inégale - certains pays n'ont aucune ressource énergétique – en même temps, elle suggère une certaine complémentarité et incite à la recherche de solutions orientées vers un développement au niveau régional, voire continental.

Tableau 5 - Potentiel hydroélectrique de l'Afrique

	Réserves (TWh/an)	Capacité installée (MW)	Production /consommation (GWh)
R. D. Congo	800	2.440	5.350
Ethiopie	280	398	1.600
Madagascar	200	105	510
Cameroun	120	725	2.423
Egypte	60	2.810	11.450
Mozambique	40	2.180	11.548
Autres	480	11.512	40.278
Total	1.980	20.170	73.159

Source : WEC

Mais elle ne réussit pas à assurer une valorisation optimale de ses ressources énergétiques

Ainsi donc, l'Afrique, qui possède d'énormes richesses énergétiques, n'arrive pas à valoriser de manière optimale cet énorme potentiel. Alors qu'elle produit plus de 10 % de pétrole et plus de 6% de gaz, 3,7 % de charbon, 17% d'uranium, elle ne consomme qu'une faible partie de sa production: 3,9 % de pétrole, 3,4 % de gaz, 2,7 % de charbon et 0,5% d'uranium.

La faible valorisation des ressources énergétiques apparaît comme un symptôme significatif du sous-développement de l'Afrique. La consommation d'énergie dans la plus grande partie du continent est l'une des plus faibles au monde. La consommation d'énergie primaire est de 0,66 tep/per capita : elle est 1,5 fois plus importante en Amérique latine, 6 fois en Europe et 12 fois aux Etats-Unis et encore il s'agit de la moyenne globale.

Si l'on prend comme référence la moyenne de l'Afrique Subsaharienne, ce rapport passe à 10 pour l'Amérique latine, 40 pour l'Europe et 80 pour les USA. Cette faible consommation constitue à la fois la cause et la conséquence de la pauvreté et d'un mode de vie archaïque qui accorde une grande place à la consommation d'énergie non commerciale : biomasse collectée sur place (bois et charbon de bois), sous-produits agricoles (résidus de culture, déjections animales). En effet, faute d'accès aux énergies modernes, une grande partie de la population, en particulier en milieu rural, se replie sur les énergies traditionnelles.

Il est vrai que l'étendue des territoires, les grandes distances et l'enclavement des populations ne facilitent pas les échanges et l'acheminement de l'énergie vers les zones de consommation, mais cette situation est surtout aggravée par l'insuffisance des infrastructures de production, de transport et de distribution. Non seulement le niveau d'infrastructures installées est faible, mais les installations existantes sont souvent peu performantes, vétustes et mal entretenues, entrainant d'énormes gaspillages. Sans compter les pertes liées aux branchements sauvages et aux fraudes.

Les réseaux électriques sont peu interconnectés entre eux, ce qui rend l'approvisionnement difficile. Les coûts de production sont très élevés du fait d'installations de petite taille et parfois vétustes, et, en fin de compte, le coût de l'électricité est prohibitif. Les difficultés rencontrées dans l'extension de l'alimentation en électricité ne résultent pas de problèmes de nature technique même si des enjeux de planification subsistent.

Le continent africain est le moins électrifié au monde. Plus de six Africains sur dix n'ont pas accès à cette source d'énergie. L'Afrique en dehors des extrémités Nord et Sud, est la région du monde la moins éclairée. Le taux d'électrification de l'Afrique subsaharienne est en moyenne de 25 % et, en zones rurales, il est seulement de 8%. L'Afrique subsaharienne consomme moins de 1% de l'électricité produite dans le monde. Les inégalités régionales sont grandes : les pays d'Afrique du Nord profitent du tiers de la consommation, l'Afrique du sud d'environ 45%, l'Afrique subsaharienne 22% (Carte 3).

Les pays du Maghreb ont quasiment achevé leur électrification, grâce à une démarche globale volontariste, une planification à long terme et une implication très forte des Etats. Cette démarche a même généré des effets industriels importants par la mise en place d'un embryon d'industrie des équipements électriques et par la création de moyens d'entreprises d'engineering et de travaux conséquents.

En Afrique du Sud, l'électrification touche 70 % de la population et progresse vite. Elle est parfois proche de 50 %, notamment dans des pays disposant d'importantes ressources financières, grâce à leurs exportations d'énergie et de matières premières, ou bénéficiant de conditions de gouvernance favorables (Nigeria, Gabon, Ghana, Côte d'Ivoire, Cameroun). Dans de nombreux pays (Burkina Faso, RDC, Mozambique, Éthiopie, Kenya, Madagascar, Ouganda et même l'Angola), l'électrification demeure inférieure à 15 %.

Il est clair que l'insuffisance et le coût de l'énergie pénalisent l'économie dans son ensemble et les citoyens dans leur vie quotidienne. Il est courant de voir à la TV des citoyens se lamenter de ne pouvoir exercer une activité, par exemple dispenser un enseignement, de façon continue, en raison des interruptions Une situation qui n'épargne même pas le Nigeria, l'un des pays les plus dotés de ressources en hydrocarbures.

Number and share of people without access to electricity, 2012

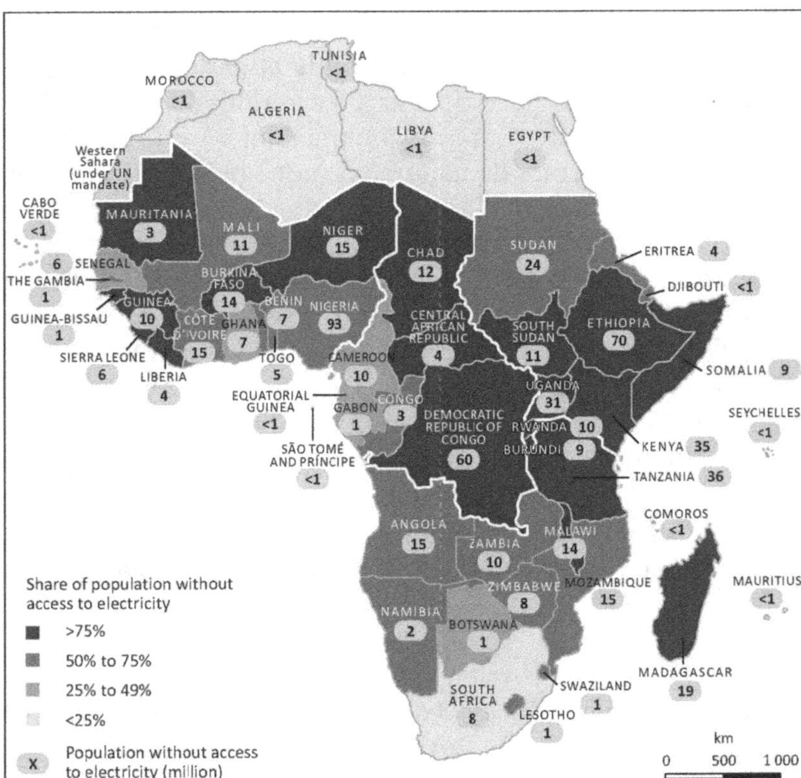

This map is without prejudice to the status of or sovereignty over any territory, to the delimitation of international frontiers and boundaries and to the name of any territory, city or area.

Agence Internationale de l'Energie, Africa Energy Outlook 2014

Cette situation entrave gravement le fonctionnement des entreprises et, en fin de compte, le développement économique, social et culturel du Continent. La Banque Mondiale estime que le déficit en électricité, dû à l'insuffisance de la production ou bien aux délestages répétés et coupures régulières, souvent de longue durée, coûte en moyenne plus de 2 points de croissance annuelle. La lenteur du processus d'électrification découle du faible niveau d'investissement qui est lui-même le résultat de lacunes dans la gouvernance.

Les nombreux obstacles au décollage de l'Afrique

Le poids de l'histoire

La première cause de la situation que connaît le continent africain est le poids de l'histoire, l'histoire ancienne d'abord, celle de la colonisation, qu'elle soit anglaise, française ou portugaise, dont on ne peut dire décemment qu'elle s'est fixée pour objectif principal l'exploitation des ressources locales au bénéfice des populations autochtones et qui a dessiné des frontières dont certaines continuent à attiser des rivalités et conflits.

Si j'évoque cette question, ce n'est pas par esprit revanchard, ni pour réveiller inutilement des souvenirs douloureux, encore moins par provocation mais, parce que je suis persuadé qu'elle influe négativement sur les relations de l'Afrique avec la communauté internationale, en particulier l'Europe, et qu'elle maintient un climat ambigu et malsain que, d'un côté comme de l'autre, on n'hésite pas à exploiter sur un plan interne à des fins politiciennes, notamment à la veille des échéances électorales ou des grands rendez-vous internationaux.

Les pays européens concernés, dont la responsabilité historique est engagée vis-à-vis de l'Afrique, doivent prendre le taureau par les cornes, assumer pleinement leur passé colonial et reconnaître avec courage et dans la dignité les erreurs, les méfaits et les excès de la colonisation et de l'exploitation de l'homme et des richesses de l'Afrique. Une fois que ce passé aura été pleinement assumé, ils pourront se libérer de tout complexe et se montrer exigeants vis-à-vis des Etats africains, pour exiger le respect des valeurs universelles telles que la dignité et les droits humains, de la justice, le droit au développement et à l'épanouissement de tous, pas seulement d'une poignée de privilégiés dans l'entourage ou proches des dirigeants.

Mais le poids de l'histoire plus récente de la période postindépendance est aussi lourd si ce n'est plus. Caractérisée par une instabilité politique qui a entravé toute action durable de redressement, l'histoire des 50 dernières années de l'Afrique est hélas trop souvent émaillée de coups d'Etat militaires, de luttes sourdes, parfois sanglantes pour l'accession ou le maintien au pouvoir et pour l'accaparement et la distribution de la rente procurée par les ressources naturelles. Il suffit de se remémorer la guerre du Biafra (1966-1969), celle de l'Angola (1975-2001), les crises du Congo Brazzaville (1993, puis 1997-1998), le conflit entre le Nigeria et le Cameroun pour le contrôle de la presqu'île de Bakass,...

Il est vrai que le *jeu d'acteur de l'échiquier transsaharien et ses effets énergétiques révèle que la rivalité prend souvent la forme de conflits où des puissances s'affrontent sur des zones pétrolifères, par groupes ethniques ou cultuels interposés, au gré de colossaux intérêts économiques*[1]. Dans les conflits comme dans le Delta de Niger, le Darfour ou l'Azawak, les compagnies pétrolières locales et les pays de la région agissent en fonction des fractures géopolitiques induites par des rivalités locales et des convoitises internationales.

La région transsaharienne soulève beaucoup de rivalités et de convoitises. Elle est devenue un important nœud stratégique du jeu international, à cause de sa situation stratégique et de son potentiel d'hydrocarbures, favorisant l'accès à de nouvelles routes, en matière de diversification des routes et des sources d'approvisionnement.

Qu'il s'agisse de conflits à caractère ethnique, sociopolitique ou liés à la gestion des ressources, ils se traduisent toujours par des souffrances intolérables pour les populations, par de graves préjudices humains et matériels, par des dépenses militaires inconsidérées (estimées à 11 milliards de dollars par an) qui annihilent les efforts de développement et constituent autant de freins, voire de coups d'arrêt au développement.

---

[1] Lagha Chegrouche, *L'échiquier transsaharien -Potentiel de réserves et projets de transport* in *MedEnergie* N°30 – Septembre 2009

La Banque Mondiale estime que le simple manque à gagner dû à la guerre sur le continent africain s'élève à 250 milliards de dollars sur la période 1980-1993, soit l'équivalent de la production totale du continent africain pendant une année entière. Il faut dire aussi que l'existence de tels conflits, qui souvent n'est pas sans lien avec le prélèvement de ressources et leur exploitation, suscite des convoitises et aiguise des appétits, lesquels se traduisent aussi par des interférences et ingérences de puissances étrangères au conflit.

A cet égard, il faut saluer la décision historique des dirigeants de l'UA qui, convaincus que les conflits internes et l'instabilité politique entament sérieusement la crédibilité de l'Afrique et son développement, ont pris la décision de ne plus reconnaître les pouvoirs issus de coups d'Etat militaires. Cette laquelle décision est appliquée systématiquement puisque la participation d'un certain nombre de pays à l'organisation est suspendue (Érythrée, Niger, Guinée et Madagascar). La communauté internationale doit soutenir fermement l'UA dans cette action qui se poursuit.

La contradiction entre les énormes besoins d'investissement et les difficultés d'accès au capital

Les pays africains se sont dotés, pour la plupart et très tôt, de compagnies publiques, instruments chargés de la mise en œuvre de la politique énergétique de l'Etat. Néanmoins, ni l'Etat, ni le secteur privé ne sont en mesure d'apporter des moyens de financement suffisants pour développer les infrastructures énergétiques : moyens de l'Etat insuffisant, un système bancaire inefficient s'intéressant plus aux opérations à court terme (importations) plutôt que des crédits d'investissement et des financements à long terme pour développer l'activité productive ; ingérence des pouvoirs publics dans leur gestion.

Les banques n'assument toujours pas leur rôle d'intermédiation financière. Elles restent encore frileuses par rapport à l'investissement et préfèrent accorder des prêts à des entreprises déjà bien installées. Elles préfèrent financer les « bonnes affaires » plutôt que les investissements plus contraignants.

Créés dans les années 1990, les marchés financiers africains sont encore peu nombreux et ne sont pas intégrés au système financier international. Relativement petits en termes de capitalisation, à l'exception de celui de l'Afrique du Sud, ils n'ont pas véritablement de structures organisationnelles et restent peu liquides, le volume des opérations ainsi que le nombre de participants étant faibles.

Le continent continue de susciter la méfiance des investisseurs qui considèrent ses marchés comme risqués, même s'il est vrai que l'amélioration des conditions macroéconomiques, le bas niveau et la bonne gestion de la dette publique ainsi que le prix élevé des matières premières au début des années 2000 ont réussi à éveiller un certain intérêt de leur part.

La part des Investissements directs extérieurs en Afrique est très faible : elle est égale à 3% des IDE mondiaux alors que 17% des investissements américains sont engagés en Amérique latine, et que le Japon consacre 20% des siens à l'Asie. Les IDE concernent, pour une grande part, les opérations conduites par les grandes compagnies pétrolières pour la recherche, l'exploitation et l'exportation des hydrocarbures et non les infrastructures nécessaires pour l'amélioration de l'approvisionnement en énergie des populations africaines.

La difficulté d'accéder au capital est évidemment un problème majeur pour l'industrie énergétique qui est très capitalistique. La Banque Africaine de Développement (BAD) estime ainsi qu'en Afrique Subsaharienne, le secteur de l'énergie aura besoin de 29 milliards de dollar par an, en dépenses de capital, au cours des dix prochaines années, ce qui représente actuellement environ 3 à 4% du PIB annuel de la région (Africa Development Indicators (ADI) 2008).

Face à ces énormes besoins, la participation d'institutions financières internationales (Banque Africaine pour le Développement, Banque Mondiale, l'Agence française de développement, la Banque mondiale, la Banque européenne d'investissement, la Banque Islamique, le Fonds de l'OPEP, la Banque ouest-africaine de développement et le Fonds nordique...) s'avère indispensable pour pallier l'insuffisance des capitaux privés.

Les défaillances de la gouvernance

En effet, les pays africains ont besoin de mettre en place un système de gouvernance politique et économique transparent et performant qui favorise le climat des affaires car l'une des raisons essentielles de la situation actuelle est l'insuffisance des investissements : les ressources naturelles sont abondantes, des projets importants sont identifiés, il reste à mobiliser les ressources financières et les moyens humains. Alors qu'il existe d'énormes besoins d'investissements pour rénover les infrastructures existantes et construire de nouvelles capacités de production ainsi que des réseaux de transport et de distribution, l'accès aux ressources financières est difficile.

Dans la plupart des pays africains, les gouvernements ont pris des décisions de libéralisation du marché de l'énergie à partir de la fin de la décennie 1990. Sur le plan conceptuel, la nouvelle loi introduit : la déréglementation, c'est à dire la suppression des monopoles et l'ouverture complète des activités, à l'exclusion de celles qui fonctionnent comme des monopoles naturels (les réseaux de transport et de distribution de l'électricité); la dé-intégration partielle de l'opérateur historique, c'est à dire la séparation juridique des différentes fonctions production-transport-distribution-commercialisation; la privatisation partielle ou totale du secteur.

En termes pratiques, la nouvelle législation a autorisé l'ouverture à la concurrence et à l'investissement privé pour la production et pour la commercialisation de l'électricité. Elle prévoit aussi la mise en place d'un organe de régulation indépendant, le libre accès aux systèmes de transport et de distribution pour tous les opérateurs et une tarification réglementée selon le principe de la péréquation nationale pour les clients captifs et pour les tarifs d'accès au réseau. L'Etat garantit le service public et limite de sa contribution aux régions défavorisées ou à des catégories sociales préalablement identifiées

Ces mesures de libéralisation peuvent effectivement favoriser le climat de l'investissement mais ne saurait suffire à gagner la confiance des investisseurs, internationaux particulièrement.

La méfiance des bailleurs de fonds étrangers s'explique principalement par les difficultés liées à l'instabilité de l'environnement économique et politique : instabilité du cadre législatif et réglementaire, centralisation excessive de la décision économique, manque de transparence et corruption, une justice qui n'est pas toujours indépendante, ainsi qu'une bureaucratie excessive ne créent pas un climat favorable aux affaires

Insuffisance de l'intégration régionale et manque d'efficacité des Institutions de coordination

C'est l'un des problèmes majeurs auquel se sont attelés les dirigeants africains depuis le début du Millénaire. Conscients que le renforcement de la coopération entre pays africains et entre les ensembles sous-régionaux constitue un élément essentiel pour le développement, conscients de l'impérieuse nécessité d'accélérer la croissance économique diversifiée et de réduire la pauvreté, ils ont pris des initiatives pour mettre en place des instruments institutionnels renforçant la capacité à surmonter les difficultés et à promouvoir le développement du Continent.

Il en est ainsi du NEPAD (New Partnership For Africa's Development) lancé en 2001 qui vise à promouvoir le développement du continent, en s'attaquant de manière globale et cohérente aux principaux défis sociaux, économiques et politiques auxquels les pays africains sont confrontés par la sécurisation des investissements, l'ouverture sur l'économie de marché et sur les échanges internationaux. Présenté au Sommet du G8 en juin 2002 et lancé lors du Sommet Mondial pour le Développement Durable, en août-septembre 2002 à Johannesburg, il vise à établir un partenariat renouvelé entre l'Afrique et la communauté internationale, reposant sur un but partagé, des responsabilités communes et mutuelles, pour promouvoir sa pleine intégration dans l'économie mondiale.

Le NEPAD a mis au point, en étroite collaboration avec la BAD, un cadre stratégique à long et moyen terme pour le développement de l'infrastructure. Dans ce cadre, l'énergie occupe évidemment une place importante, puisque le programme 5, intitulé « *Construire une base d'énergie durable* » a pour objet de renforcer la sécurité énergétique c'est-à-dire : accroître l'accès en milieu rural et urbain avec des technologies et des sources d'énergie respectueuses de l'environnement ; améliorer l'efficacité énergétique ; augmenter ou élargir l'éventail des sources d'énergie et de technologies à usage domestique et commercial.

Le Plan d'action du NEPAD à court et à moyen terme se propose d'interconnecter les réseaux électriques sous-régionaux de l'Afrique de l'Est, de l'Ouest, du Nord, du Centre et du Sud. A cet effet, depuis que le programme a été lancé, un certain nombre d'études et de projets ont été financés par les donateurs:

- des études d'interconnexion: plan directeur pour l'interconnexion électrique des pays de la région Centre, échanges et interconnexion électrique des pays du Nil oriental (Éthiopie-Soudan-Égypte), interconnexion électrique des pays du Nil équatorial (Burundi-Kenya-Ouganda-RDC-Rwanda-Tanzanie), interconnexion électrique Zambie-Tanzanie-Kenya et interconnexion électrique RDC-Angola-Namibie;
- des projets d'interconnexion: interconnexions électriques Nigeria-Bénin, Mozambique-Malawi, Éthiopie-Soudan et Éthiopie-Djibouti.
- Outre les projets d'interconnexion électrique, des études et projets d'interconnexion ont été lancés pour le gaz et le pétrole. Il s'agit notamment: du gazoduc de l'Afrique de l'Ouest devant acheminer le gaz naturel nigérian vers trois pays d'Afrique de l'Ouest (Bénin, Togo et Ghana); du projet Sasol pour le transport du gaz de Panda au Mozambique vers l'Afrique du Sud; du gazoduc Libye-Tunisie devant acheminer le gaz libyen vers la Tunisie; de l'oléoduc Kenya-Ouganda pour le transport de produits pétroliers raffinés ainsi que le projet de gazoduc à partir de Dar-es-Salaam, en Tanzanie vers Mombasa, au Kenya.

Le développement des infrastructures ne consiste pas seulement à ériger de grandes structures mais aussi à fournir des services essentiels, notamment de l'électricité pour accroître le commerce et la productivité et pour améliorer les conditions de vie des familles pauvres en mettant à leur disposition de l'énergie bon marché pour la cuisine, le chauffage et l'éclairage. Le réseau ne réglera pas tous les cas. L'organisation de la desserte doit s'organiser autour de la palette des solutions techniques les plus adaptées à chaque contexte (extension de réseau/ mini réseau /systèmes décentralisés avec recours aux renouvelables ou au thermique).

Depuis le début du Millénaire, les ministres africains de l'Énergie tiennent des rencontres régulières à l'effet de prendre les décisions pour accélérer le processus de développement dans le secteur de l'énergie. C'est ainsi qu'ils ont mis en place lors de leur réunion à Nairobi, Kenya, en mai 2004, l'UNEA, un cadre de collaboration régionale qui promeut la coordination entre les Nations unies et les autres organisations œuvrant dans le domaine de l'énergie pour le développement de l'Afrique.

Par ailleurs, la première Conférence de l'UA des ministres en charge de l'énergie électrique qui s'est tenue à Addis-Abeba, en mars

2006 a adopté une Déclaration et une Décision ministérielles en vertu desquelles les ministres ont convenu de *travailler ensemble pour mettre en valeur le potentiel énergétique du continent, en particulier l'énergie hydroélectrique considérée comme une source importante d'énergie renouvelable, et d'instituer un Fonds africain pour l'électricité, avec un accent sur l'électrification rurale.* L'organe permanent de coordination sur lequel s'appuie la Conférence des ministres de l'Energie est l'AFREC.

La Commission africaine de l'Energie (AFREC) : poursuivant la mise en place d'instruments efficaces, l'UA a mis en place en juillet 2001 la Commission africaine de l'Energie (AFREC), (cette Agence dont il avait été question lors de la Conférence africaine de l'énergie électrique d'octobre 1963), ayant pour siège Alger. L'AFREC est chargée « *d'assurer, de coordonner et d'harmoniser la protection, la conservation, le développement, l'exploitation rationnelle, la commercialisation et l'intégration des ressources énergétiques sur le continent africain* ». Ses missions prioritaires ont été ainsi définies: élaboration de politiques, de stratégies et programmes de développement de l'énergie en Afrique à l'échelle sous-régionale, régionale et continentale ; mise en place d'une banque de données énergétiques; identification et lancement de projets énergétiques interafricains intégrateurs et élaboration de mécanismes pour leur financement ; mise en place de programmes de développement de ressources humaines et de formation.

Les moyens de l'AFREC sont encore limités mais elle commence à s'organiser, à s'insérer dans le circuit décisionnel et à prendre en charge les projets d'infrastructures énergétiques et de promotion de l'accès à l'énergie, anciennement gérés par la BAD.

Les Communautés Economiques Régionales (CER)

Dans son action, le NEPAD s'appuie sur les CER qui doivent devenir les leaders de l'intégration économique régionale. Bien qu'elles se caractérisent aujourd'hui par un mélange de responsabilités qui se chevauchent, sous-estimées et sous-financées, elles ont connu quelques succès. Les principales sont : l'Union du Maghreb Arabe (UMA) dont le siège est à Rabat ; le Marché Commun pour l'Afrique de l'Est et Australe (COMESA) à Lusaka (Zambie) ; l'Union Economique des Etats d'Afrique Centrale (ECCAS) basée à Libreville (Gabon) ; l'Union Economique des Etats d'Afrique de l'Ouest

(ECOWAS) à Abuja (Nigeria) ; la Communauté de Développement de l'Afrique Australe (SADC) à Gaborone, (Botswana) ; l'Union Économique et Monétaire Ouest-Africaine (UEMOA) à Ouagadougou, (Burkina Faso) et la Communauté Économique et Monétaire Centre-Africaine (CEMAC) à Bangui, (République Centrafricaine)

Cette mise en place contribue à mettre fin à la situation de confusion qui existe du fait de la multiplicité des organisations régionales et aussi internationales (plus d'une cinquantaine), qui interviennent dans le cadre du développement du Continent. Seule une action soutenue et constante des Institutions africaines mais aussi de la communauté internationale, qui doit s'en tenir aux organisations officielles dument mises en place et agréées par l'UA, permettra de renforcer l'intégration régionale et l'efficacité des organes de coordination dans un Continent aussi vaste et diversifié.

L'Afrique continue à souffrir de l'insuffisance des moyens humains et d'experts locaux, malgré des progrès substantiels. Parmi les réalisations importantes, il faut signaler l'ESIE, l'École supérieure interafricaine d'électricité implantée à Bingerville (Côte d'Ivoire) à 15 km d'Abidjan, créée par l'UPDEA lors de son congrès de mai-juin 1978, avec pour mission de donner une formation d'ingénieur électromécanicien bilingue (anglais/français) à des élèves venant des sociétés d'électricité membres. De 1979 à 2000, l'ESIE a formé plus de 250 ingénieurs de plusieurs pays africains. La plupart de ces ingénieurs occupent aujourd'hui des postes de grande responsabilité dans leurs sociétés. En 2001, devant l'évolution des politiques de formation des ingénieurs au sein de plusieurs sociétés membres, l'UPDEA (Union des producteurs et distributeurs de l'électricité en Afrique) [1] a cédé l'ESIE au Gouvernement ivoirien pour qu'elle soit intégrée à l'Université d'Abidjan-Cocody.

A l'insuffisance des experts, il faut ajouter la mauvaise utilisation des cadres locaux dans les pays où les régimes souffrent d'un déficit de démocratie et ils sont nombreux ! Combien de personnalités africaines d'envergure connaissent les affres de la marginalisation, voire de l'exclusion dès qu'elles soutiennent des points de vue différents aux

[1] UPDEA (Union des producteurs et distributeurs de l'électricité en Afrique), qui a été créée par les compagnies publiques d'électricité à Abidjan (Côte d'Ivoire) en 1970.

thèses officielles. Elles sont souvent contraintes à l'exode, à l'exil, à aller servir sous d'autres cieux plus cléments. Elles trouvent dans les pays développés qui les accueillent la possibilité d'exercer leurs talents, ce qui prive l'Afrique de compétences sures. Combien de compagnies pétrolières internationales utilisent avec profit les experts africains dans d'autres parties du monde?

Des perspectives énergétiques réalistes pour l'Afrique à moyen et long terme

En 2010, le programme des Objectifs du Millénaire pour le Développement (OMD) a dix ans et le bilan auquel il donne lieu à cinq ans de son échéance est pour le moins contrasté. Force est de constater que, pour de nombreux pays pauvres – et parmi eux une majorité de pays subsahariens – les améliorations visées pour la qualité de la santé, de l'éducation, des transports, de l'alimentation, etc., restent encore en-deçà des ambitions initialement affichées.

En ce qui concerne l'énergie particulièrement, ces objectifs ont été ainsi fixés pour 2015 : réduire de 50 % le nombre de personnes n'ayant pas effectivement accès à des combustibles modernes pour la cuisson des aliments et diffuser largement des réchauds améliorés ; fournir l'accès à l'électricité à toutes les écoles, aux centres de soins et aux autres équipements collectifs locaux ; assurer l'accès à la puissance motrice dans chaque village ; élargir l'accès à l'électricité et aux services énergétiques modernes à tous les pauvres des zones urbaines et péri urbaines.

Il est clair que, pour bon nombre de pays et de citoyens africains, malgré les progrès accomplis, on est bien loin des objectifs affichés et il y a de fortes chances pour qu'ils ne soient pas atteints. Par contre, sur le long terme, le défi pourrait être relevé en y mettant la volonté et les moyens appropriés, partant du principe que l'accès à l'énergie est nécessaire au décollage économique de l'Afrique et qu'il constitue une clé de son développement. Il nous paraît possible et réaliste de bâtir un programme autour de cinq axes de développement essentiels :

- Électrification totale du Continent à l'horizon 2050
- Schémas directeurs à long terme des infrastructures énergétiques (« Autoroutes de l'énergie »)

- Préservation et augmentation des réserves, exploitation dans un cadre durable
- Intensification de la coopération internationale pour la formation, la recherche et le transfert de technologie
- Promotion des énergies renouvelables

1. Il faut absolument réussir le challenge de l'électrification totale du Continent à l'horizon 2050.

En effet, des études effectuées pour le compte de la Banque Africaine de Développement prévoient l'électrification complète du continent en 2050, avec des situations intermédiaires à 35% en 2015 et 50% en 2030. Des investissements importants sont nécessaires pour réaliser les projets structurants, dont certains sont déjà identifiés, qu'il s'agisse du renforcement des capacités de production en hydrocarbures ou en électricité ou bien des réseaux de transport, dans le cadre d'un partenariat public-privé.

Chaque année, l'Afrique subsaharienne devrait ajouter environ 3.000 MW à la capacité de production et construire des réseaux pour connecter près de trois millions de nouveaux ménages. Il faudrait investir chaque année pendant dix ans, plus de 40 milliards de dollars dans les infrastructures électriques pour combler le déficit actuel, alors que ces investissements n'atteignent actuellement que 11 milliards de dollars (Banque mondiale).

Il ne s'agit pas de montants excessifs (à peine 0,3% des investissements requis pour renouveler et accroître le parc électrique mondial d'ici 2030) mais ils représentent un vrai défi pour l'Afrique subsaharienne, soit 6,4% de son PIB en 2009. Il faut une implication forte de l'Etat, à la fois directement et à travers les compagnies publiques, une intervention des Institutions financières internationales et de plus en plus rechercher du côté des partenariats public-privé.

S'il existe un consensus très fort sur la nécessité de développer les interconnexions pour créer les conditions de développement du marché électrique régional ainsi que les conditions nécessaires à la mise en exploitation des ressources disponibles pour la production d'électricité à bas prix, l'électrification de nombreuses localités rurales peu peuplées et isolées sera réalisée, dans des conditions plus économiques, par des installations décentralisées en mini et microprojets hydroélectriques, éoliennes, solaires ou de petits groupes électrogènes alimentés au diesel.

Certaines solutions innovantes ont été expérimentés dans certains pays africains (Afrique du Sud, Mali, Maroc) et permettent de s'orienter vers un concept économique durable plus adapté à l'échelle des besoins locaux. Il s'agit du modèle des Sociétés de service décentralisés (SSD) qui repose sur la création d'entreprises locales ayant pour objet d'apporter l'énergie (et non exclusivement l'électricité) dans les zones rurales, à tout type de client (domestique, communautaire, artisan, commerçant, ...), sous une forme commerciale, en adaptant l'offre à la demande et aux capacités de paiement des populations concernées (Une expérience développée par EDF, l'Ademe, Total, rejoints par l'électricien néerlandais Nuon, en étroite collaboration avec les autorités gouvernementales des pays concernés).[1]

2. **Elaboration de schémas directeurs de développement des infrastructures à long terme (des « Autoroutes de l'énergie »)** qui permettent d'effectuer des transferts d'un pays à un autre, voire d'une région à une autre, c'est-à-dire de mettre en œuvre véritablement l'intégration.

Pour l'électricité, les Communautés économiques régionales ont créé des power pools ou systèmes d'échange d'énergie électrique chargés de mettre en œuvre le renforcement et surtout l'extension des réseaux d'interconnexion ainsi que la promotion des grands projets de centrales à vocation régionale avec pour objectif l'émergence d'un marché régional.

Cette structuration en ensembles régionaux globalement homogènes apparaît comme un facteur clé de la réussite[2], permettant la coordination des politiques énergétiques pour mieux répondre aux besoins de croissance et sécuriser l'accès à l'énergie. En effet, l'objectif général des *power pools* est d'œuvrer à la mise en

---

[1] Cette expérience a été décrite en détail dans un ouvrage intitulé *L'électricité au cœur des défis africains-Manuel sur l'électrification de l'Afrique*, Christine Heuraux, 2010 –Editions Karthala

[2] Alioune Fall, *L'Énergie électrique en Afrique : enjeux et perspectives de la coopération régionale* in *MedEnergie* N°32 – Mai 2010

commun des ressources et de l'expertise en vue d'une utilisation optimale et durable des ressources énergétiques disponibles. Au-delà des échanges dans le cadre de contrats bilatéraux, les Communautés Economiques Régionales ont engagé les *power pools* à mettre en place des marchés d'électricité à l'instar du SAPP (South Africa Power Pool) qui est le plus avancé à cet égard et qui fait fonctionner un marché de court terme avec en perspective la mise en place d'un marché spot. L'UPDEA a joué un rôle déterminant dans la mise en place de ces power pools

En Afrique du Nord, le Comité maghrébin de l'électricité (Comelec) a été institué en 1973 et les réseaux électriques sont interconnectés du Maroc à l'Egypte par des lignes 220 kV. La liaison 220 kV entre la Tunisie, l'Algérie et le Maroc fonctionne en synchronisation avec le système européen UCTE depuis 1997 grâce à un câble sous-marin de 400 kV entre l'Espagne et le Maroc qui a fait l'objet d'un doublement en 2006.

L'Afrique Australe a suivi en 1995avec le SAPP (Southern Africa Power Pool) sous les auspices de la SADC. Il existe des interconnexions entre l'Afrique du Sud d'une part, la Namibie, le Mozambique et le Zimbabwe via le Botswana (220 kV) et via Cahora Bassa (535 kV DC). Le Zimbabwe est interconnecté avec le Mozambique (110 kV), la Zambie (330 kV) et le Botswana (220 kV).

En 1999, la CEDEAO a créé le WAPP (West Africa Power Pool). Il est remarquable que le Bénin, le Togo et le Niger satisfassent respectivement 58%, 84% et 29% de leurs besoins en électricité par le biais des importations grâce aux interconnexions. Les lignes d'interconnexion de l'Afrique de l'Ouest comprennent les liaisons suivantes : Mali-Sénégal-Mauritanie pour l'évacuation de l'énergie de Manantali ; Côte d'Ivoire-Burkina Faso ; Côte d'Ivoire-Ghana-Togo-Bénin ; Nigeria-Niger pour la satisfaction d'une part prépondérante des besoins en énergie électrique du Niger. Le West African Power Pool a ainsi prévu la mise en place d'un *Regional Regulatory Body* un organe régional qui établit des règles communes de fonctionnement.

Ensuite, l'Afrique Centrale a instauré le CAPP (Central Africa Power Pool) en 2003 et trois lignes d'interconnexion servent essentiellement à exporter l'énergie de la RDC : ligne d'interconnexion RDC-Rwanda-Burundi ; ligne d'interconnexion entre la RDC et le Congo (Brazzaville) ; ligne 220 kV RDC-Zambie. Il faut aussi mentionner les projets dits « des boulevards électriques » à très haute tension (THT) devant permettre l'évacuation de l'énergie du barrage d'Inga vers toutes les régions d'Afrique.

Le dernier pool constitué est celui de l'Afrique de l'Est (East Africa Power Pool) EAPP en 2006. Cette région a retenu un ensemble de projets d'interconnexion, notamment : interconnexion Arusha-Nairobi en 220 kV ; interconnexion Ethiopie-Soudan en 220 kV ; Interconnexion Ouganda-Kenya en 220 kV ; interconnexion Ethiopie-Djibouti en 220 kV ; interconnexion Tanzanie-Zambie en 330 kV.

La réalisation d'une liaison Soudan-Egypte-Libye pourrait, à terme, permettre à l'Afrique de l'Est de profiter du réseau maghrébin (Comelec) déjà interconnecté au réseau Européen.

En ce qui concerne les hydrocarbures, il existe une infrastructure importante en particulier en Afrique du Nord et de l'Ouest de champs gaziers et pétroliers, de raffineries, d'usines de liquéfaction, des pipes alimentant notamment les pays voisins du Nigeria

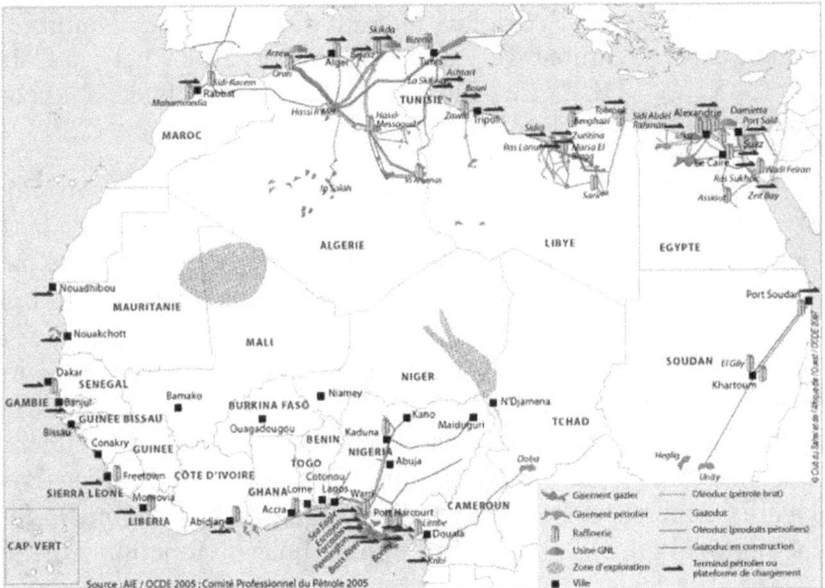

Infrastructures gazières et pétrolières en Afrique du Nord et de l'Ouest en 2005

Carte 4

Il n'y a pas, pour l'instant une démarche similaire à celle de l'électricité autour de pools régionaux. L'intégration est donc moins avancée, moins organisée pour l'instant. Certains projets ont été réalisés, d'autres sont en cours dans le cadre du programme du NEPAD.

Ainsi, le gazoduc ouest-africain Le West African Gas Pipeline (WAGP) initié sous l'égide de la Communauté économique des Etats de l'Afrique de l'ouest (CEDEAO) a été mis en service en juillet 2010 (Carte 5).

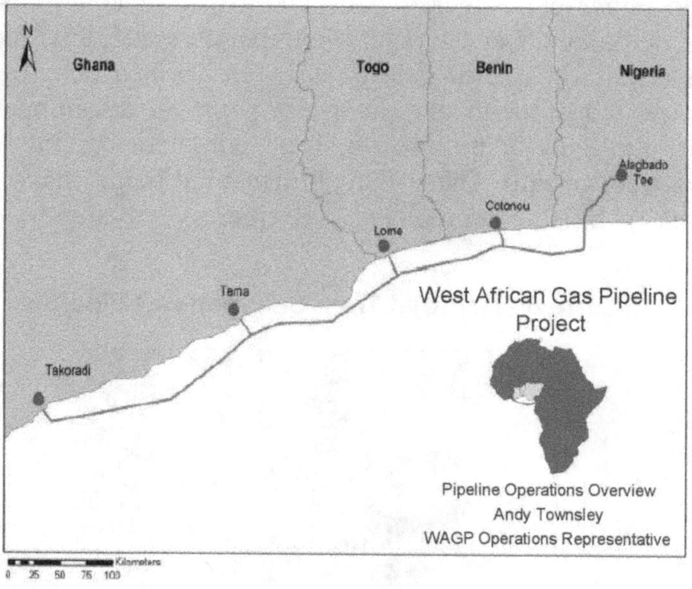

Carte 5 - Le West African Gas Pipeline (WAGP)

D'une longueur de 1033 Km en grande partie en offshore et d'une capacité maximale de 5 milliards de mètres cubes, il doit transporter du gaz nigérian pour assurer la livraison vers le Ghana, le Bénin et le Togo. Le projet est administré par la West African Gas Pipeline Company (Wagpco, basée au Ghana, détenue par Chevron, NNPC et Shell, en plus des compagnies ghanéenne, béninoise et togolaise).

Le WAGP est le premier véritable exemple d'intégration régionale ouest africaine, la Wagpco a été effectivement lancée en 1995 par les gouvernements du Bénin, du Ghana, du Nigeria et du Togo pour mener à bien ce projet commun de construction d'un gazoduc, sous l'égide de la CEDEAO. Parmi les objectifs assignés à la Wagpco figurent notamment la fourniture, "d'un gaz propre, abondant, stable et économique depuis le Nigeria" pour favoriser le développement de ses trois voisins que sont le Ghana, le Togo et le Bénin.

Il en est ainsi également du projet de gazoduc, appelé Trans Saharian Gas Pipeline (TSGP) (Carte 6). D'une longueur de 4000 Km et d'une capacité de 30 milliards de mètres cubes, il devrait transporter le gaz nigérian sur la côte méditerranéenne puis vers l'Europe, à travers le Niger et l'Algérie, pour un investissement global de 15 milliards de dollars. Cet ouvrage, d'une portée stratégique indéniable, qui permettrait de mieux valoriser les gaz brûlés actuellement au Nigeria, ne constituera une avancée pour le développement de l'Afrique que dans la mesure où il est complété par un réseau de gazoducs transversaux Ouest-Est alimentant d'autres pays africains que les trois promoteurs (Nigeria, Niger, Algérie).

Carte 6 - Le Projet Trans Saharian Gas Pipeline

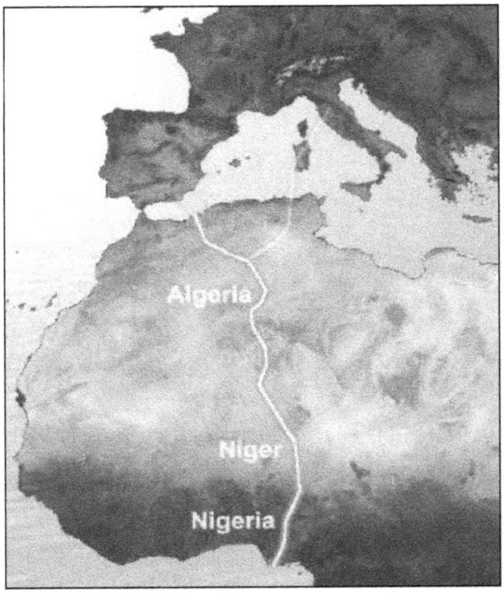

D'ailleurs, l'Afrique doit développer l'utilisation du gaz, l'énergie la moins polluante parmi les fossiles, dont les réserves dans le

Continent sont abondantes, les exportations importantes (Ainsi, le Nigeria et la Guinée équatoriale exportent leur production vers l'Europe ou l'Amérique) mais dont l'utilisation locale reste assez limitée sauf en Afrique du Nord, notamment pour la production d'électricité. Quelques rares cas d'utilisation du gaz pour des usages industriels sont à noter en Côte d'Ivoire, au Gabon, au Nigeria.

En Algérie, l'utilisation du gaz pour les besoins domestiques et industriels a été développée dès la fin des années 1960, en substitution aux produits pétroliers plus polluants. Pus de 400 réseaux publics de distribution de gaz ont été construits et d'autres sont en cours ou en projets, notamment sur les hauts-plateaux et dans le sud où le gaz s'est substitué au bois pour le chauffage et la cuisson. La réduction de l'utilisation du bois est absolument vitale en Afrique pour éviter la déforestation déjà en cours

3. **Il est indispensable de préserver et d'augmenter les réserves en hydrocarbures, de les exploiter dans un cadre durable**

A cet effet, il convient d'ouvrir le champ à l'exploration pour les compagnies internationales dans le cadre d'un partenariat effectif équilibré, comme le font d'ailleurs bon nombre de pays pétroliers africains.

Si l'Afrique n'a pas suscité un réel intérêt pour les grands électriciens mondiaux –les quelques entreprises de privatisation ont vite tourné court -par contre, depuis quelques années, on observe un engouement certain pour le potentiel d'hydrocarbures de la région, si proche des marchés européen et américain.

Car l'Afrique constitue un enjeu important de géopolitique pétrolière. A la faveur du changement de législation, qui a autorisé l'ouverture de l'amont pétrolier et gazier, de nombreuses compagnies se sont engagées dans les opérations d'exploration/production dans le Sahara algérien et libyen, dans l'offshore en Méditerranée, dans le Delta du Niger, le Golfe de Guinée et dans l'Atlantique au large des côtes marocaine et mauritanienne.

C'est ainsi que depuis une quinzaine d'années, des centaines de titres d'exploration ont été attribués, après des appels d'offres, en particulier en Afrique du Nord, au Nigeria et au Soudan. Les grandes compagnies européennes (BP, Shell, Total, Eni, Statoil) et américaines (Exxonmobil, Chevron, Anadarko,) sont très actives dans la région et ont été rejointes récemment par les sociétés chinoises très présentes au Soudan et en Afrique du Nord

Mais il faut reconnaître que la coopération avec les pays africains se limite à l'exportation des matières premières pour alimenter le monde industrialisé, à l'exception du sud industrialisé et du Nord où il y a quelques industries de transformation.

Cette manière de faire devrait cesser si l'on veut atteindre un certain niveau de développement. C'est le sens de l'initiative qui avait conduit à la réunion de l'Assemblée générale extraordinaire des Nations Unies en 1973, consacrée à la question des matières premières et du développement, sans résultat malheureusement. L'exportation des matières premières, en particulier énergétiques, devrait être associée systématiquement à un partenariat industriel et avoir une contrepartie technologique. Il est vrai que certains pays producteurs de matières premières semblent se complaire eux-mêmes dans cette situation, se contentant d'engranger une rente comme produit des exportations.

On ne peut faire de progrès lorsqu'on réalise, pour plusieurs milliards de dollars, des installations industrielles sans intervention significative de l'ingénierie ni des compétences locales et sans retombée industrielle ou technologique puisqu'au moindre incident, il faudra recourir au constructeur pour la maintenance. Toute coopération sur les matières premières devrait être adossée à un partenariat industriel et comporter des exigences en matière de formation et d'utilisation des compétences locales.

Une recommandation que l'on pourrait faire est de promouvoir des coopérations triangulaires impliquant deux ou plusieurs Etats africains avec une compagnie internationale détentrice de technologie. Par exemple, un projet de grande envergure associant la Guinée, le plus grand réservoir mondial de bauxite avec un ou des producteurs de gaz du Continent (Nigeria, Algérie) avec l'un des plus gros producteurs d'aluminium dans le monde, permettrait de valoriser de manière optimale à la fois les ressources minières et l'énergie de l'Afrique . C'est dans ce sens qu'il faudrait promouvoir la coopération internationale.

Dans ce contexte, de nombreuses associations et groupes de réflexion agissent dans ce sens et apportent leur contribution. Il en est ainsi de l'ADEA (Association pour le Développement de l'Energie en Afrique) qui s'est donné pour objectifs de réfléchir sur les enjeux énergétiques en Afrique, l'accès à l'énergie dans des conditions de coût et de sécurité raisonnables, en partenariat avec les autres associations ou organisations africaines comme l'AFREC ou le NEPAD. Elle organise des conférences et des publie des articles et des ouvrages sue ces thématiques.

4. **La coopération avec les pays développés dans le domaine de la formation, de la recherche et de la technologie** devra viser l'implantation de structures au plan local, afin d'éviter la fuite des cerveaux et préparer les cadres et techniciens aux réalités locales

Un effort important doit être fait par les pays africains dans le domaine de formation des cadres et techniciens notamment pour les nouvelles technologies, par l'implantation de structures de formation locales entre plusieurs d'entre eux, à l'image de l'Institut de l'Energie pour l'Afrique de l'Est et Australe (PIESA)

La première institution de formation créée en Algérie en 1964, avant l'Institut algérien du pétrole (IAP) était baptisée symboliquement Centre africain des hydrocarbures à Boumerdès. On y admettait des étudiants africains, de même qu'à l'Ecole polytechnique d'Alger il y a une vingtaine d'années, une dizaine par promotion mais cela n'est pas suffisant, tellement les besoins en ressources humaines sont importants.

Par ailleurs, il faut mettre en place un statut qui valorise le cadre dans les administrations et dans les compagnies publiques et lui assure les conditions matérielles et professionnelles nécessaires à son épanouissement.

5. Promotion des énergies renouvelables

La part des énergies renouvelables dans la production d'électricité en Afrique est de 19 %, essentiellement l'hydraulique, le reste étant couvert par le charbon (47%), le gaz (21 %), le pétrole (11 %) et le nucléaire (2%). Néanmoins, de nombreuses installations solaires photovoltaïques et éoliennes sont réalisées ou en cours et le taux de croissance annuel au cours des dernières années a dépassé les 20 % !

L'Afrique est dotée d'importantes ressources en énergies renouvelables : hydraulique, géothermie, biomasse, solaire et éolien. Le potentiel solaire et éolien de l'Afrique est considérable mais il est loin d'être pleinement exploité, essentiellement en raison du faible intérêt politique que suscitent les EnR et des niveaux d'investissement exigés. Les estimations provenant d'études récentes indiquent qu'une proportion significative (estimée entre 10 et 20 %) de la production électrique dans plusieurs pays de l'Afrique pourrait être couverte par des technologies renouvelables appropriées et apporter une contribution significative dans l'amélioration de la sécurité énergétique et de l'accès à des services énergétiques modernes, tout en renforçant le développement du secteur de l'énergie en Afrique.

D'autres facteurs militent en faveur de la promotion des énergies renouvelables : création d'emplois, approvisionnement d'institutions rurales isolées, avantages environnementaux indéniables.

Une étude faite pour le compte de la BAD énumère 15 pays ayant les meilleurs gisements éoliens, de la façon suivante : en Afrique australe (Afrique du Sud, Lesotho, Madagascar et Maurice) ; en Afrique de l'est (Djibouti, Érythrée, Seychelles et Somalie) ; en Afrique du Nord (Algérie, Égypte, Maroc et Tunisie) en Afrique de l'ouest (Cap Vert et Mauritanie).

Auxquels s'ajoutent le Tchad au centre de l'Afrique centrale ainsi que le Kenya qui a un projet de 5 MW en éolien. A l'horizon 2020, une capacité de 10 GW pourrait être réalisée, notamment en Egypte, au Maroc et en Tunisie. Le potentiel de l'Egypte est estimé à 20 GW et celui du Maroc à 6 GW.

D'autre part, l'Afrique tout entière et la région du Sahara ainsi que la région Sud Ouest disposent d'un ensoleillement très bon sur l'ensemble de l'année. Près de la moitié de la surface du continent dispose d'un niveau d'ensoleillement supérieur à 2100 kWh/m^2, le quart de l'étendue entre 1900 et 2100 kWh/m^2 et le reste entre 1500 et 1900 kWh/m^2. On estime le potentiel africain à plus de 1200 GW. Ces régions sont parmi celles où il est le plus rentable d'investir dans le solaire (photovoltaïque, thermique et thermodynamique).

C'est dans ce contexte que l'UpM a programmé comme projet prioritaire le Plan solaire méditerranéen qui consiste à implanter des installations solaires en Afrique du Nord d'une capacité totale de 20 GW, pour les besoins locaux et dont une partie pourrait être exportée vers l'Europe par un réseau de transport à courant continu à travers la Mer Méditerranée baptisé Medgrid.

Le projet Desertec pour sa part, d'initiative allemande, se propose d'exploiter les ressources solaires en Afrique pour construire 100 GW d'installations d'électricité solaire à l'horizon 2050 pour la satisfaction des besoins locaux et de 15% des besoins de l'Europe, moyennant des investissements de 400 milliards d'euros.

La généralisation et l'aboutissement de projets utilisant l'énergie hydraulique d'INGA, la technologie solaire thermodynamique ou solaire photovoltaïque, l'éolien permettraient à l'Afrique d'avoir un réel poids dans les relations Nord Sud dans le domaine de l'énergie Ces projets nécessitant une interconnexion plus forte des marchés européen et africain de l'électricité, on peut espérer que ce type de projet établissent un nouvel équilibre dans les relations Nord Sud. L'Afrique dans son ensemble devrait devenir un continent stratégique pour les investisseurs internationaux dans le domaine des énergies renouvelables

Dans son plan d'action 2011, l'IRENA (L'Agence internationale pour l'Énergie Renouvelable) envisage d'apporter sa contribution pour promouvoir les ENR en Afrique. L'Agence considère que la moitié de la consommation africaine en énergie provient de la biomasse traditionnelle qui reste la cause principale de nombreux problèmes sanitaires révélant au passage les dégâts de la déforestation et que la détérioration quantitative et qualitative de l'infrastructure énergétique ralentit la croissance sur le continent africain.

En effet, la Banque africaine de développement estime que 27 milliards de dollars doivent être investis annuellement afin de réaliser son objectif concernant l'accès universel à une énergie électrique durable et plus propre dans les 53 pays du continent en 2030. Pourtant, seulement 2 milliards de dollars sont actuellement investis dans le domaine de l'énergie en Afrique sub-saharienne, par an, ce qui est nettement insuffisant pour atteindre les objectifs fixés.

Au terme de ce long tour d'horizon sur l'énergie en Afrique, il nous semble nécessaire d'évoquer la question du nucléaire. Aujourd'hui, seule l'Afrique du Sud exploite une centrale nucléaire. Mais la croissance de la production à des taux supérieurs à 5% implique un quasi-triplement de la capacité à l'horizon 2030. L'amenuisement des ressources pétrolières et gazières, l'abondance des ressources en uranium de schistes bitumineux dans le monde et en Afrique ont poussé logiquement la quasi-totalité des pays de l'Afrique du Nord Algérie, Egypte, Libye, Maroc, Tunisie, - à annoncer, ces dernières années, leur intention d'acquérir des centrales nucléaires pour la production d'électricité combinée ou non avec le dessalement de l'eau de mer, à signer des accords de coopération dans le domaine nucléaire civil avec des pays qui maîtrisent cette technologie : Chine, Etats-Unis, France, Russie, Argentine... et à lancer des études de faisabilité. Certains ont même construit des réacteurs de recherche qui leur ont permis de former des cadres et de s'initier dans les applications nucléaires civiles : santé, agriculture, etc.

Il est vrai que le nucléaire fascine dans la mesure où, outre la production d'électricité, il donne la possibilité de bâtir une industrie et une solide réputation de puissance scientifique et technique. Les ministres africains et les hauts fonctionnaires se sont réunis à Alger les 9 et 10 janvier 2007, dans le cadre de la Conférence régionale africaine de haut niveau sur la contribution de l'énergie nucléaire à la paix et au développement durable. Cette réunion a abouti à un Plan d'action qui met l'accent sur la nécessité pour l'Afrique *de tirer pleinement parti des avantages de l'utilisation pacifique de l'énergie nucléaire pour son développement économique et social.*

Néanmoins, les conditions de réalisation d'un programme électronucléaire sont difficiles. Outre le choix d'un partenariat technologique de qualité, elles supposent des conditions endogènes telles que : volonté politique durable et stabilité institutionnelle ; adhésion à tous les niveaux des rouages politiques, économiques, scientifiques et sociaux et participation citoyenne; capacité générale d'organisation ; compétences scientifiques et techniques et une solide communauté scientifique et technique maîtrisant études, recherche, ingénierie, fabrication, et contrôle ; solides infrastructures ; réseau électrique suffisamment puissant pour injecter des unités de production de grande capacité ; tissu industriel et une industrie lourde et légère développant ses activités en parfaite harmonie avec une recherche de qualité ; moyens financiers importants

Peu de pays réunissent ces conditions. Aussi, faut-il souhaiter que, à l'instar des pays du Golfe, les pays africains s'engagent dans une coopération régionale appropriée. C'est probablement dans de tels cadres qu'il faudrait travailler si l'on veut voir l'électricité nucléaire apparaître sur les réseaux africains dans les années 2050.

Conclusion

L'Afrique, en tant que Continent, dispose des ressources d'énergie adéquates pour son développement. Leur répartition inégale incite précisément à une exploitation commune et suggère fortement la nécessité d'un développement de l'intégration au plan régional et, à plus long terme, au plan continental. Des progrès importants ont été accomplis depuis une vingtaine d'années et particulièrement depuis le début du siècle, sur le plan de la stabilité même si quelques turbulences demeurent, sur le plan Institutionnel avec le NEPAD et, pour un nombre limité de Pays, sur la plan de la gouvernance.

Dans le domaine énergétique, des interconnections électriques et gazières se dessinent progressivement dont certaines sont reliées à l'Europe. Aujourd'hui, la Mauritanie, un pays de l'Afrique de l'Ouest, a des liens énergétiques avec le Mali et une liaison électrique à l'étude avec le Maroc, lui-même relié à l'Europe. Le grand défi qui attend l'Afrique est celui de l'accès généralisé à l'électricité à l'horizon 2050 et de la construction de grandes infrastructures énergétiques, aussi bien électriques que gazières accentuant l'intégration et la solidarité entre les sous-régions du Continent. Défi qui peut être relevé au moyen d'une stabilité durable, d'un effort soutenu, d'une intégration politique régionale accrue.

Néanmoins, aucun progrès n'est possible sans des réformes institutionnelles profondes sur les plans politique, économique et social, consacrant la démocratie et l'Etat de droit, le respect des libertés dans tous les domaines et des droits de l'homme, l'indépendance de la justice, la transparence dans la gestion des ressources, seules conditions à même de garantir une gouvernance de qualité et un contrôle des Institutions démocratiquement élues sur immenses les richesses du Continent.

La formation en Méditerranée dans le domaine de l'Énergie et du Développement Durable

L'avenir énergétique en Méditerranée

Une forte interdépendance Nord-Sud

L'énergie est le domaine dans lequel la construction euro-méditerranéenne est la plus avancée, la plus profonde, la plus stratégique[1]. En effet, l'interdépendance est très forte en matière d'approvisionnements énergétiques. Les pays producteurs du sud méditerranéen contribuent de manière significative à la sécurité des approvisionnements énergétiques de l'UE et sont, de ce fait, très dépendants de l'Europe : leurs exportations sont dirigées vers l'Europe à près de 90% pour le gaz naturel et à environ 50% pour le pétrole.

Lorsqu'on observe une carte énergétique détaillée de l'ensemble du Bassin méditerranéen, on est impressionné par le nombre des infrastructures pétrolières, gazières et électriques reliant les deux rives qui se multiplient et se renforcent. Trois gazoducs traversent les territoires du Maghreb puis la Méditerranée pour transporter le gaz algérien (Enrico Mattei, Pedro Duran Farell, Medgaz) et libyen (Greenstream) en Europe, d'autres projets sont à l'étude (Galsi, entre autres).

Les réseaux électriques du Maghreb sont interconnectés avec le réseau européen par un câble sous-marin Maroc-Espagne à travers le Détroit de Gibraltar, dans le cadre d'une grande boucle électrique de 8000 km, en cours de réalisation autour du Bassin méditerranéen. Des projets sont en cours d'études pour renforcer les liaisons électriques par de nouvelles lignes directes entre l'Algérie d'une part, l'Espagne et l'Italie de l'autre, enfin entre la Tunisie et l'Italie au moyen du projet ELMED.

---

[1] Contribution pour *Palimpsestes* N°5 juin 2011,Ipemed

A l'occasion de la 3ème Conférence de l'Euro-Mediterranean Energy Forum (Athènes, avril 2003), l'Algérie, le Maroc et la Tunisie ont signé une déclaration d'intention pour la création d'un marché de l'électricité au Maghreb ouvert, transparent et compétitif qui pourrait être intégré au marché européen à l'avenir, déclaration confirmée par un Memorandum of understanding signé à Rome à l'occasion du Sommet Euro-méditerranéen de l'industrie énergétique (Rome - 1er Décembre 2003).

La coopération est renforcée par le lancement de grands projets régionaux de production d'électricité à partir des ressources renouvelables du sud méditerranéen (Plan solaire méditerranéen, Desertec) pour la satisfaction des besoins locaux et l'exportation vers l'Europe au moyen de lignes d'interconnexion à travers la Méditerranée (MedGrid)

De nombreuses structures, institutions et associations de coordination et de réflexion travaillent depuis des décennies avec comme objectif de renforcer la coopération énergétique en Méditerranée : entre les compagnies énergétiques a travers l'Observatoire méditerranéen de l'énergie OME, créé bien avant la mise en place du Processus de Barcelone qui a joué un rôle éminent en matière de dialogue euro-méditerranéen dans le secteur de l'énergie; entre les Autorités gouvernementales, le Forum euro-méditerranéen de l'énergie ; entre les gestionnaires des réseaux électriques (Medelec coordonne notamment les études relatives à la réalisation de la boucle électrique méditerranéenne) ; entre les agences nationales de maîtrise d'énergie et d'énergies renouvelables (Medener), etc.

Une demande d'énergie en pleine croissance

La population vivant autour du Bassin méditerranéen avoisine le demi-milliard d'habitants et devrait atteindre 600 millions à l'horizon 2030, dont plus de 60% sur la rive sud. Sur celle-ci, la croissance démographique, le phénomène de forte urbanisation et la concentration sur l'espace du littoral ont un impact sensible sur la demande énergétique et sur l'environnement.

La consommation énergétique totale de la zone méditerranéenne est d'environ 1000 millions de tonne équivalent charbon (tep) et devrait augmenter à 1400 millions de tep en 2030, soit une croissance annelle moyenne de 1,7% si la tendance actuelle était maintenue, la plus grande part de l'augmentation provenant des pays de la rive sud, en raison des besoins importants pour leur développement et pour la généralisation de l'accès à l'énergie. En intégrant les objectifs 20/20/20 de l'UE, l'OME a bâti un scénario alternatif qui réduit cette croissance à 1,05% par an et la consommation à 1230 millions de tep l'horizon 2030 (MEP 2011)[1].

La demande en électricité devrait ainsi croître fortement avec une croissance annuelle moyenne de la production électrique d'environ 2,8% d'ici à 2030 et de 5% au Sud de la Méditerranée. Cette forte croissance se traduira par l'installation de 317 à 383 GW de nouvelles capacités d'ici à 2030 (selon le scénario), dont plus de la moitié sera installée au Sud de la région.

Le gaz naturel et les énergies renouvelables constitueront ensemble de 62% à 65% du mix électrique selon les scénarios (73% à 78% si on inclut l'hydraulique). Dans ce cas, la part des énergies renouvelables y compris l'hydroélectrique passerait de 10% actuellement à 27 % ou 37% selon le scénario en 2030. La part des énergies fossiles diminuerait, celle du nucléaire devrait se stabiliser, Néanmoins, il y a peu de chance pour que les programmes nucléaires décidés dans la région soient remis en cause.

Des ressources fossiles limitées, un potentiel renouvelable considérable

Face à cette demande croissante en énergie, les ressources fossiles sont limitées et inégalement réparties. Les pays du sud méditerranéen disposent de ressources en hydrocarbures, estimées à 4,7% des réserves mondiales pour le gaz naturel et 4,6% pour le pétrole. L'Afrique du Nord n'a pas les ressources du Moyen-Orient.

D'une manière plus précise, les réserves prouvées de pétrole brut et de condensats s'élèvent à 8000 millions de tonnes (Mt). La Libye détient les 2/3 de ces réserves (67%), suivie, dans l'ordre, par l'Algérie (20%), l'Egypte, la Syrie et la Tunisie. Les réserves prouvées en gaz naturel, concentrées dans les mêmes pays sont de 9000 milliards de mètres cubes (Gm^3)

[1] Mediterranean Energy Perspectives MEP Edition 2011, OME

L'Algérie en détient les 57% suivie, dans l'ordre, par l'Egypte (22%) - dont les réserves en offshore ont été fortement réévaluées ces dernières années - la Libye (16%), la Syrie et la Tunisie. Les énergies fossiles (Pétrole, gaz, charbon) totalisent les 80% de l'approvisionnement énergétique de la Région.

Parmi les producteurs de la région méditerranéenne, seule la Libye, notamment en raison de sa faible population, dispose d'un potentiel pétrolier d'une durée d'environ 50 ans. Cela n'est le cas ni de l'Algérie ni de l'Egypte, en l'état actuel des connaissances sur les réserves même si la prospection se poursuit et devrait même être renforcée dans les zones non encore explorées, en particulier en offshore.

Par contre, les pays de la Région méditerranéenne dispose d'un potentiel considérable en énergie renouvelable, bien mieux réparti. Les avantages des énergies renouvelables sont nombreux et connus : ressources inépuisables, elles ne produisent pas d'émissions nettes de gaz à effet de serre et présentent des atouts incontestables sur le plan environnemental. Elles se prêtent bien au développement local, en termes d'emploi, de décentralisation et d'aménagement du territoire.

Sur le plan environnemental, la région fait également face à de nombreux problèmes dont la désertification, la dégradation des sols, la pollution marine, et l'accroissement des émissions de gaz à effet de serre. Pour ce qui est plus spécifiquement des émissions de CO_2, au cours de la période 1992-2003, elles ont enregistré une croissance annuelle moyenne de 3,4%. Cette croissance est plus ralentie que celle enregistrée au cours de la période 1971-2002 (6,5%), essentiellement en raison du développement de l'utilisation du gaz naturel dans la région, au détriment de sources énergétiques bien plus polluantes (pétrole et charbon).

Mais force est de constater que les bénéfices de l'utilisation du gaz naturel sur les émissions de CO_2 dans la région sont en train de s'estomper, et on assiste à une reprise de la croissance des émissions de CO_2 plus soutenue, surtout depuis 1999. En conséquence, l'intensité carbone de la région est à nouveau sur un trend croissant, après avoir connu une période de baisse et de stabilisation entre 1995 et 1998. Les émissions de CO2 dépasseraient les 3 000 millions de tonnes (Mt) en 2030 dans le scenario de référence et 2400 Mt dans le scénario alternatif (MEP 2011)

Fig. 1 Parc éolien de Koudia Al Baida (Maroc)

La nécessaire transition vers un mix énergétique plus diversifié et moins carboné

Le modèle actuel de consommation énergétique de la région méditerranéenne n'est pas soutenable pour de nombreuses raisons.

En premier lieu, les énergies fossiles sont épuisables et, de fait, celles de la région méditerranéenne sont en train de s'épuiser, à moins de grandes découvertes ; en plus, elles sont inégalement réparties entre les différents pays de la Région.

En second lieu, le schéma appliqué depuis des décennies n'a même pas profité aux pays producteurs qui n'affichent pas des performances économiques reluisantes, malgré un prix du pétrole respectable et des recettes substantielles du fait de l'augmentation de la production. Par contre, cette démarche les rend de plus en plus dépendants d'une ressource épuisable et donc économiquement vulnérables. Il faut reconnaître qu'aucun d'entre eux n'a réussi à passer du stade d'économie rentière au rang de puissance industrielle disposant de la capacité à assurer un développement immédiat satisfaisant, juste et diversifié, tout en préservant l'avenir des jeunes générations.

En troisième lieu, sur le plan environnemental, les sources fossiles sont en grande partie responsables de l'augmentation des émissions de CO_2 et des effets néfastes sur l'environnement déjà perceptibles : changement climatique, déforestation, désertification, dégradation des sols, pollution marine.

Autant de raisons qui conduisent à suggérer une stratégie alternative, devant conduire en 2030 à un mix énergétique plus diversifié, orientée vers des actions énergiques dans les domaines suivants : maîtrise de la demande en énergie et amélioration de l'efficacité énergétique ; réduction de la part des énergies fossiles par la promotion des énergies renouvelables (Solaire et éolien principalement) ; introduction immédiate de l'énergie nucléaire qui devrait prendre le relais des hydrocarbures dans un délai relativement proche.

Une telle stratégie est évidemment plus ambitieuse, plus volontariste. Elle pourrait conduire la région à un bouquet énergétique plus diversifié, moins dépendant des énergies fossiles (environ 65% au lieu des 80% du scénario tendanciel) avec un effort plus important pour les renouvelables (20 à 25% au lieu de 11% actuellement) et un lancement immédiat d'électronucléaire dans les pays du sud. Ce qui permettrait aussi de préserver les hydrocarbures pour les générations futures.

Fig. 2 Station de dessalement d'eau de mer de Mostaganem (Algérie)

Cela constituerait une véritable rupture, en particulier pour les pays producteurs qui doivent promouvoir des programmes drastiques d'économies d'énergie. Qui nécessite un effort courageux, gigantesque dans le cadre d'une coopération loyale, un climat de confiance totale et surtout dans un élan collectif soutenu par une coopération à la fois sud-sud et nord-sud accrue d'autant plus que l'on sait, en gros, que les ressources sont au sud, les moyens humains, matériels et la technologie sont au nord.

Asseoir une coopération véritable basée sur le partenariat industriel et le transfert de technologie

L'amenuisement des ressources pétrolières et gazières, dont la région ne détient que 4,6% des ressources mondiales, l'abondance des ressources en uranium dans le monde (il y a même de petits gisements d'uranium ou de schistes bitumineux dans la région) ont poussé logiquement la quasi-totalité des pays de la région Algérie, Egypte, Jordanie, Libye, Maroc, Tunisie, Turquie - à annoncer, ces dernières années, leur intention d'acquérir des centrales nucléaires pour la production d'électricité, à signer des accords de coopération dans le domaine nucléaire civil avec des pays qui maîtrisent cette technologie : Chine, Etats-Unis, France, Russie, Argentine… et à lancer des études de faisabilité. Certains affichent 2025 comme année de démarrage des nouvelles centrales nucléaires.

La difficulté de réunir l'ensemble de ces conditions dans chacun des pays conduit à se poser la question d'une coopération pour réaliser des projets régionaux.

En adoptant le Plan solaire méditerranéen (PSM) comme l'une des priorités de son action, dès son démarrage, l'Union pour la Méditerranée a incontestablement ciblé un programme susceptible de créer une réelle solidarité, voire une intégration entre les pays de la Région par une exploitation rationnelle des ressources pour un développement durable de l'ensemble de la zone. Néanmoins, les projets engagés doivent prendre en compte la différence importante des niveaux de développement des populations des deux rives, même s'il y a eu quelques progrès dans le sud.

Et ces projets, qu'il s'agisse du PSM, de Desertec, de Medgrid ou d'un autre, doivent être réalisés de manière à atténuer ces différences et non pas à les accentuer. Dans cet ordre d'idées, le transfert de technologie dans les méthodes, programmes et équipements énergétiques doit être un volet essentiel de la coopération d'autant plus que la promotion de l'efficacité énergétique et de l'utilisation des énergies renouvelables se prêtent bien au transfert de technologie, avec des programmes de recherche-développement communs, incluant les institutions universitaires/centres de recherche et intégrant les différents aspects relatifs à la réalisation et à l'exploitation des installations.

Une coopération énergétique véritable doit s'accompagner d'une politique audacieuse de partenariat industriel dans le domaine de la construction et de la fabrication des biens d'équipement énergétique, domaine qui se prête particulièrement bien au transfert de technologie (équipements solaires et éoliens).

Dans la conception et la réalisation des projets, il faut veiller en permanence au renforcement des capacités industrielles, technologiques et scientifiques locales, si l'on ne veut pas que la réalisation des projets et l'accroissement des échanges se traduisent par une aggravation des inégalités entre le nord et le sud

Des programmes communs de formation doivent être mis en œuvre dans tous les volets couverts par le domaine énergétique, soutenus par des programmes communs de recherche & développement, de promotion des capacités locales d'engineering, de fabrication, d'innovation.

La demande en formation

Des besoins en formation considérables dans le domaine énergétique

Ainsi, l'avenir énergétique du Bassin méditerranéen sera extrêmement diversifié dans sa conception et très novateur dans sa réalisation. Il s'agit, en premier lieu, de mettre en œuvre toutes les techniques de promotion de l'efficacité énergétique en vue de réduire la demande en énergie, notamment dans les pays producteurs tels que l'Egypte, l'Algérie et la Libye mais aussi d'une façon plus générale, dans tous les pays du sud dont l'intensité énergétique reste forte, à l'exception de la Tunisie. Ensuite, il convient de préserver et de renouveler les réserves en hydrocarbures, en développant l'exploration dans de nouvelles zones, notamment en offshore et sur les combustibles non conventionnels.

La construction et l'exploitation de centrales de production d'électricité classiques fonctionnant au charbon et surtout au gaz à cycle combiné sont devenues des activités répandues dans le Bassin méditerranéen, au Nord comme au Sud, en raison de leur efficacité et de leur rendement élevé. La promotion des énergies renouvelables (Solaire et éolien principalement) est un axe de développement particulièrement important.

Par ailleurs, il y a tout lieu de prévoir le démarrage de programmes d'introduction de l'électronucléaire dans les pays du sud méditerranéen, à commencer par la Turquie et l'Egypte. Enfin, il faudra développer les techniques de transport d'électricité à haute tension et ultra haute tension sur très grandes distances (quelques milliers de km) à courant continu à travers la Méditerranée. De même, qu'il faudra veiller à la maîtrise des technologies du dessalement de l'eau de mer, combinée ou non avec la production d'énergie électrique.

Pour étudier, concevoir, réaliser ces différents programmes nouveaux d'envergure, il faudra prévoir les ressources humaines adéquates en qualité et en quantité. En d'autres termes, les besoins énergétiques de la région induisent des besoins en cadres, techniciens et experts de toutes spécialités. C'est dire que la dimension humaine doit être au cœur des objectifs de la coopération dans ses aspects formation et perfectionnement, formation à la fois universitaire et industrielle, dans son volet recherche et développement impliquant les universités et les entreprises du Nord et du Sud pour assurer la formation de compétences adaptées et de haut niveau.

Des besoins à la fois sur le plan technologique, économique et du management

Dans ses projections (MEP 2011), l'OME prévoit une capacité de production électrique additionnelle de 317 à 383 gigawatts (GW) selon le scénario à l'horizon 2030 pour la région méditerranéenne, dont plus de la moitié pour le Sud, soit quelques 400 centrales d'une puissance de 500 mégawatts (MW) chacune. Lorsqu'on sait que, pour la conception, la réalisation et l'exploitation d'une centrale de cette taille, il faut une centaine d'ingénieurs, techniciens et experts de toutes spécialités, on mesure l'ampleur de l'effort de formation. Il faut y ajouter les programmes de développement du transport électrique et de la distribution pour assurer l'accès généralisé à l'électricité notamment en zones rurales. Les investissements prévus dans le MEP pour la zone méditerranéenne sont de 700 milliards d'euros

Ainsi, l'Egypte a prévu d'investir 110 milliards de dollars d'ici 2027 dans la production et la distribution d'électricité avec l'électricité solaire en figure de proue. Il en est de même pour les hydrocarbures. En Algérie, la Sonatrach prévoit 10 milliards de dollars d'investissement par an, dont la moitié pour l'exploration afin d'intensifier l'effort dans la recherche/exploration.

Un tel programme nécessite des centaines de géologues, géophysiciens et autres spécialistes dans la recherche et l'exploration. Mais les besoins en formation ne se situent pas seulement dans le domaine technique mais aussi dans les sciences économiques, sociales et du management : économie de l'énergie, maîtrise de la demande, planification stratégique, politiques d'utilisation de l'énergie, accès social à l'énergie, etc.

Pour répondre à la demande, au départ, les pays du Sud ont bénéficié de formations dispensées dans les pays du Nord, notamment en France, en Italie, en Grande-Bretagne et aux États-Unis. Mais, peu à peu, ils ont mis en place un appareil de formation propre et créé des instituts de formation spécialisés dans le secteur de l'énergie, souvent dans le cadre de coopération bilatérale avec les pays du Nord. C'est ainsi que l'Algérie a créé dès 1965, 3 années seulement après son indépendance, l'Institut algérien du pétrole (IAP) dont sont issus de nombreux cadres et responsables du secteur de l'énergie du sud méditerranéen.

Aujourd'hui, la plupart des universités et grandes écoles du Sud contribue à la satisfaction des besoins propres à chaque pays. Ainsi, grâce à cet effort, le Sud arrive à satisfaire une bonne partie de ses besoins en ressources humaines, dans les domaines classiques, tels que l'exploitation des ressources fossiles et des installations électriques. Néanmoins, les domaines nouveaux tels que les nouvelles technologies dans le domaine de l'efficacité énergétique, des énergies renouvelables, du dessalement et dans l'électronucléaire manquent cruellement.

D'autre part, un point crucial est à souligner : malgré la richesse en ressources naturelles et l'expérience de plusieurs décennies d'exploitation, le Sud reste complètement dépendant pour ses équipements énergétiques et industriels d'une manière plus générale. La part des biens et services locaux dans la réalisation des projets énergétiques est marginale, malgré leur caractère répétitif, en raison de politiques de réalisation à courte vue, privilégiant l'aspect immédiat, spectaculaire pour ne pas dire démagogique, à la construction à long terme de dispositifs favorisant le développement des ressources technologique locales, le plus souvent en marginalisant les compétences locales.

Il y a un besoin essentiel de transfert de technologie des pays du Nord et d'appropriation de ces technologies par les pays du Sud dans le cadre d'une coopération multilatérale loyale et au sein d'institutions de formation et d'accumulation de connaissances dans lesquelles se retrouveraient universités, centres de recherche et entreprises industrielles.

A ce stade, il convient de s'interroger sur la situation réelle du secteur de la formation en énergie dans le Bassin méditerranéen ? Dans quelle mesure répond-il aux besoins en ressources humaines ? Quelles sont ses forces ? Ses faiblesses ? Que doit-on et que peut-on faire pour accroître le potentiel humain de la région, pour le renforcer, pour le mettre en adéquation par rapport aux besoins potentiels en tenant compte de l'évolution prévisible du secteur ?

Autant de questions auxquelles nous nous efforcerons de répondre en procédant d'abord à un inventaire aussi avancé que possible des structures de formation existantes en la matière dans les PSEM[1] en fonction de leurs spécificités et de leurs potentialités et en précisant en particulier, lorsqu'ils existent, les partenariats entre les industriels et les instituts de formation et les centres de recherche, notamment dans le cadre des technopoles et pôles de compétitivité en donnant des exemples dans la mesure du possible des expériences réussies

[1] PSEM : Pays du Sud et de l'Est de la Méditerranée

Existence d’un potentiel de formation important

Nous passons en revue les principales structures qui dispensent une formation spécialisée dans le domaine de l’énergie, par pays et par ordre alphabétique, en commençant par les pays du Nord, qui sont plus richement dotés.

En France, outre les formations dispensées dans différentes universités et instituts de technologie relevant de l’enseignement supérieur classique, deux établissements spécialisés méritent une attention particulière : l’IFP pour les énergies fossiles et récemment les énergies nouvelles et l’INSTN pour l’énergie nucléaire et depuis peu également les énergies alternatives. Ces deux établissements publics ont été créés dans les années 50 pour contribuer, par leurs efforts d’études, de recherche, de formation et de capitalisation des connaissances et savoir faire à la mise en œuvre de la stratégie énergétique nationale décidée à l’époque.

L’Institut français du pétrole (IFP), renommé IFP Énergies nouvelles (IFPEN) en 2010 a été créé en 1943, avec pour mission de favoriser le développement de l'industrie pétrolière et les usages du pétrole. En 1958, a été intégrée, au sein de l’IFP, l’École nationale supérieure du pétrole et des moteurs (ENSPM), dénommée IFP School dont la vocation est de former des ingénieurs qui travailleront dans le secteur de l'énergie. C’est une école d'application de l'École polytechnique, qui regroupe en son sein environ 50% d'étudiants internationaux, venant de plus de 50 pays différents et les 80% des étudiants sont parrainés par l’industrie.

Fig. 3 Institut français du pétrole énergies nouvelles de Lyon (France)

Elle a noué des partenariats avec de nombreuses écoles et universités aux États-Unis, en Norvège, au Royaume-Uni et en Russie, sous la forme de programmes en collaboration dont certains conduisent à un double diplôme délivré dans chacun des deux pays. La formation des ingénieurs couvre toutes les thématiques, quatre principalement : exploration et production ; procédés pour le raffinage, la pétrochimie, le gaz ; motorisations et produits ; économie et gestion de l'énergie.

L'IFP School délivre également des diplômes d'ingénieur / master. En 2001, la loi Grenelle II lui attribue l'objet suivant : « *assurer, dans les domaines de l'énergie, du transport et de l'environnement, pour ce qui concerne le développement des technologies et matériaux du futur : la réalisation directe ou indirecte d'études et de recherches dans les domaines scientifique et technique et la valorisation sous toutes formes de leurs résultats ; la formation de personnes capables de participer au développement des connaissances, à leur diffusion et à leur application; l'information des administrations, de l'industrie, des techniciens et des chercheurs sur les connaissances scientifiques et les techniques industrielles* ».

Pour valoriser le résultat de ses activités, la loi l'autorise à « *prendre des participations dans des sociétés industrielles ou commerciales. Ces participations peuvent être détenues par une ou plusieurs personnes morales existantes ou créées à cet effet* ».

L'IFP est un organisme public de recherche et de formation, à l'expertise internationalement reconnue, dont la mission est de développer les technologies et matériaux du futur dans les domaines de l'énergie, du transport et de l'environnement. Il apporte aux acteurs publics et à l'industrie des solutions innovantes pour une transition maîtrisée vers les énergies et matériaux de demain, plus performants, plus économiques, plus propres et durables.

Pour remplir ses nouvelles missions d'une transition maîtrisée vers les énergies du futur, l'IFP s'est donné des objectifs stratégiques prioritaires suivants : capter et stocker le CO_2 pour lutter contre l'effet de serre ; diversifier les sources de carburants ; développer des véhicules propres et économes en carburant ; transformer le maximum de matière première en énergie du transport ; repousser les limites du possible dans l'exploration et la production du pétrole et du gaz ; la formation.

Partie intégrante de l'IFP, IFP School propose, en réponse aux besoins des industriels, des formations complémentaires de 3e cycle à de jeunes ingénieurs. La qualité de ses enseignements, l'importance et la diversité de ses partenariats universitaires et industriels en font un acteur international de premier plan. Chaque année, elle diplôme plus de 600 étudiants issus du monde entier et les prépare à relever le défi des énergies du futur.

L'IFP Energies nouvelles, contribue, avec les autres institutions compétentes telles que le Commissariat à l'énergie atomique et aux énergies alternatives (CEA), avec le Centre national de la recherche scientifique (CNRS) notamment à rédiger le rapport annuel du ministère chargé de l'énergie consacré à l'avancée de la recherche et des applications concernant l'hydrogène et les composés hydrogénés considérés comme « nouveaux vecteurs de rupture »

L'IFP favorise le passage de l'invention à l'innovation, du brevet au produit, de la recherche à l'industrie. Depuis sa création, l'IFP est ainsi un acteur majeur du développement industriel, avec l'obtention de plus de 13 500 brevets. Dès l'origine, l'IFP s'est engagé dans la voie de la valorisation industrielle des résultats de ses recherches, en soutenant la création d'une trentaine d'entreprises devenues fortement créatrices d'emplois et exportatrices.

Au cœur de la politique de transfert des innovations vers le marché, ces entreprises opèrent dans l'ensemble des domaines de recherche couverts par l'IFP : aussi bien dans la recherche pétrolière, le conseil et l'ingénierie, en passant par la fourniture de produits, d'équipements et de services, que dans les nouvelles technologies de l'énergie.

L'IFP constitue incontestablement le centre de référence dans le Bassin méditerranéen pour la formation spécialisée en énergie grâce à son expérience, son ancrage aux compagnies énergétiques, la qualité de ses enseignants qui sont le plus souvent des praticiens, son ouverture sur la recherche/développement et l'innovation technologique. L'Institut a d'ailleurs apporté une coopération efficace à la mise en place de plusieurs Instituts de formation dans la région, en particulier l'Institut algérien du pétrole (IAP).

En France, outre l'IFP, il faut rappeler l'existence de nombreux centres de formation et de recherche au sein des universités qui sont performants et ont fait leurs preuves, notamment dans l'économie, la stratégie et les politiques de l'Energie. On peut citer, en particulier : le centre d'énergétique de l'Ecole des Mines de Paris à Sophia-Antipolis, le Centre de géopolitique des Matières premières (CGEMP) de Paris-Dauphine, l'Institut d'Economie et des Politiques de l'Energie (IEPE) de l'Université Pierre Mendès-France à, Grenoble, le CREDEN à l'université de Montpellier. Ces institutions développent des activités d'études et de recherche et des formations spécialisées en postgraduation.

L'Institut national des sciences et techniques nucléaires de Saclay (INSTN) est un établissement public d'enseignement supérieur, rattaché au CEA et placé sous la tutelle conjointe du ministère de l'Enseignement supérieur et de la recherche et du ministère de l'Économie, de l'Industrie et de l'Emploi. Il a été créé en 1956, au moment où la France décidait de mettre en place un programme nucléaire, pour former les ingénieurs et chercheurs dans des disciplines scientifiques et technologiques de pointe jusqu'alors non dispensées par les universités et les écoles d'ingénieurs.

L'INSTN a ainsi pour vocation de transmettre les savoirs et savoir-faire développés au sein du CEA, organisme de recherche de renommée internationale qui s'attache à diffuser ses connaissances pour maintenir son expertise et renouveler les compétences dans la recherche et l'industrie.

Ancré au centre CEA de Saclay, l'INSTN est également implanté sur les centres CEA de Cadarache, de Grenoble et de Marcoule, ainsi que sur le site universitaire de Cherbourg-Octeville. L'INSTN est chargé de dispenser : des formations initiales diplômantes, nationales, européennes et internationales, pour les étudiants, ingénieurs et techniciens, médecins nucléaires, radiopharmaciens et physiciens médicaux ; des formations continues destinées à des professionnels et des doctorants de toutes origines et nationalités ; de la formation par la recherche pour laquelle il assure un rôle de coordination et d'accompagnement auprès des doctorants et post-doctorants formés dans les laboratoires du CEA. Il s'appuie sur un réseau de spécialistes et chercheurs français et étrangers et dispose d'une capacité d'interface entre la recherche, l'université et l'industrie

Depuis peu, l'INSTN s'intéresse également à la formation dans les énergies alternatives et, en particulier, le solaire photovoltaïque. L'offre actuelle de formation comprend à la fois des formations dans le domaine du nucléaire de puissance, du nucléaire de santé, et des formations en technico-économie de l'énergie et de l'innovation. Ainsi, l'INSTN propose aujourd'hui, dans le cadre du programme sciences nucléaires et énergies alternatives (PSNE), des formations s'adressant à un spectre large de population (étudiants, ingénieurs de recherche, cadres dirigeants, chefs de projet et décisionnaires de programmes énergétiques,.) : des formations initiales en technico-économie de l'énergie et des parcours de spécialisation (Master) en management de projets énergies renouvelables et efficacité énergétique, en droit et gouvernance des énergies, en management de la technologie et de l'innovation.

Fig. 4 Institut national des sciences et techniques nucléaires de Cadarache (France)

En outre, il propose des stages de formations continues potentiellement certifiant, en sciences, technique, économie et droit des énergies renouvelables. Ces stages ayant des périmètres, des formats, des contenus pédagogiques, des outils, des méthodes et de validation des acquis différents. Il s'agit en effet de stages de formation en conduite de projets énergies renouvelables et efficacité énergétique; Outils économiques pour l'analyse de systèmes énergétiques ; technico-économie des systèmes et de réseaux électriques : droit des Energies bas carbone ; photovoltaïque et stockage de l'énergie ; les « smart grids » : enjeux, défis et prospective.

D'une manière plus générale, on peut dire que, face à une demande croissante et pressante des opérateurs des pays du Sud de la Méditerranée et, en raison du positionnement favorable du CEA en formation et en recherche technologique liée à l'énergie nucléaire et aux énergies alternatives, l'INSTN propose une offre de formation régionale dans le domaine de l'énergie nucléaire, le nucléaire de santé et les énergies alternatives.

En Italie, comme en France, de nombreuses universités et écoles d'ingénieurs de Milan et Turin forment des spécialistes dans le domaine de l'énergie. Il en est ainsi du Politecnico de Milan et du Politecnico de Turin dont sont issus les plus grands ingénieurs pétroliers et gaziers et de la Bocconi de Milan qui forme les meilleurs économistes de l'énergie.

Deux institutions spécialisées méritent d'être signalées : l'IEFE au sein de l'université Bocconi de Milan pour l'économie de l'énergie et la Scuola Enrico Mattei de San Donato milanese rattachée au groupe pétrolier ENI.

L'Institut d'économie des sources d'énergie (Istituto di Economia delle Fonti di Energia, IEFE) a été fondé en 1957 par les responsables de l'Université Bocconi de Milan (qui comprend une faculté de droit, mais surtout la faculté d'économie et de gestion considérée comme la plus prestigieuse en Italie) avec le soutien d'un groupe d'industriels du secteur énergétique.

Le but fixé à l'origine était «de promouvoir des recherches approfondies et de diffuser la connaissance des résultats des études d'autrui; de créer un centre de documentation; d'organiser des cours de formation spécialisés; de favoriser des échanges d'opinion entre économistes, financiers et experts de différents pays à travers des cycles de conférences et des congrès nationaux ou internationaux». Pendant plus de cinquante années d'existence, l'IEFE est resté fidèle à sa mission initiale tout en l'adaptant aux changements des circonstances et en élargissant son domaine d'intérêt à d'autres sujets étroitement liés à ceux de l'énergie, en particulier les thèmes environnementaux. Ce long processus a conduit en 2000 à la modification de la dénomination en «Institut d'économie et de politique de l'énergie et de l'environnement» tout en conservant le vieux sigle «IEFE». L'IEFE a établi des relations étroites avec les entreprises, en particulier du groupe ENI, pour lesquelles ils effectuent des études, audits et prospectives dans les divers volets d'activité.

Le centre de formation supérieure Scuola Enrico Mattei est né en 1957 sous le nom de Centre d'études supérieures des hydrocarbures à l'initiative du premier Président de l'ENI, Enrico Mattei dont il porte le nom aujourd'hui. Depuis 2002, l'Ecole Enrico Mattei fait partie de l'ENI Corporate University, une société regroupant toutes les activités de formation de l'ENI afin de garantir une cohérence constante du système des connaissances avec les objectifs de l'entreprise et avec les stratégies de développement.

Dès sa création, l'Ecole a eu pour objectif de permettre à un nombre limité de jeunes gens, une cinquantaine italiens et étrangers, rigoureusement sélectionnés, d'élargir leurs connaissances scientifiques, techniques, économiques et administratives en fonction des exigences des industries des hydrocarbures, de la chimie et de l'énergie.

Elle s'est caractérisée par l'internationalité, l'interdisciplinarité, la focalisation sur les thèmes énergétiques, ainsi que le rôle politique et social, c'est-à-dire une finalisation non exclusivement orientée vers les intérêts des entreprises.

L'institution a développé principalement le master MEDEA articulé autour de deux orientations : (« Le management de l'entreprise énergétique et environnementale » « L'économie de l'énergie et de l'environnement » dispensé en une année à de jeunes diplômés des facultés techniques, économiques et scientifiques, et à ceux qui exercent déjà une activité professionnelle dans ce type de sociétés. Chaque Promotion comporte une cinquantaine d'étudiants dont les 2/3 sont des étrangers bénéficiant tous de bourses de l'ENI, en provenance de 100 pays.

Sur la rive sud de la Méditerranée, l'Algérie s'est dotée, dès son accession à l'indépendance, d'institutions de formation spécialisées pour soutenir sa stratégie pétrolière : l'Institut algérien du pétrole (IAP) le plus important ; mais aussi le centre de perfectionnement de l'entreprise (CPE) de Sonatrach qui assure la formation continue et le perfectionnement des cadres dans les domaines du management, des techniques de gestion et des technologies liées au management industriel ; Naftogaz , centre de développement et d'application des techniques pétrolière et gazière ; l'Institut de formation électricité et gaz (IFEG) et l'Institut algérien des mines /Tamanrasset (IAM)

Créé en 1965, deux ans après la Sonatrach (1963), l'IAP a pour mission de doter le secteur de l'énergie d'une main d'œuvre qualifiée et rapidement disponible pour couvrir les besoins urgents induits par le développement rapide de l'activité pétrolière. Organisé sur le modèle de l'IFP de Rueil-Malmaison, l'IAP avait pour objectifs : la formation supérieure dans le domaine des hydrocarbures ; la formation continue par le perfectionnement et le recyclage, la recherche scientifique et technique dans les domaines de l'exploration, l'exploitation des gisements et la transformation des hydrocarbures.

Débutant avec des moyens modestes, l'IAP s'est rapidement développé pour devenir, dès le début des années 80, une structure importante « Institut Algérien du pétrole, du gaz, de la chimie, de la pétrochimie, des matières plastiques et des moteurs », constituée d'une école d'ingénieurs située à Boumerdès et de cinq centres de formation de techniciens supérieurs implantés dans les sites industriels de Hassi-Messaoud, Es-Senia, Annaba, Arzew, et Skikda, d'une capacité totale de 2500 places pédagogiques.

Dés sa création, l'IAP a mis en place des cycles de formation de techniciens, de techniciens supérieurs, d'ingénieurs d'applications, d'ingénieurs et de post-gradués avec la montée en cadence entre 1965 et 1999. La majorité de ces cycles de formation a été initiée avec la coopération internationale : française (IFP) de 1965 à 1986 pour les filières pétrolières classiques ; américaine (IGT/SIT) de 1979 à 1988 pour les filières génie du gaz et génie des plastiques ; allemande (GTZ) de 1977 à 1998 pour la filière chimie industrielle et génie des procédés.

Fig. 5 Institut algérien du pétrole de Boumerdès (Algérie)

Ainsi, l'IAP a pu bénéficier d'une assistance scientifique et technique de haut niveau. Depuis sa création, l'IAP a formé plus de 21 000 cadres dont 530 post-gradués, 5300 Ingénieurs et plus de 15 300 Techniciens Supérieurs et Techniciens dans une vingtaine de spécialités de l'industrie des hydrocarbures, contribuant ainsi à la prise en main du développement par les propres moyens du pays de son industrie pétrolière et gazière.

Ouverte sur les pays en voie de développement, l'IAP a formé 290 Ingénieurs d'Etat et 200 Techniciens Supérieurs, dans le cadre d'une coopération sud-sud, en provenance de 24 pays africains (Angola, Tchad, Mali, Côte d'Ivoire notamment), arabes (Maghreb et Libye notamment), asiatiques et européens. Nombreux sont les hauts responsables de l'industrie pétrolière et gazière africains qui sont passés par les bancs des salles de cours de l'IAP à Dar-El-Beida, puis à Boumerdès.

Devenu Algerian Petroleum Institute IAP spa en 2006 avec 4 associés Sonatrach (82%), Statoil –Norvège (10%) ; Naftal et Naftec avec 4% pour chacune, l'IAP a réintégré le giron de la compagnie nationale Sonatrach en 2011. Aujourd'hui, l'IAP intègre les structures spécialisées de formation suivantes :

L'Ecole de Boumerdès : chargée de la formation de niveaux ingénieurs spécialisés et Master of Science dans les domaines scientifiques et techniques de la chaine pétrolière et gazière, l'électricité et les mines,

L'Ecole de Skikda : chargée de la formation de niveaux techniciens supérieurs spécialisés et d'ingénieurs d'application dans les techniques pétrolières,

L'Ecole d'Oran : chargée de la formation de niveaux techniciens supérieurs spécialisés et d'ingénieurs d'application spécialisés dans les techniques gazières,

Le Centre de Veille Scientifique et Technologique : chargé de la réalisation et diffusion d'études prospectives énergétiques, du développement d'outils pour la modélisation et la prévision de l'offre et de la demande d'énergie et de la mise en place, à travers les projets complétés du knowledge management et de sa diffusion au niveau des entreprises du secteur

L'Institut de formation en électricité et gaz (IFEG) assure la formation et le développement des compétences de la ressource humaine du Groupe Sonelgaz. Il dispose des trois centres spécialisés suivants : Blida (450 places), Ain M'Lila (378 places) pour la formation technique et le centre de Ben Aknoun, d'une capacité de 240 places qui dispense une formation dans les domaines de la gestion, totalisant une grande expérience et un savoir-faire dans le domaine de la formation dans tous les métiers de l'électricité : production de l'électricité, transport et distribution de l'électricité et du gaz.

L'Institut des sciences et techniques nucléaires existe depuis longtemps à Alger et dispense des formations pour les cadres dont le pays a besoin pour le fonctionnement des deux réacteurs de recherche et pour les applications civiles classiques (santé notamment)

Un projet d'institut national pour les énergies renouvelables a été lancé récemment pour faire face aux besoins induits par l'important programme de développement des énergies renouvelables décidé par le gouvernement. Il serait implanté à Hassi R'Mel où se trouve la première centrale hybride solaire-gaz.

En **Egypte,** la grande majorité des ingénieurs et experts dans le domaine de l'énergie est formée dans les universités. Certaines universités assurent des formations spécialisées, en particulier dans les politiques et économie de l'énergie. Il en est ainsi de l'université française d'Égypte (UFE), une université privée, établie en 2002 en coopération avec les université de Paris III Sorbonne, de Nantes, de Haute-Alsace (Mulhouse-Colmar) et l'université de Corse. Une convention a été signée avec l'université Paris VI pour la faculté d'ingénierie. Elle est considérée comme l'une des meilleures universités de l'Égypte d'aujourd'hui.

L'université Senghor d'Alexandrie organise également des sessions de formation sur la Formation en Economie et politique de gestion des ressources naturelles

En septembre 2009, un programme triennal de €11 million a été accordé par l'UE pour promouvoir la recherche scientifique et l'innovation en Egypte dans le domaine de l'énergie.

Il y a quelques années, le pays s'est dotée d'une institution de formation spécialisée, implantée au Caire, dénommée ***Oil & Gas Skills***

Oil & Gas Skills (OGS, Le Caire)

Comme les autres pays producteurs de la région, l'Egypte dispose de son centre de formation spécialisé dans le domaine des hydrocarbures. OGS est une institution de création récente, placée sous l'autorité du ministère du Pétrole, dont les actionnaires sont les principales compagnies énergétiques publiques : Egyptian General Petroleum Corpaoration (30%), Egyptian Natural Gas Holding Company (20%), Petroleum Projects & Technical Consultation (20%), Egyptian Petrochimicals Holding Company (10%), Egyptian Natural Gas Company (10%), Engineering Petroleum & Process Industries (10%).

OGS se veut être un centre d'excellence dans le domaine de la formation et du perfectionnement dont la mission consiste à améliorer l'efficacité de l'industrie pétrolière et gazière en Egypte. Il s'appuie sur la coopération avec des institutions universitaires en Egypte (American University in Egypt), en Grande-Bretagne (University of Aberdeen) et en Amérique du Nord (Colorado School of mines-USA ou Northern Alberta Institute of Technology – Canada).

OGS dispense deux programmes de longue durée (18 semaines) pour préparer les diplômés en graduation, géologues, géophysiciens, ingénieurs pétroliers à devenir membres dans des équipes opérationnelles : Integrated Geology & Geophysics Program et Petroleum Legal & Agreements Program.

Il développe surtout des sessions de courte durée dans tous les domaines couvrant l'activité pétrolière et gazière dans l'Exploration/ production, réservoir engineering, forage, le l'aval de l'industrie pétrolière et le management. Depuis 2005, il a dispensé un millier de formations dans le cadre des programmes et 12000 sessions de courte durée.

En **Libye,** L***'Institut libyen du pétrole (The Libyan Petroleum Institute, LPI)*** est l'organe spécialisé de formation et de recherche. Il a été créé au début des années 1970 après la nationalisation des activités pétrolières et gazières en Libye et la création de la compagnie nationale (the National Oil Corporation NOC) dont il constitue le bras technique, avec pour mission de répondre aux besoins du secteur pétrolier en cadres techniques libyens de grande compétence et de haut niveau scientifique et pratique.

LPI a un grand champ d'activités incluant la recherche & développement, les études et assistance technique, la formation et le perfectionnement. Il dispose d'une quarantaine de laboratoires couvrant toutes les disciplines aussi bien de l'amont que de l'aval de l'industrie pétrolière

L'Institut libyen du pétrole a bénéficié dès son démarrage de la coopération française qui a été reconduite encore récemment, en juin 2008, par la signature d'un important accord d'alliance stratégique avec l'IFP. L'Institut parraine les conférences à caractère scientifique et technique organisées périodiquement en Libye non seulement dans le domaine pétrolier mais aussi dans les énergies renouvelables. La Libye bénéficie également d'un soutien du groupe ENI, et notamment de ses institutions de formation (Scuola Enrico Mattei notamment), avec lequel elle entretient des relations très importantes et constantes.

Le Maroc, qui n'a pas de ressources en hydrocarbures mais dispose de ressources minières, a créé des écoles de formation dans le domaine des Mines.

Il en est ainsi de l'Ecole nationale de l'industrie minérale (ENIM) qui forme des ingénieurs d'Etat dans les spécialités liées au secteur des mines, de l'Ecole des mines de Marrakech (EMM) qui forme des techniciens spécialisés (bac+2) en géologie appliquée, en chimie industrielle, en exploitation des mines et en électromécanique et de l'Ecole pratique des mines Touisssit de Jerada (EPTM) qui assure la formation de techniciens dans les disciplines de la topographie minière et de l'électromécanique. Les trois établissements publics relèvent du département ministériel de l'Energie et des Mines.

D'autre part, le programme de formation continue correspondant à la deuxième tranche du plan de formation découlant du Plan de développement des compétences, est axé sur un ensemble de thèmes métiers (14) s'articulant autour de cinq principaux domaines, à savoir : stratégie énergétique ; législation et réglementation ; électricité et énergies renouvelables ; contrôle et sécurité ; Mines.

Par ailleurs, diverses formations au génie énergétique sont dispensées dans les universités et centres de formation de l'Office de la formation professionnelle et de la promotion du travail (OFPPT) en collaboration avec les entreprises, le Centre de développement des énergies Renouvelables - CDER - à Marrakech sur les audits énergétiques et les énergies renouvelables.

Fig. 6 Ecole nationale de l'industrie minérale de Rabat (Maroc)

Le CDER est l'instrument d'étude, de recherche et de formation privilégié dont dispose le Maroc pour la mise en œuvre de son programme en énergies renouvelables. En effet, le territoire marocain dispose d'excellents sites éoliens qui bénéficient de vents rapides et réguliers. Le CDER estime le potentiel d'installation à 6 000 MW, principalement dans le nord du Maroc (Région de Tétouan) et la zone côtière du sud du Maroc ainsi qu'entre Agadir et El Jadida. Près de Tétouan, deux parcs éoliens d'une puissance totale installée de 54 MW sont en activité depuis l'an 2000. Très prochainement, de nouveaux sites seront équipés à Taza (60 MW), Essaouira (60 MW), Tarfaya (60 MW) et Tanger (140 MW).

Avec une irradiation solaire annuelle moyenne de 1 700 à 2 100 kWh/m2, le gisement solaire du Maroc est attrayant. Le plan solaire marocain prévoit une capacité installée de 2000 MW dans 5 sites identifiés dont Ouarzazate entre 2015 et 2020, ce qui porterait à 42% la part de la puissance électrique installée en énergie renouvelable en 2020 (éolien, solaire, hydraulique)..

En outre, le GEFEn (Groupement d'Etablissements de Formations à l'Energie), créé en 1980, est un centre de l'Education nationale française, spécialisé dans les métiers de l'énergie, de l'environnement et du génie climatique, de l'ouvrier au technicien supérieur et à l'ingénieur. En alternance, il propose aux entreprises, aux salariés, aux demandeurs d'emploi et aux jeunes, des formations intra-entreprises, des stages inter-entreprises ou des formations diplômantes.

En Tunisie, l'***Ecole Polytechnique de Tunisie*** qui forme des ingénieurs en énergétique a mis en place le Laboratoire d'économie et de gestion industrielle (LEGI) qui, en relation avec l'environnement industriel et institutionnel, prend part à l'analyse des questions posées par la mise en œuvre d'un développement économique et social durable.

Un centre international de formation en énergies renouvelables doit être érigé en Tunisie.

D'un coût de l'ordre de 8 millions de dinars tunisiens (MDT)[1], ce projet consiste en la création d' un centre international de formation destiné aux diplômés des écoles d'ingénieurs et des universités dans le

[1] Soit environ 4 millions d'euros

domaine des énergies renouvelables et de l'efficacité énergétique et la création d un centre international d expertise dans le domaine des technologies de l'énergie solaire. Ce centre sera équipé d un laboratoire spécialisé dans le solaire thermique et le solaire photovoltaïque. L'objectif est de former des spécialistes de l'énergie renouvelable et de l'efficacité énergétique et de mettre les laboratoires nécessaires à la disposition des fabricants, utilisateurs et institutions de contrôle des produits.

Ce projet devrait être opérationnel en 2011 et réalisé par la société de gestion de la technopole de Borj Cedria en partenariat avec l'Agence nationale pour la maitrise de l'énergie (ANME). Ce projet figure parmi les 40 projets du plan solaire qui intègre l'ensemble des domaines de l'efficacité énergétique et les énergies renouvelables selon la démarche adoptée par le plan solaire méditerranéen. Il a pour ambition de faire de la Tunisie une plateforme internationale de production et d'exportation industrielle et énergétique notamment pour l'énergie solaire.

Fig. 7 Ecole polytechnique de La Marsa (Tunisie)

L'objectif de la Tunisie est d'atteindre une capacité de production de 550 MW à partir des énergies renouvelables contre 115 MW actuellement et de mettre en place 350 000 mètres carrés de capteurs solaires supplémentaires au terme de 2014, portant ainsi la surface cumulée des capteurs solaires à 750 000 mètres carrés. Cette action vise à favoriser davantage l'échange d'expertises entre les professionnels du secteur de l'énergie

Les Institutions de formation et de recherche à caractère régional

Sur un plan régional, il existe des coopérations bilatérales Nord-Sud entre les universités, les centres de recherche, les entreprises mais il n'existe pas réellement, pour l'instant, de structure de formation et de recherche opérationnelle à vocation régionale multilatérale. Des tentatives sont faites dans ce sens. Il en est ainsi du RMEI.

Réseau méditerranéen des Ecoles d'ingénieurs (RMEI)

Créé dans le cadre d'une association de droit français régi par la loi de 1901, le RMEI est dirigé par un bureau et un conseil d'administration. Il compte un nombre important de membres (66), essentiellement des universités techniques et des écoles d'ingénieurs de nombreux pays du bassin méditerranéen: Algérie, Egypte, Espagne, France, Grèce, Israël, Italie, Liban, Libye, Maroc, Palestine, Portugal, Tunisie et Turquie.

Parmi les institutions membres, certaines dispensent des formations et exercent des activités d'études et de recherche dans le domaine de l'énergie. Le réseau a reçu le soutien de l'UNESCO et le parrainage des collectivités locales de la région des Bouches du Rhône, qui en a pris l'initiative et qui héberge le secrétariat du réseau (Ecole centrale de Marseille) et de certaines entreprises telles qu'EDF et ST Microélectronique.

Les objectifs du réseau prennent en compte la formation, la recherche, l'innovation et le développement économique dans un contexte de mobilité des personnes et pour le développement durable de la Méditerranée. Parmi les thèmes retenus l'énergie figure, naturellement, en bonne position.

Recommandations

L'examen attentif de la situation existante de la formation dans le secteur de l'énergie et de l'environnement dans les pays du bassin méditerranéen, même s'il n'est pas exhaustif, nous amène à tirer quelques conclusions :

1. Il existe un potentiel formidable d'universités, d'instituts spécialisés, de centres de recherche, y compris au sein des entreprises qui assurent la formation des cadres dans le domaine technique et économique (Ingénieurs et techniciens, géologues, géophysiciens, économistes, etc.)
2. La formation classique en énergies fossiles (pétrole, gaz, mines, charbon), dans la production et le transport de l'électricité, dans la distribution de l'électricité et du gaz, est abondante.
3. Si les institutions de formation des PSEM arrivent à satisfaire une bonne part des besoins en cadres de base, il n'en est pas de même pour les formations supérieures spécialisées, les masters, les doctorats, nettement insuffisants et souvent effectués à l'étranger. Il y a un problème pour la qualité et le niveau de la formation, notamment en termes de planification stratégique et de vision globale.
4. La formation dans le domaine de l'efficacité énergétique et des énergies renouvelables est naissante. La culture des économies d'énergie est à créer, notamment dans les pays producteurs et les plus gros consommateurs
5. Le nucléaire est une formation spécialisée complexe et multidimensionnelle. Elle est faiblement présente dans les centres rattachés aux réacteurs de recherche mis en place dans un nombre limité de pays.
6. Il existe de nombreux accords de coopération entre pays du Nord et du Sud mais il s'agit d'accords bilatéraux et sectoriels. La coopération sud-sud est très faible au regard des possibilités
7. Le Sud reste complètement dépendant pour ses équipements énergétiques et industriels d'une manière plus générale. Le transfert et l'appropriation technologiques ne sont pas au centre des préoccupations des décideurs ni des méthodes de travail des réalisateurs, même s'ils font régulièrement l'objet de discours nationalistes enflammés qui restent sans lendemain.

Le projet de création de l'Institut méditerranéen des sciences et techniques de l'énergie et de l'eau (Imestene)[1]

Ce projet, initié par l'Ipemed, a une ambition régionale et se propose d'associer formation, recherche et transfert de technologie

---

[1] Projet Institut méditerranéen des sciences et techniques de l'énergie et de l'eau (Imestene- Ipemed)

dans le cadre du développement de technopoles dans les pays du sud et de l'est méditerranéen. Il s'agirait de la formation d'enseignants-chercheurs, susceptibles de démultiplier leur action dans tous les pays de la région. Le projet, selon ses promoteurs,« vise à compléter dans une organisation transversale large, les coopérations bilatérales et sectorielles (gaz, pétrole, eau) qui existent déjà et à développer de nouvelles compétences scientifiques et technologiques. ». Il serait inséré dans le tissu des technopoles opérationnelles ou en projet dans les pays méditerranéens.

Des pôles de compétitivité autour de la Méditerranée

Dans le prolongement du rapport préliminaire présentant ce projet et dans le même esprit, on peut recommander la mise en œuvre d'actions ayant pour objectif de renforcer, coordonner, mobiliser le potentiel de formation existant par la mise en place de partenariats Sud-Sud et Nord-Sud, associant des entreprises industrielles, des instituts de formation et des centres de recherche.

C'est précisément l'objectif assigné à la politique des pôles de compétitivité lancée en 2004 par le gouvernement français, la politique des pôles de compétitivité vise à rapprocher sur un même territoire des entreprises, des centres de formation et des unités de recherche d'un même secteur d'activité, afin de dégager des synergies et à élaborer des projets innovants.

Auparavant, la théorie des clusters, développée dans les années 1980 par l'économiste américain Michael Porter souligne l'intérêt d'une approche territoriale pour les politiques d'innovation. Un cluster « s'apparente à un réseau d'entreprises, généralement d'un même secteur d'activité, généralement interconnectées, fortement compétitives avec un réel ancrage géographique » pour profiter des synergies de filières et favoriser la diffusion des innovations, des nouvelles technologies.

La technopole reflète l'état des forces économiques en présence et définit ainsi un espace aux nouvelles organisations économiques favorisant l'installation d'une nouvelle logique de production en cherchant des liens entre l'industrie, la recherche publique et privée, et l'enseignement supérieur. L'une de ses principales fonctions est le transfert de technologies.

Pour les PSEM, elle permet aussi une concentration des talents et de fixer les élites dans leur pays

Certains organismes, comme la Banque européenne d'investissement (BEI), le programme Medibtikar**4** de la Commission européenne et la Banque mondiale ont adopté un nombre d'actions destinées à aider les pays méditerranéens à développer des technopoles et parcs scientifiques :

• La Banque européenne d'investissement soutient le gouvernement tunisien dans le développement de cinq nouvelles technopoles thématiques. Ce soutien s'accompagne d'une aide au financement et d'une assistance technique pour faciliter l'organisation et le développement des compétences des futurs dirigeants des pôles.

• Entre 2006 et 2009, le programme Medibtikar a développé une formation destinée aux dirigeants de pépinières du bassin méditerranéen visant à améliorer leurs capacités de gestion en terme de positionnement et de croissance, et à leur permettre de créer des projets communs avec d'autres entités de la région.

• La Banque mondiale possède au sein de son Bureau de Marseille une expertise reconnue dans le domaine de l'innovation et du développement territorial. Le Bureau développe les communautés de pratique, d'échange d'expérience et de mise en réseau comme autant d'outils au développement territorial des pays.

Les Technology Park se développent peu à peu : un en Jordanie, 3 en Egypte, 4 prévus au Maroc, 5 en Tunisie. Ils devraient être connectés avec les clusters européens.

Un Institut méditerranéen de l'Énergie et du Développement durable ?

Le caractère privilégié de la coopération méditerranéenne en matière d'énergie, marqué par l'intensité forte et la longue expérience, l'existence d'un potentiel humain et de formation/recherche important, le besoin constant de partage des connaissances et de la technologie exprimé par les élites de la région, constituent autant d'atouts qui militent en faveur de la création d'un Institut méditerranéen de l'Énergie et du Développement durable dans lequel les problématiques de l'Eau, de plus en plus liées à celles de l'énergie, figureraient naturellement en pôle position.

Cet Institut à caractère multilatéral, et plus précisément régional, s'appuierait sur les principales institutions de formation et de recherche existant sur un plan national et aurait la délicate mission de coordonner leurs actions et de développer leurs synergies dans le sens d'une meilleure intégration et d'une utilisation plus efficiente, évitant les duplications et les gaspillages et développant à la fois la coopération sud-sud et sud-nord.

Il aurait aussi pour vocation de compléter les formations dispensées à un niveau supérieur (post-graduation) dans des spécialités d'avenir pour le secteur (Technologies nouvelles d'exploration/production, de production/transport du GNL, captage /stockage du CO2, promotion de l'efficacité énergétique et des énergies nouvelles notamment solaire et éolien, techniques de transport de l'électricité à courant continu et à longue distance, introduction de l'électronucléaire, biocarburants, dessalement, etc.).

Ouvert sur le monde universitaire et de la recherche, favorisant la formule du réseau, il développerait les partenariats avec les entreprises et son activité devrait se manifester par la promotion des innovations industrielles et de brevets. Fonctionnant en appui sur les technopoles de la région, il devrait favoriser le transfert de technologie et l'appropriation technologique.

A cet égard, l'Institut devrait se rapprocher et bénéficier de l'expérience du Centre international pour la science et la technologie de pointe de Trieste, créé en 1993 sous l'égide de l'ONUDI (l'organisation des Nations Unies pour le développement industriel) et qui, avec le soutien financier du ministère italien des Affaires étrangères dispensent des formations et des programmes de recherche impliquant le transfert de technologie en direction des pays en développement.

BIBLIOGRAPHIE

ADEA, sous la direction de Favennec Jean-Pierre : L'*Énergie en Afrique à l'horizon 2050,* Eurogroup Consulting, Paris 2015

AIE: *World Outlook Energy* – Paris

Aissaoui Ali, « *Algeria: The Political Economy of Oil and Gas* », Oxford University Press, 2001

Chevalier Jean-Marie, sous la direction de, *Les nouveaux défis de l'énergie Climat – Economie – Géopolitique*, Economica, Paris 2009

Derdevet Michel, *L'Europe en panne d'énergie – Pour une politique énergétique commune*, Descartes & Cie, Paris 2009

Furfari Samuele, *Le Monde et l'Énergie - Enjeux géopolitiques* 1. Les clés pour comprendre 2. Les cartes en mains, Editions Technip, Paris, 2009

Furfari Samuele, *Politique et Géopolitique de l'Énergie,* Editions Technip, Paris, 2012

Guigou Jean-Louis, *Le nouveau monde méditerranéen*, Descartes & Cie, Paris 2012

Heuraux Christine, L'*Électricité au cœur des défis africains,* Editions Karthala, Paris 2010

Keramane Abdenour, *L'électrification de l'Algérie – De la lumière dans les ksour* – Éditions L'Harmattan, Paris 2020

Keramane Abdenour, *L'energia e la sua distribuzione - Petrolio, gas naturale, elettricità* – Un'enciclopedia del Mediterraneo, Jaca Book, Milan, 1996 -Edition en français Edisud - Edition en arabe Alif, Tunis

OME, *Mediterranean Energy Perspectives*, Paris

OPEC: *Long Term Strategy* - Vienna

Revue méditerranéenne de l'énergie *Medenergie*, N°1- Octobre 2001 au N°50 – Mai 2016, Alger et Paris

UE: *Green paper A European Strategy for Sustainable, Competitive and Secure Energy* - March 2006 - Bruxelles

Structures éditoriales du groupe L'Harmattan

L'Harmattan Italie
Via degli Artisti, 15
10124 Torino
harmattan.italia@gmail.com

L'Harmattan Hongrie
Kossuth l. u. 14-16.
1053 Budapest
harmattan@harmattan.hu

L'Harmattan Sénégal
10 VDN en face Mermoz
BP 45034 Dakar-Fann
senharmattan@gmail.com

L'Harmattan Cameroun
TSINGA/FECAFOOT
BP 11486 Yaoundé
inkoukam@gmail.com

L'Harmattan Burkina Faso
Achille Somé – tengnule@hotmail.fr

L'Harmattan Guinée
Almamya, rue KA 028 OKB Agency
BP 3470 Conakry
harmattanguinee@yahoo.fr

L'Harmattan RDC
185, avenue Nyangwe
Commune de Lingwala – Kinshasa
matangilamusadila@yahoo.fr

L'Harmattan Congo
67, boulevard Denis-Sassou-N'Guesso
BP 2874 Brazzaville
harmattan.congo@yahoo.fr

L'Harmattan Mali
Sirakoro-Meguetana V31
Bamako
syllaka@yahoo.fr

L'Harmattan Togo
Djidjole – Lomé
Maison Amela
face EPP BATOME
ddamela@aol.com

L'Harmattan Côte d'Ivoire
Résidence Karl – Cité des Arts
Abidjan-Cocody
03 BP 1588 Abidjan
espace_harmattan.ci@hotmail.fr

L'Harmattan Algérie
22, rue Moulay-Mohamed
31000 Oran
info2@harmattan-algerie.com

L'Harmattan Maroc
5, rue Ferrane-Kouicha, Talaâ-Elkbira
Chrableyine, Fès-Médine
30000 Fès
harmattan.maroc@gmail.com

Nos librairies en France

Librairie internationale
16, rue des Écoles – 75005 Paris
librairie.internationale@harmattan.fr
01 40 46 79 11
www.librairieharmattan.com

Librairie l'Espace Harmattan
21 bis, rue des Écoles – 75005 Paris
librairie.espace@harmattan.fr
01 43 29 49 42

Lib. sciences humaines & histoire
21, rue des Écoles – 75005 Paris
librairie.sh@harmattan.fr
01 46 34 13 71
www.librairieharmattansh.com

Lib. Méditerranée & Moyen-Orient
7, rue des Carmes – 75005 Paris
librairie.mediterranee@harmattan.fr
01 43 29 71 15

Librairie Le Lucernaire
53, rue Notre-Dame-des-Champs – 75006 Paris
librairie@lucernaire.fr
01 42 22 67 13

www.ingramcontent.com/pod-product-compliance
Lightning Source LLC
LaVergne TN
LVHW011447061026
849535LV00004BA/982